D1752870

Łódź

W serii ukazały się ostatnio:
Marcelina Szumer-Brysz *Wróżąc z fusów. Reportaże z Turcji*
Mariusz Surosz *Pepiki. Dramatyczne stulecie Czechów* (wyd. 2 zmienione)
Swietłana Aleksijewicz *Czasy secondhand. Koniec czerwonego człowieka* (wyd. 3)
Wojciech Górecki *Buran. Kirgiz wraca na koń*
Piotr Lipiński, Michał Matys *Niepowtarzalny urok likwidacji. Reportaże z Polski lat 90.*
Grzegorz Szymanik, Julia Wizowska *Długi taniec za kurtyną. Pół wieku Armii Radzieckiej w Polsce*
Barbara Demick *W oblężeniu. Życie pod ostrzałem na sarajewskiej ulicy* (wyd. 2)
Paweł Smoleński *Wnuki Jozuego*
Dariusz Rosiak *Żar. Oddech Afryki* (wyd. 3)
Dionisios Sturis, Ewa Winnicka *Głosy. Co się zdarzyło na wyspie Jersey*
Marta Madejska *Aleja Włókniarek* (wyd. 2)
Grzegorz Stern *Borderline. Dwanaście podróży do Birmy*
Karolina Bednarz *Kwiaty w pudełku. Japonia oczami kobiet* (wyd. 2)
Jacek Hugo-Bader *Biała gorączka* (wyd. 4)
Kate Brown *Czarnobyl. Instrukcje przetrwania*
Ilona Wiśniewska *Białe. Zimna wyspa Spitsbergen* (wyd. 3 zmienione)
Liao Yiwu *Prowadzący umarłych. Opowieści prawdziwe. Chiny z perspektywy nizin społecznych* (wyd. 2)
Renata Radłowska *Nowohucka telenowela* (wyd. 2 zmienione)
Aleksandra Boćkowska *Można wybierać. 4 czerwca 1989*
Agnieszka Rybak, Anna Smółka *Wieża Eiffla nad Piną. Kresowe marzenia II RP* (wyd. 2)
Jacek Hugo-Bader *W rajskiej dolinie wśród zielska* (wyd. 3)
Marta Sapała *Na marne*
Piotr Lipiński *Gomułka. Władzy nie oddamy*
Karolina Przewrocka-Aderet *Polanim. Z Polski do Izraela*
Marcin Kącki *Białystok. Biała siła, czarna pamięć* (wyd. 3)
Lars Berge *Dobry wilk. Tragedia w szwedzkim zoo*
Ojczyzna dobrej jakości. Reportaż z Białorusi, pod red. Małgorzaty Nocuń
Jelena Kostiuczenko *Przyszło nam tu żyć. Reportaże z Rosji*
Jacek Hołub *Niegrzeczne. Historie dzieci z ADHD, autyzmem i zespołem Aspergera*
Lene Wold *Honor. Opowieść ojca, który zabił własną córkę*
Małgorzata Sidz *Kocie chrzciny. Lato i zima w Finlandii*
Wolfgang Bauer *Nocą drony są szczególnie głośne. Reportaże ze stref kryzysu*
Filip Skrońc *Nie róbcie mu krzywdy*
Maciej Czarnecki *Dzieci Norwegii. O państwie (nad)opiekuńczym* (wyd. 2)
Karolina Baca-Pogorzelska, Michał Potocki *Czarne złoto. Wojny o węgiel z Donbasu*
Maciej Wasielewski *Jutro przypłynie królowa* (wyd. 2)
Anna Sulińska *Wniebowzięte. O stewardesach w PRL-u* (wyd. 2)
Anna Sulińska *Olimpijki*

W serii ukażą się m.in.:
Lidia Ostałowska *Farby wodne* (wyd. 2)
Albert Jawłowski *Miasto biesów. Czekając na powrót cara*

Wojciech Górecki, Bartosz Józefiak

Łódź

Miasto po przejściach

wydawnictwo czarne

Wołowiec 2020

Projekt okładki Agnieszka Pasierska / Pracownia Papierówka
Projekt typograficzny i redakcja techniczna Robert Oleś / d2d.pl

Fotografia na okładce © by Aleksandra Wysokińska

Copyright © by Wojciech Górecki i Bartosz Józefiak, 2020

Opieka redakcyjna Jakub Bożek
Redakcja Wojciech Adamski
Korekta Monika Ples, Sylwia Paszyna
Skład pismami Warnock Pro i Futura Alicja Listwan / d2d.pl

Książkę wydrukowano na papierze Ecco-Book Cream 70 g/m², vol. 2,0, dystrybuowanym przez firmę Antalis Sp. z o.o.

ISBN 978-83-8191-001-9

WYDAWNICTWO CZARNE sp. z o.o.
czarne.com.pl

 Wydawnictwo Czarne

 @wydawnictwoczarne

Redakcja: Wołowiec 11, 38-307 Sękowa

Druk i oprawa: Drukarnia READ ME
ul. Olechowska 83, 92-403 Łódź (Olechów)
tel. +48 42 649 33 91

Wołowiec 2020
Wydanie I
Ark. wyd. 14; ark. druk. 22,5

Od autorów

Ponad dwadzieścia lat temu wydałem książkę *Łódź przeżyła katharsis* (Łódź: Biblioteka „Tygla Kultury", 1998). Złożyły się na nią teksty, które pisałem i publikowałem od przełomu lat osiemdziesiątych i dziewięćdziesiątych, w pierwszej dekadzie polskiej transformacji. Kiedy jakiś czas temu pojawił się pomysł, aby ją wznowić, pomyślałem, że byłoby dobrze zderzyć tamte teksty ze współczesnością. Pokazać dalsze losy ich bohaterów i opisywanych miejsc – Piotrkowskiej, meliniarskiej Włókienniczej, starych fabryk z czerwonej cegły. Streścić kolejne dwie dekady przemian. Ale jakoś nie mogłem się do tego zabrać. Brakowało mi porządkującego całość klucza, przewodniej myśli, a przede wszystkim – czasu, aby dozbierać potrzebny materiał. Od lat zajmuję się inną częścią świata i dawno już w Łodzi nie mieszkam, chociaż bywam tam regularnie, odwiedzam rodziców i szkolnych przyjaciół. Staram się też czytać wszystko, co się o Łodzi pisze. W pewnym momencie trafiłem na reportaże Bartka Józefiaka. Znalazłem w nich podobną do mojej wrażliwość i miłość do „złego miasta" czy też „polskiego Manchesteru" (wśród wielu określeń Łodzi te zdobyły w swoim czasie największą popularność). Okazało się, że Bartek jest w wieku, w którym byłem ja, kiedy wydałem *Katharsis*. Zaproponowałem mu autorski duet. *Łódź. Miasto po przejściach* to książka eksperyment. Większość jej rozdziałów ma jednego autora i powstała w określonym

momencie, ale jest i taki, który zaczyna się w roku 1993, a kończy ćwierć wieku później. I cały czas pisze go dwudziestoparolatek.
W.G.

W Łodzi dzieje się dokładnie to samo, co w każdym innym polskim mieście. Tylko że dzieje się bardziej. Tu zobaczymy największy w kraju dworzec i największą fabrykę przerobioną na centrum handlowe. Tu Unia wpompowała najwięcej pieniędzy w rewitalizację, a za chwilę zbudują łodzianom najdłuższy tunel kolejowy w Polsce. Tu błyszczą fronty dziewiętnastowiecznych kamienic, przypominając o ośrodku, który rozwijał się jak Nowy Jork i Chicago.

I to tutaj panuje największe bezrobocie wśród polskich miast liczących powyżej pięciuset tysięcy mieszkańców. W tej grupie Łódź jest też najszybciej kurczącym się ośrodkiem. Tutaj notuje się najkrótszą długość życia i najdłuższe korki. Tutaj najwięcej mieszkań komunalnych znajduje się w stanie najbardziej odzierającym ludzi z godności, a podwórka są ciągle takie, że Jezus Maria. Tutaj też rodziły się polskie ruchy miejskie. Tutaj mieszkańcy najmocniej walczą z chropowatą rzeczywistością.

Krótko mówiąc – Łódź to dla reportera raj.

Zrobiliśmy z Wojtkiem pocztówkę obejmującą trzydzieści lat. Panoramę miasta, które jak żadne inne poczuło w kościach Świętą Transformację. Nie mógłbym wymarzyć sobie lepszego miejsca na debiut. I lepszego do debiutu towarzystwa.

Życzymy miłej podróży.
B.J.

Miasto jak kolejowa poczekalnia

Reżyser Marek Koterski napisał w „Bestsellerze", że dwie najgorsze rzeczy, jakie mu się przytrafiły w życiu, to komunizm i Łódź: „Ohyda! Tępe plugawe miasto. Z dworcami jak sracze w polu. Jedyne znane mi miasto tej wielkości bez rzeki". Niemiecki pisarz Hans Magnus Enzensberger rzucił hasło: „Łódź wschodnią metropolią mediów". Pojawiające się w prasie centralnej reportaże o Łodzi opisują nędzę, bezrobocie i beznadzieję.

1

Sto kilkadziesiąt lat temu decyzja rządu Królestwa Polskiego powołała tu do życia osadę fabryczną z przeznaczeniem na przemysł włókienniczy. Przedsiębiorcom zaoferowano działki i korzystne kredyty, dla chłopów z okolicznych przeludnionych wsi pojawiła się możliwość pracy. Pisał Reymont: „Z równin odległych, z gór, z zapadłych wiosek, ze stolic i z miasteczek, spod strzech i z pałaców, z wyżyn i z rynsztoków ciągnęli ludzie nieskończoną procesją do tej »ziemi obiecanej«".

Łódź, która jeszcze w roku 1820 liczyła ośmiuset mieszkańców i sto sześć drewnianych domów, stała się w latach osiemdziesiątych XIX wieku miastem studwudziestotysięcznym, a tuż przed wybuchem I wojny światowej – sześciusettysięcznym. W tempie rozwoju dorównywało jej jedynie Chicago. Tam gdzie do niedawna rosły odwieczne knieje, pojawiła się nowa dżungla, tym razem ludzka. W *Ziemi obiecanej* Borowiecki tłumaczył to Trawińskiemu: „Łódź to las, to puszcza – masz mocne pazury, to idź śmiało i bezwzględnie duś bliźnich, bo inaczej oni cię zduszą, wyssają i wyplują z siebie". Reymont porównał to miasto do polipa, który „wszystko ssał w siebie i w swoich potężnych szczękach miażdżył i przeżuwał ludzi i rzeczy, niebo i ziemię...". Efektem przeżucia był lodzermensch – typ kosmopolityczny, pierwowzór krwiopijcy ze szkolnych czytanek minionej epoki. Cztery narody budowały Łódź, cztery żywioły (religie, mentalności) nadały mu kształt i od każdego z nich lodzermensch coś zapożyczył: od żydowskiego zdolności do interesów, od niemieckiego pewność siebie, od rosyjskiego zamiłowanie do przepychu i wystawnego życia, od polskiego wreszcie pewną dozę fantazji.

Typowym lodzermenschem był Izrael Poznański, założyciel fabrykanckiej dynastii. Legenda głosi, że przybył tu z jednym tobołkiem. Gdy się wzbogacił, rozpoczął budowę pałacu mającego przyćmić wszystkie inne (owo gmaszysko, dziecko nuworyszowskiej pychy i wielkiej fortuny, zagrało w *Ziemi obiecanej* Wajdy). Na pytanie architekta, w jakim ma być stylu, odpowiedział: „Co znaczy, w jakim stylu? We wszystkich stylach! Stać mnie na to!".

Syn Izraela, Moryc, zapytywał cara Mikołaja II, czy może wyłożyć podłogę największej sali złotymi pięciorublówkami z jego podobizną. Car ponoć zgodził się na to, ale zażądał, by monety ustawić pionowo.

Przed II wojną światową Poznańscy popadli w długi, a ich zakłady przeszły na własność skarbu państwa. Po wojnie w pałacu ulokowano kilka urzędów i muzeum historii miasta. Kilka lat temu znalazł tam swą siedzibę łódzki Klub Kapitału.

2

„Wielki repertuar był od wielkiego dzwonu. Na co dzień publiczność wolała lekką rozrywkę" – pisał o życiu teatralnym Łodzi z przełomu XIX i XX wieku Jerzy Wilmański. Spektakli, na które się wówczas chadzało, nie znajdziemy na kartach historii teatru: *Ziomkowie, Chluba naszego miasta, Ciemna plama, Zazdrosny fryzjer, Żydówka przechrzcianka* – były prymitywnymi komediami bądź ckliwymi melodramatami. Lodzermensche kochali je, płakali nad dolą baronowej, która popełniła kiedyś grzech młodości, a po latach zapragnęła odszukać syna, który tymczasem został hersztem przestępczego gangu, oburzali się na barona, który zabronił dziedzicowi swojej fortuny ożenić się z córką szewca.

W roku 1912 ruszył „najwspanialszy teatr kinematograficzny w Królestwie i Cesarstwie" – Casino. Z tej okazji warszawski „Złoty Róg" donosił: „Zastosowano tu najnowsze zdobycze techniki ku wygodzie i bezpieczeństwie publiczności, a więc centralne ogrzewanie, wentylację elektryczną, aparaty ssące do odkurzania". Nowe filmy trafiały do Łodzi szybciej niż do Warszawy.

Ale wielki Aleksander Zelwerowicz nie zagrzał tu długo miejsca.

3

Autorzy wydanego niedawno we Francji przewodnika po Polsce porównali ulicę Piotrkowską do Pól Elizejskich. Chyba nigdy nie byli w Łodzi: nocą na Piotrkowskiej zamiast tętniących życiem kafejek można spotkać pijaków i męty. Z drugiej strony, Piotrkowska znaczy dla Łodzi o wiele więcej niż Champs-Élysées dla Paryża.

Na Piotrkowskiej skupiało się od samego początku całe życie przemysłowego miasta. Centralne położenie ulicy sprawiało, że wszystkie instytucje chciały mieć przy niej swą siedzibę. Ulokowały się tu więc obok kamienic, pałaców i rezydencji także kościoły i fabryki, urzędy i banki, konsulaty (przed wojną było ich w Łodzi kilkanaście) i sklepy, restauracje i kawiarnie. Na Piotrkowskiej pojawiły się pierwszy łódzki tramwaj, pierwsza latarnia gazowa, pierwszy telefon.

Ciasna zabudowa i geometryczna siatka ulic sprawiły, że w Łodzi nie ma wydzielonego centrum i tak zwanej przestrzeni publicznej, czyli placów i pasaży. Piotrkowska stała się więc i nietypowym centrum miasta, i bezprecedensowym placem o wymiarach cztery kilometry na dwadzieścia metrów, i wielkim domem towarowym. Stała się ulicą molochem, a według słów byłego wojewódzkiego konserwatora zabytków Wojciecha Walczaka – zjawiskiem architektonicznym, kulturowym i obyczajowym. Lwia część znajdujących się przy Piotrkowskiej obiektów pochodzi z XIX stulecia i przedstawia mizerną wartość artystyczną. Reprezentuje architekturę określaną jako eklektyczno-historyczna. Elewacje frontów przeładowane są czerpanymi z wzorników elementami gotyckimi, renesansowymi i barokowymi.

„Zebrały się tutaj formy z całego chyba świata, cywilizowanego świata XIX wieku" – pisze we wstępie do swojego albumu o Piotrkowskiej Wacław Kondek. „Formy, o których historyk sztuki wyraża się z obrzydzeniem i wzgardą, formy niemające nic wspólnego z oryginalnością – z wyjątkiem bardzo nielicznych domów secesyjnych – formy kradzione, zapożyczone lub podpatrzone i bezczelnie przenoszone z gotowych już wzorów. I cały ten pseudogotyk, pseudobarok, pseudorokoko czy jeszcze inne pseudo staje się czymś w sumie bardzo autentycznym, czymś jedynym w swoim rodzaju, czymś, co zdarzyło się akurat w Łodzi".

W wielu miastach są ładniejsze kamienice z XIX wieku, ale nigdzie nie występują w tak zwartej postaci, z zachowaniem historycznych działek.

– Ulica Piotrkowska jest pomnikiem rozwoju dziewiętnastowiecznej ulicy – twierdzi Marek Janiak, szef Fundacji Ulicy Piotrkowskiej. – Na ogromnym obszarze zachowało się coś, co powstało w jednej chwili.

W latach siedemdziesiątych ulicę uznano za zabytek.

Kiedy do Polski wrócił kapitalizm, w Łodzi znowu wszystko zaczęło się na Piotrkowskiej: pierwsze kantory, pierwsze sklepy z bronią i pierwsze sex-shopy, pierwsze salony komputerowe i samochodowe, pierwsze sklepy nocne. Zyskała „zachodni" wygląd, zniknęły państwowe sklepy spożywcze, a do opuszczonych lokali wprowadziły się delikatesy: w pewnym momencie łatwiej było tu nabyć oliwki, małże i chleb tostowy niż twarożek i razowiec. Efektowne na pierwszy rzut oka wyposażenie okazuje się tandetną imitacją elegancji. Dominują dykta i przychlapane farbą dechy. Nawet tam, gdzie kuszą klientów marmury, kafelki i dywany, na zapleczu pozostały stare biurka i sedesy sprzed wojny.

Inwencja właścicieli nowych sklepów kończy się zwykle na progu własnej placówki, co majętniejsi malują jeszcze część fasady dookoła drzwi wejściowych. Gdy w jednej kamienicy ulokuje się dwa lub więcej sklepów, bywa, że dom, do wysokości gzymsu pierwszego piętra, pomalowany jest na kilka kolorów. Wojciech Walczak, który sądzi, że w łodzianach pozostało coś z mentalności z czasów „ziemi obiecanej" (zarobić jak najwięcej jak najmniejszym kosztem – to dlatego, że dominuje ludność napływowa i nie ma rodzin o długich tradycjach mieszczańskich, które są ostoją lokalnego patriotyzmu), nazywa to zjawisko plastyczne „estetyką fryzjerską" i zauważa, że dominuje biel, czerń i czerwień.

We wrześniu 1992 roku, z okazji odbywającego się właśnie Światowego Spotkania Łodzian, wyremontowano odcinek Piotrkowskiej w pobliżu Urzędu Miasta. Zamknięto go dla ruchu, wyłożono piękną czerwoną kostką, ustawiono stylowe latarnie. Powiało Europą, tym razem bez cudzysłowu. Gdy goście się rozjechali, rozgorzał spór o sens ładowania miliardów w makijaż miasta, które sypie się w gruzy (niemal sto procent śródmiejskich kamienic wymaga kapitalnego remontu). Urzędnicy oponowali: „Za te pieniądze można by najwyżej jeden dach naprawić, a tak mamy wizytówkę!". Niewykluczone, że spór stanie się wkrótce bezzasadny – według ostatnich ekspertyz kostka kładziona przez prywatną firmę nie przetrzyma dwóch–trzech najbliższych zim. Makijaż zaś nałożono na niedomyte ciało; wystarczy wejść w jedno z cuchnących uryną, wąziutkich podwórek ze sklepikami pozbawionymi nawet pozorów dobrego smaku, by znaleźć się w XIX wieku.

4

Dziadek Felek opowiadał o tancbudach. Chadzał tam w soboty, za kawalerskich, jak gremplem u Szajblera był. Po fajrancie grzywę koperwasem podkarbowywał, wąsy pokostem przeciągał, okryjbiedę narzucał i posuwał. Sala fajna była, z oberluftem jak się patrzy, dziadek obcinał, herszta najdował, co tantny był, pół fajgla mu dawał, bo ferajna szemrana trafiała, śtofa łyknął i hulał do rana. Pietra nie miał, herszt baczył na wszystko i choć raban bywał, niejeden pod bańkę dostał, niejednemu przyfundowali na galop, majchry błyskały, doliniarze szwendali się, on spokojny był. Obzierańca łódzkiego i tangiego z ulicznymi wywijał, przebieracze klawo znali, parle france.

Ojciec, którego w dzieciństwie nazywałem po łódzku po prostu Ziutusiem, opowiadał o niedzielach. Mały był jeszcze, ale po mszy chodził z chłopakami z Bałut do parku Julianowskiego, w którego pobliżu mieściła się pętla tramwaju kursującego na Chojny („Bałuty i Chojny to naród spokojny, bez kija i noża nie podchodź do bałuciorza"). Co drugą niedzielę z tramwaju wysypywała się gromadka tamtejszych oberwańców, blatowali się z bałuciorzami i szli na polanę.

– Co u was?
– Po staremu.
– No to trzaskamy się?
– Trzaskamy!

Potrafili bić się kilka godzin. Gdy uznali, że wystarczy, bałuciorze odprowadzali gości do tramwaju.

– No to za tydzień u was?
– U nas. Tylko żebyście byli!
– Będziemy. (Ogólne serdeczności, uściski, życzenia dobrego tygodnia).

Lodzermensche byli kosmopolitami, wśród ludu podział na narodowości był wyraźny: Żydzi zajmowali się handlem i wszelkim drobnym biznesem (skup szmat, naprawa obuwia, sklepiki z tandetą), Niemcy byli z reguły majstrami w fabrykach, spośród Rosjan (do I wojny) rekrutowali się urzędnicy i wojskowi. Polacy pracowali jako robotnicy. Wszystkie te narodowości zamieszkiwały inne dzielnice, czytały inne gazety, trenowały w innych klubach sportowych, posyłały dzieci do innych szkół, chowały zmarłych na innych cmentarzach. Profesor Maria Kamińska z Uniwersytetu Łódzkiego, która od lat bada osobliwości łódzkiego języka, zauważyła jednak, że obecność w mieście Rosjan, Niemców i Żydów wywarła na tutejszą polszczyznę znaczny wpływ.

5

Politycznie Łódź zawsze była podzielona. Od z górą stu lat, z przerwą na PRL, trwa walka pomiędzy dwiema grupami, nazwijmy je umownie „socjaliści" i „narodowcy", oraz pomiędzy dwoma reprezentowanymi przez nie światopoglądami. Tylko w drugiej połowie roku 1906 zginęło w tej walce po obu stronach stu osiemdziesięciu dziewięciu bojowców, a rannych zostało stu trzydziestu ośmiu.

5 stycznia 1907 roku grzebano Jóźwiaka i Frątczaka, dwóch socjalistów zamordowanych przez narodowców. Kiedy kondukt znalazł się pod kościołem Świętej Anny, rozległy się strzały. Poległo dziewięć osób, rany odniosły czterdzieści cztery. Narodowcy triumfowali:

Bądź Sokołem, bądź Sokołem,
Nie pozostań zawsze wołem
Jak pepeesy i esdeki!
Będą oni bydłem na wieki!
Zebrała się bydła kupa
Aby zabrać swego trupa –
Chłopy, baby, także panny
Pod kościołem Świętej Anny.
A gdy przyszli, w jednej chwili
Zaraz ich tam „pokropili"
Niejednych ksiądz opatrywał
Kiedy życiem dogorywał

– śpiewano po „narodowych" podwórkach. „Socjałowie" nie pozostawali dłużni:

Z dymem pożarów Petersburg się pali,
O Matko Boska wypędź tych Moskali,
Wypędź Moskali, wypędź narodowców
A zostaw tylko samych pepesowców.

W międzywojennych wyborach samorządowych górę brali na przemian raz jedni, raz drudzy. Obrady bywały burzliwe. W dowcipie z tamtych lat na pytanie: „Co to jest – ma cztery nogi i często lata?" padała odpowiedź: „Krzesło w czasie posiedzenia Rady Miejskiej!".
W wyborach po II wojnie światowej zwyciężała Polska Zjednoczona Partia Robotnicza.

Łódzka „wojna na górze" rozpoczęła się w czasach, kiedy nikomu jeszcze nie śnił się Okrągły Stół. Grupujący dawnych liderów Zarząd Regionalny i popierana przez Wałęsę (po przystąpieniu tych pierwszych do opozycyjnej względem przewodniczącego Grupy Roboczej) Regionalna Komisja Organizacyjna (RKO) na początku ograniczały swą działalność do wydawania oświadczeń i kontroświadczeń.
W wyborach 4 czerwca 1989 roku w „drużynie Wałęsy" znaleźli się ludzie z kręgu RKO. Ich atutem było – oprócz fotografii z przewodniczącym – dobre „przełożenie na Warszawę". Myśleli, że z lokalnymi konkurentami poradzili sobie raz na zawsze. Do wyborów samorządowych w 1990 roku przystąpili jako Wojewódzki Komitet Obywatelski (WKO).
Tymczasem rywale, pod szyldem Łódzkiego Porozumienia Obywatelskiego (ŁPO), szykowali się do kontrataku i rychło pozyskali sobie przychylność zmiennego Wałęsy. Wystąpili zdecydowanie przeciwko rządowi Tadeusza Mazowieckiego, co w tamtych czasach było ewenementem. Ogłosili podział łódzkiej

sceny politycznej na „lewicę" i „prawicę", sami przyznając sobie miano tej drugiej. Poparł ich wreszcie łódzki Kościół.

ŁPO wygrało wybory i zapowiedziało, że bierze pełnię władzy i pełnię odpowiedzialności. Była to koalicja dość egzotyczna – jej główne filary stanowiły Zjednoczenie Chrześcijańsko-Narodowe i Konfederacja Polski Niepodległej. Po sukcesie owa koalicja faktycznie się rozpadła, a w Radzie Miejskiej utworzyły się kluby „partyjne", których liderzy prowadzą ze sobą nieustanne wojny podjazdowe, często z sądowym finałem. Formalnie jednak ŁPO istnieje i prawdopodobnie dotrwa do wyborów w 1994 roku.

Rozpadło się też WKO, dzieląc się na – przede wszystkim – Unię Demokratyczną i Kongres Liberalno-Demokratyczny.

Błędem obu bloków była próba ostatecznego wyeliminowania jednych przez drugich.

W owych wyborach dziewięćdziesiątego roku Socjaldemokracja Rzeczypospolitej Polskiej (SdRP) zdobyła sześć mandatów i utworzyła najmniejszy i najlepiej zorganizowany klub radnych. Po kilkunastu miesiącach w wyborach do sejmu i senatu owa postkomunistyczna formacja zwyciężyła. Łódź, gdzie jak w soczewce odbijają się największe problemy Polski, jeszcze raz jako pierwsza wkroczyła na drogę, którą następnie miał podążyć cały kraj.

Spytałem szefa łódzkiej Unii Demokratycznej Marka Czekalskiego, czy wyniki wyborów z 1990 i 1991 roku nie są powrotem do sytuacji sprzed wojny, kiedy to na przemian brały górę tendencje „narodowe" i „socjalistyczne". Odparł, że tamtej Łodzi już nie ma, bo zabrakło mniejszości narodowych. Mechanizm jednak pozostał. Wahnięcia nastrojów spowodowane są ogromną biedą miasta, atomizacją społeczeństwa, brakiem elit opiniotwórczych.

Czekalski zauważył, że w 1991 roku mówienie o sympatiach dla SdRP i przyznawanie się do głosowania na nią było czymś wstydliwym, a teraz wielu ludzi zaczęło odczuwać potrzebę zamanifestowania swoich poglądów. Dostrzegł to na spotkaniach przedwyborczych. Na jednym z nich, w którym uczestniczył

wraz z Leszkiem Millerem, łódzką lokomotywą Socjaldemokracji, starsza kobieta stwierdziła: „Nam za komuny było lepiej, chcemy powrotu komunizmu!". Powiedziała to spokojnie, bez agresji. Czekalski spytał Millera, czy to jego elektorat. Miller zaprzeczył.
– Lewica będzie musiała budować kapitalizm, czyli nakręcać bezrobocie – mówi Czekalski.

6

Przed II wojną wśród siedmiuset tysięcy mieszkańców Łodzi było dwieście tysięcy Żydów i prawie sto tysięcy Niemców. W roku 1945 zostało trzysta tysięcy łodzian, prawie samych Polaków. Co się stało z bohaterami *Ziemi obiecanej*? „Piękna i bogata pani Zukerowa umarła z głodu zimą czterdziestego trzeciego" – pisał Jacek Żakowski w „Powściągliwości i Pracy" (maj 1987). I dalej: „Mela Grunspan doczekała komory gazowej. Syn Moryca Welta, który wraz z rodziną przetrwał okupację w domu znajomego Niemca, umarł w Izraelu. Jego wnuczka wyjechała do Ameryki w sześćdziesiątym ósmym. Baum zrobił klapę i strzelił sobie w łeb w 1916. Jego wnuk w trzydziestym dziewiątym wywiesił swastykę, ale później zachowywał się przyzwoicie. Przede wszystkim czuł się lodzermenschem. [...] Najmłodszy Baum (oficer SS z poboru) nigdy nie wrócił do Łodzi. Ktoś widział go w Sao Paulo. Podobno razem z Borowieckimi, Bucholzami, Mullerami, Grosglikami, Grosmanami stanowi tam trzon polskiej kolonii. Tylko wnuk Trawińskiego mieszka dziś w Łodzi. Po wojnie wybrali go dyrektorem w jego upaństwowionej fabryce – mieli szacunek dla kompetencji i pracowitości. Trwało to parę tygodni. Potem musiał wyjechać na drugi koniec Polski. Wrócił, żeby dokonać życia".

7

Kariera Łodzi zaczęła się w połowie XIX wieku, w momencie zniesienia barier celnych pomiędzy Królestwem Polskim a Rosją, a skończyła w roku 1989, kiedy upadł rynek wschodni i łódzkie tekstylia przestały znajdować zbyt. Łódź umierała powoli, choć wyrok śmierci zapadł w pierwszych powojennych pięciolatkach. Po zmianie granic znalazła się niemal w środku Polski. „»Logika Poczdamu«, wyciągnięcie konsekwentnych wniosków z decyzji konferencji poczdamskiej przywracającej Polsce jej dawną granicę zachodnią z okresu piastowskiego, oznaczała zatem ustanowienie Łodzi centralnym miastem Polski" – napisał Andrzej Piskozub w książce *Dziedzictwo polskiej przestrzeni*. „Przez krótki okres ta logiczna decyzja wydawała się zupełnie realna. W Łodzi przez pewien czas – wobec zniszczenia Warszawy – znajdowały swą siedzibę różne centralne instytucje państwa, a był i taki moment w 1945 roku, kiedy formalna decyzja ustanawiająca Łódź nową, kolejną stolicą Polski wydawała się bliska i możliwa. [...] Niestety, losy potoczyły się inaczej. Podobnie jak w odniesieniu do kultywowania stworzonych przez »Drang nacht Osten« szlaków równoleżnikowych w poprzek ziem polskich, tak i tutaj zdecydowano, aby nadal podtrzymać lokalizację centrum państwa w miejscu uzasadnionym zupełnie innym układem granic Polski, które w Polsce Ludowej stało się miejscem ekscentrycznym, przesuniętym do wschodniej części terytorium państwowego [...]. W tym samym czasie w centrum geograficznym Polski Ludowej nie tylko nie wyrównano odziedziczonych z czasów porozbiorowych zaniedbań komunikacyjnych, lecz dopuszczono tutaj do regresu w stosunku do stanu poprzedniego".

Przyjrzyjmy się sieci kolejowej: pierwsza na ziemiach polskich magistrala – Kolej Warszawsko-Wiedeńska – ominęła Łódź od wschodu, stworzone w Drugiej Rzeczypospolitej połączenie Warszawy z Poznaniem – od północy, a Gdyni ze Śląskiem – od zachodu. PRL dorzucił do tego linię Warszawa–Wrocław, omijającą Łódź od południa.

Podobnie było z siecią lotniczą: „Centralne położenie Łodzi na terytorium kraju oraz krzyżowanie się w tym mieście ważnych linii lotniczych usprawniały znacznie krajową komunikację lotniczą" – zauważyli Mieczysław Mikulski i Andrzej Glass w książce *Polski transport lotniczy 1918–1978*. „W Łodzi istniały dogodne połączenia w sześciu kierunkach do: Warszawy, Gdańska, Poznania, Szczecina, Wrocławia, [a także – W.G.] Katowic i Krakowa. Łódź wiązała większe i najżywotniejsze ośrodki życia gospodarczego kraju promienistym układem sieci wewnętrznej". Port lotniczy istniał do roku 1958. Zamknięto go, argumentując, że Łódź leży zbyt blisko Warszawy. Tym samym miasto stało się największą w Europie aglomeracją bez lotniska.

Łódź nie miała w PRL-u swoich pięciu minut, jak Warszawa (cały naród buduje swoją stolicę), Poznań (targi międzynarodowe), Gdańsk, Wrocław i Szczecin (Ziemie Odzyskane) czy Katowice („Wicie, rozumicie, towarzysze, wyngiel!"). Stworzenie bezprecedensowej industrialnej monokultury doprowadziło do sfeminizowania łódzkiego przemysłu.

Wielka liczba pracujących kobiet powodowała, że Łódź potrafiła znieść więcej niż inne duże miasta. Kiedy Łódź podejmowała strajk, kiedy decydowały się przerwać pracę obarczone domem i dziećmi łódzkie prządki, szwaczki i tkaczki, znaczyło to, że jest już naprawdę źle. Tak było w roku 1971 i w roku 1980, kiedy Łódź stanęła na końcu. A w roku 1981 włókniarki tłumnie uczestniczyły w „marszach głodowych".

Za PRL-u większość strajków przynosiła jakieś ustępstwa wobec protestujących. Przedstawiciele przemysłów strategicznych potrafili wywalczać sobie podwyżki i dodatki. Nie poprawiało się grupom najsłabszym – przemysł lekki był przez całe dziesięciolecia najgorzej opłacaną gałęzią gospodarki.

Po upadku rynku wschodniego i wprowadzeniu przez Zachód wysokich ceł i niskich kontyngentów na nasze tekstylia skurczył się także na dodatek rynek wewnętrzny, nasycony efektowną tandetą z Turcji, Tajlandii czy Indii. O wprowadzeniu limitów chroniących polskich producentów nikt nie pomyślał.

Sytuację dużych zakładów państwowych pogarszała tak zwana dywidenda*. Firmy systematycznie zmniejszały powierzchnię wykorzystywaną do celów produkcyjnych, tymczasem dywidendę trzeba było płacić od całego majątku przedsiębiorstwa.

Słuszne skądinąd parametry ekonomiczne wprowadzano w Łodzi mechanicznie, bez uwzględnienia specyfiki miasta.

Na prawie czterysta przedsiębiorstw przemysłowych województwa połowa przyniosła w latach 1989–1992 straty. Tylko w pierwszej połowie roku 1992 przemysł lekki był „do tyłu" o siedemset pięćdziesiąt dwa miliardy dziewięćset milionów złotych**. Wraz ze spadkiem produkcji rosło bezrobocie. Ostatnio zatrzymało się na stu tysiącach, co stanowi dziesięć procent mieszkańców w ogóle lub niecałe dwadzieścia procent ludności w wieku produkcyjnym (łódzkie, obok wałbrzyskiego, uznano w całości za rejon szczególnie zagrożony bezrobociem).

Bezrobocie będzie się prawdopodobnie zwiększać. Minione cztery lata przyniosły spadek produkcji o dwie trzecie, podczas gdy zatrudnienie zmalało o jedną trzecią. Sugerowałoby to istnienie bezrobocia ukrytego. Inną sprawą jest najwyższy w Polsce odsetek ludzi bez wykształcenia wśród bezrobotnych.

8

Łódź zajmuje pierwsze miejsce w kraju pod względem:
— umieralności niemowląt,
— umieralności na choroby nowotworowe i na choroby układu krążenia,

---

* W okresie transformacji była rodzajem podatku od przedsiębiorstw.
** Wszystkie kwoty w tekstach pisanych przed reformą walutową w 1995 roku podawane są w starych złotych. Jeden nowy złoty to 10 000 starych. Powyższa kwota: 752 900 000 000 to w nowych złotych 75 290 000. Dalej w tekście kwoty w starych złotych nie będą przeliczane na nowe [przyp. red.].

– wskaźnika zgonów.
Łódź zajmuje ostatnie miejsce w kraju pod względem:
– przyrostu naturalnego,
– przeciętnego wynagrodzenia,
– wyposażenia mieszkań w łazienki.

9

Wojna pozwoliła zachować Łodzi nienaruszony kształt urbanistyczny. Nigdy nie była pięknym miastem, lecz miała swój niepowtarzalny koloryt. „Cudne miasto – powtarzał Moryc Welt, bohater *Ziemi obiecanej* – ale co ja na tym zarobię". Dziś większość z ponad stu fabrykanckich pałaców sypie się w gruzy. Ze śródmiejskich kamienic trzeba było usuwać balkony, bo zagrażały bezpieczeństwu przechodniów i użytkowników. Pozostały łódzkie podwórka, z dobudówkami, drewnianymi galeryjkami, przejściami na kilka sąsiednich ulic. Podobne podwórka widziałem tylko w Odessie. Pozostał zdewastowany, ale wciąż piękny cmentarz żydowski, ponoć obszarowo największy na świecie, z grobowcami wielkości sporych synagog. Pozostał cmentarz ewangelicki i prawosławny. Pozostały wielkie fabryki z czerwonej cegły. Na niektórych domach pozostały rosyjskie napisy z czasów carskich.

Pozostała wreszcie dzielnica Księży Młyn, wciąż zamieszkały skansen wczesnokapitalistycznych familoków, służący do niedawna za tło do wszystkich filmów o niedoli ówczesnych robotników, ze szkołą i szpitalem wybudowanymi przez fabrykanta.

10

Fragment felietonu Marka Koterskiego w „Bestsellerze":
„Tutaj umiera już na starcie każda kulturalna inicjatywa. To jedyne miasto, w którym na największe sławy muzyczne były wolne miejsca w Filharmonii. Tak wszedłem na 5 minut przed koncertem na Ohlssona, Igora Ojstracha, Kulkę (we Wrocławiu nie było

na nich biletów na miesiąc wcześniej). Tu na *Zemście* Dejmka bileterki zgarniały wszystkich widzów do pierwszych rzędów, żeby aktorzy widzieli kilkanaście twarzy. Tu nie mogłem obejrzeć zespołu w teatrze, w którym chciano, bym reżyserował, bo dwukrotnie odwoływano przedstawienie z braku widzów. Ale na *Pchłę w uchu* – tłumy. Kurwa! miałem się nie rozpisywać o tym syfie. Tego »Bestsellera« zresztą to pewnie sam jeden kupuję, żeby się przeczytać, bo te łódzkie tępaki to tylko »Express«, »Skandale«, »Nie« i coś z gołą pizdą na okładce.

Rzadkie chwile satysfakcji z odwetu na tym mieście przeżywam, gdy o nim tak piszę. Kiedyś, jeszcze jako asystent na reżyserii, zadałem studentom wymyślenie, co zrobić z Łodzią. Wygrali bodajże Witek Starecki i Krysiu Iwanowski. Jeden zaproponował, by spryskać ją z helikopterów białą farbą i urządzić tu gułag dla wszystkich politycznych, a drugi – żeby ustawić na Chojnach wszystkie buldożery obok siebie i żeby tak przejechały na Bałuty. No, ale politycznych już nie ma. Nie wiem, co z buldożerami. Projektów jakoś nie wprowadzono w życie. W śmierć raczej. Nie pójdę już więcej Piotrkowską na żaden spacer! Bo czuję się na nim, jakby mnie co krok bito po twarzy. Ten wygląd! Tych ludzi! Jak z depozytu izby wytrzeźwień. Jakby szli nogami! Wisząc na wieszakach! Każdy metr ulicy mnie! Każdy przechodzień każda twarz! (Twarz! – pysk łódzki!) Każdy dom! Mnie upokarza, obraża. Od razu mi to uprzytamnia, że jestem przegrany! Już sam fakt bycia w tym mieście, jest miarą mojej życiowej klęski. Wstyd mi każdego spędzonego tu dnia. Kiedy ktoś mi mówi »Ty jesteś z Łodzi«, to chcę się rzucić na niego z pięściami…".

11

Ktoś powiedział, że Łódź leży zbyt blisko Warszawy, by mogło się w niej urodzić coś naprawdę ciekawego intelektualnie czy artystycznie. Od paru pokoleń trwa masowa migracja do stolicy łódzkich pisarzy, poetów, aktorów, reżyserów, malarzy i architektów. Pierwszym z wielkich, który wyjechał, był Julian Tuwim.

Na dniach (październik 1993 roku) wyprowadza się do Warszawy Marek Miller, najgłośniejszy ostatnio łódzki autor (*Kto tu wpuścił dziennikarzy?*, *Filmówka*, *Arystokracja*).
– W tym mieście nie ma dla mnie pracy – twierdzi. – Nie można mi zarzucić, że nie próbowałem niczego zrobić: przez trzy lata wydawałem miesięcznik, który tak naprawdę nikogo nie interesował i nikomu nie był potrzebny*, byłem dyrektorem Festiwalu Mediów, wykładałem w Szkole Filmowej. Jeżeli mam wkładać w coś olbrzymi wysiłek, pracując po dwadzieścia godzin na dobę, to muszę mieć jedną z dwóch rzeczy: ekstrapieniądze albo ekstrasatysfakcję. To miasto nie jest w stanie dać mi ani jednego, ani drugiego. W Łodzi nie powstały nigdy środowiska artystyczne i twórcze. To znaczy tu dzieje się wiele rzeczy, często na ogólnopolskim i europejskim poziomie, wymienię choćby Konstrukcję w Procesie czy grupę Łódź Kaliska, ale każda z tych rzeczy funkcjonuje jak gdyby w zawieszeniu, w próżni, one się po prostu nie sumują, nie dodają. Jedni ludzie nic o drugich nie wiedzą i nie chcą się dowiedzieć, a tak zwane „elity" są, nawet jak na polskie warunki, nieprawdopodobnie zatomizowane. Występuje tu ten fenomen, który śledzili już Kotarbiński, Chałasiński i Szczepański, kiedy byli profesorami Uniwersytetu Łódzkiego. Wiele lat temu zauważyli oni, że pomimo istnienia iluś instytucji typu uniwersyteckiego w Łodzi nie powstało nigdy środowisko akademickie. Łódź nie ma siły przebicia, nie potrafi o sobie mówić. Myślę jednak, że największym dramatem tego miasta jest brak talentu na miarę Tuwima czy Reymonta, który potrafiłby jakoś to miasto określić, nazwać je, umieć o nim opowiedzieć i pokazać jego potencjalną wielkość.

O przeniesieniu się do Warszawy myśli reżyser Maciej Drygas, laureat Felixa za film *Usłyszcie mój krzyk***.

---

* Miller założył i prowadził czasopismo „Bestseller", przekształcone następnie w „Imperium".
** Po opublikowaniu tego tekstu opuścił Łódź.

12

Łódzkie Muzeum Sztuki wymienia się jednym tchem obok nowojorskiego Museum of Modern Art i paryskiego Centre Georges Pompidou.

– Dla nas, studentów historii sztuki w Poznaniu, Łódź otaczał mit miasta sztuki nowoczesnej – mówi dyrektor Jaromir Jedliński. – Główną pożywką tego mitu była ta placówka i oczywiście szkoła filmowa. Przyjeżdżaliśmy tu często na wystawy, na spektakle Dejmka w Teatrze Nowym; ja przyjeżdżałem również spotykać się z redaktorami „Pulsu", z którym współpracowałem. Jedliński jest wyjątkiem potwierdzającym regułę. Kiedy zaproponowano mu pracę, osiadł w Łodzi na stałe i dziś czuje się łodzianinem.

– Sądzę, że w tym mieście można żyć, można działać i coś osiągać, jeśli znajdzie się odpowiednią enklawę, a często, co wynika z mojej praktyki, jeśli się samemu taką enklawę stworzy. Łódź jest cały czas „ziemią obiecaną", miejscem, gdzie można wiele zrobić, ale kosztuje to mnóstwo wysiłku, ponieważ trzeba samemu stworzyć całą aurę i kontekst odbioru tego, co się proponuje, i każdego dnia walczyć o przetrwanie. Jest to więc wysiłek podwójny i do tego jakby rozproszony. Dla wielu ludzi wynikający z tego stres jest zbyt duży, dlatego wyjeżdżają. „Kompleks łódzki" to według mnie brak wiary we własne siły i wynikający z tego brak potrzeby wspólnego działania. W Łodzi nastąpiła za daleko już idąca niemożność wzięcia swoich spraw w swoje ręce; oczekuje się, że nasze sprawy załatwi za nas ktoś inny. Bierność to niemal nasza narodowa cecha, ale tutaj jest ona szczególnie silnie obecna. Moim zdaniem wynika to z historii – to miasto było mieszanką różnych narodowości i przez długi czas nikt nie czuł się tutaj u siebie. Musimy sobie uświadomić, że ten czas już minął i najwyższa pora zacząć traktować Łódź jako swoje miejsce, a nie jak poczekalnię kolejową, do której się przyszło, aby pobyć kilka chwil i pojechać dalej. Jeśli swoje miejsce traktuje się jak poczekalnię, to rzeczywiście zaczyna ono wyglądać jak poczekalnia i jako takie jest odbierane przez innych. Łódź trzeba zasiedlić, a nie wyeksploatować i zostawić. Do wypracowania zmiany stosunku do swojego miejsca potrzebna jest współpraca wielu środowisk, bo w tak dużej i złożonej społeczności nie dokona tego ani jednostka, ani grupa, ani nawet pojedyncza siła polityczna. Żeby taka współpraca mogła się wykształcić, niezbędne jest jakieś forum czy jakaś platforma. Takiego forum nie ma, ani formalnego, ani towarzyskiego, nie istnieje życie kawiarniane, nie ma salonu. Należy więc zacząć od stworzenia miejsca spotkań. Na małą skalę robi to nasze muzeum. W jego oddziale, rezydencji Księży Młyn, organizujemy wieczory z udziałem wybitnych gości, niekoniecznie związanych ze sztukami plastycznymi. Byli u nas między innymi Artur Międzyrzecki, Julia Hartwig, Maja Komorowska, Marta Fik, Andrzej Wajda, Ryszard Kapuściński, Bronisław Geremek. Próbujemy umożliwić spotkanie się różnych grup najszerzej pojętej łódzkiej inteligencji. Wiadomo już, kto na jaką imprezę przychodzi, i można nawet aranżować zetknięcie się tej osoby z tamtą, zapraszając je, bądź zapraszając kilka osób, które ściągną przedstawicieli konkretnych środowisk jako słuchaczy. Trzeba pracować nad otwieraniem się, bo ważnym aspektem „kompleksu łódzkiego" jest „zamkniętość". Miasta tej wielkości nie da się odgrodzić od świata murem.

13

W maju 1988 roku Zbigniew Żbikowski napisał w „Życiu Warszawy": „Łódzki problem umysłowy to także problem identyfikacji, kulturalnej tożsamości. Jeśli miasto nie może stworzyć swego własnego kolorytu, musi sięgnąć do zaniedbanych korzeni polsko-żydowsko-niemieckich, do wieloźródłowości, która przecież stworzyła światowy wizerunek Łodzi".

Grudzień 1993

Koniec świata prządek

Niemcy w Łodzi

W początkach czerwca 1990 roku niemiecka firma włókiennicza Suedwolle kupiła budynek Zakładów Przemysłu Wełnianego imienia Andrzeja Struga w Łodzi. Niemcy zapłacili sto trzydzieści pięć dolarów za metr kwadratowy (razem około dwudziestu sześciu miliardów złotych). Pieniądze te pokryły zadłużenie przedsiębiorstwa wobec banku i skarbu państwa. Jednocześnie przestał istnieć jedyny w Polsce duży zakład produkujący tkaniny wełniane i galanterię z drukami typu kaszmir.

Zaczęło się od pożyczki

Zakłady Struga mieściły się „od zawsze" w kilku budynkach fabrycznych z przełomu XIX i XX wieku, rozrzuconych po całym śródmieściu. W połowie lat osiemdziesiątych rozpoczęto budowę nowoczesnego obiektu przy ulicy Dąbrowskiego, w przemysłowej dzielnicy miasta. Planowano przenieść tu całe przedsiębiorstwo.

Na tę budowę zaciągnięto w banku kredyt inwestycyjny: około 2,7 miliarda złotych. Ostatnią umowę z bankiem podpisano w 1989 roku, w „nieszczęśliwym okresie rekonstrukcji gospodarki", jak określa to obecny dyrektor Jerzy Lubowiński.

Odsetki rosły, a zakład nie był w stanie ich spłacać. W ubiegłym roku długi wynosiły już ponad dwadzieścia miliardów złotych. W marcu 1990 roku bank wstrzymał kredytowanie, dając trzy miesiące na uiszczenie należności. Prośby o odroczenie spłaty i umożliwienie w ten sposób dokończenia budowy (nowy obiekt miał być gotowy właśnie w 1990 roku) nie przyniosły rezultatu.

– Zakład w nowym systemie społeczno-politycznym i finansowym po prostu musiał upaść – mówi dyrektor Lubowiński. Decyzją ministra przemysłu z czerwca 1990 roku Strug, jak go w Łodzi nazywano, przeznaczony został do likwidacji.

Cztery maszyny za fabrykę

Likwidator miał do dyspozycji nowy, niedokończony obiekt, w którym częściowo szła już produkcja, oraz kilka starych budynków fabrycznych. Nowym mógł zainteresować się zachodni kapitał, starymi – tylko drobny, polski.

Potencjalnych kontrahentów zagranicznych było kilku. Ostatecznie Struga kupili Niemcy. Umowę notarialną zawarto w lipcu tego roku. Około 2,2 miliona dolarów, jakie Suedwolle zapłaciła za budynek, to cena wyższa, niż uzyskano na przykład za znacznie większą pobliską Bistonę. Dyrektor Lubowiński jest z wynegocjowanej sumy zadowolony; zdaniem Janusza Malarczyka, wiceszefa Krajowej Sekcji Przemysłu Lekkiego Solidarności, transakcja nie była najkorzystniejsza.

W przędzalni czesankowej Polmerino pokazują prospekty, z których wynika, że jedna zgrzeblarka do wełny kosztuje pięćset pięćdziesiąt tysięcy dolarów. Struga kupiono więc za cenę czterech zgrzeblarek. Na Zachodzie fabryka tej wielkości kosztuje od czterdziestu do pięćdziesięciu milionów dolarów, ale zakład wart jest przecież tyle, ile gotowi są dać za niego potencjalni kupcy. Mimo to plotki, że likwiduje się polskie zakłady, by nie tworzyły konkurencji dla wchodzących do nas firm zachodnich, i że dyrektorzy państwowych przedsiębiorstw sprzedają informacje o swoich firmach zachodnim biznesmenom, padły na podatny grunt.

Wyciszanie produkcji

Likwidacja Struga trwa już ponad rok. Produkcję wygaszano stopniowo. Było to związane z cyklem technologicznym i z faktem, że za funkcjonujący zakład można uzyskać wyższą cenę. Zamknięty traktowany jest przez nabywców jako upadłość – płaci się wówczas tylko za mury. Podczas negocjacji Strug cały czas produkował.
   Zatrudnienie również redukowano stopniowo. W chwili rozpoczęcia likwidacji w fabryce pracowało sześćset pięćdziesiąt osób, obecnie – jeszcze ponad sto. Wszyscy już otrzymali wymówienia. Zwolnienia odbywały się według Jerzego Lubowińskiego „spokojnie i bez zakłóceń".
   Likwidacja Struga ma się zakończyć do 30 września 1990 roku. Do sprzedania pozostały maszyny i stare obiekty fabryczne.

Zemsta za strajk?

Strug był jednym z pierwszych zakładów likwidowanych w regionie łódzkim. Wśród tutejszych związkowców słyszy się opinię, że ta likwidacja była formą kary za strajk. Chodzi o ten z 1989 roku, pierwszy, jaki wybuchł w Polsce za niekomunistycznej władzy.
   Janusz Malarczyk nazywa likwidację Struga „najbardziej przykrym przypadkiem w Łodzi":
   – Krajowa Sekcja domagała się jeszcze od ministra przemysłu Tadeusza Syryjczyka dokładnego zbadania, czy naprawdę nie ma szans, aby zakład stanął na nogi. Bo my uważaliśmy, że przy pewnych posunięciach ministerstwa była szansa. Strug bubli nie robił, ale nie był w stanie kończyć budowy (i odprowadzać dywidendy za już stojące hale), spłacając jednocześnie bardzo wysoko oprocentowany kredyt. Według mnie zakład powinien uzyskać ulgi w spłacie kredytu albo nie powinno się naliczać odsetek do czasu zakończenia inwestycji.

Przędza zamiast tkanin

W zakupionym budynku Niemcy ze Suedwolle nie uruchomią zakładów wełnianych. Umieszczą tam przędzalnię czesankową. Produkcja ma ruszyć w 1991 roku: dwa tysiące ton białej przędzy rocznie. Trzy czwarte przeznaczone będzie na eksport, reszta zostanie w kraju. W nowych zakładach znajdzie zatrudnienie sto dwadzieścia osób.

Sprzedaż Struga oznacza zatem, po pierwsze, pięciokrotne zmniejszenie zatrudnienia w stosunku do stanu sprzed likwidacji; po drugie zaś pojawienie się konkurencji dla polskich przędzalni. W Łodzi znajdują się cztery duże zakłady tej branży: Polmerino, Arelan, Vigoprim i Polanil. Zdaniem Zygmunta Frątczaka, dyrektora Arelanu, mogą one nie wytrzymać przyszłej konkurencji Suedwolle.

— Niemiec będzie produkował taniej, bo jest zwolniony z podatków: reprezentuje kapitał w stu procentach zagraniczny. Ma swoje rynki zbytu, a teraz również tanią siłę roboczą. Jest bardzo prawdopodobne, że po jakimś czasie zainteresuje się także polskim rynkiem. Nasze przędzalnie są dobre, ale droższe. Nie mamy szansy obniżenia kosztów bez odroczenia terminów płatności dywidendy.

W Arelanie — jak prawie wszędzie — zredukowano zatrudnienie. W ciągu tego roku zwolniono ponad dwustu pracowników, przewidziane zwolnienia obejmą dwustu pięćdziesięciu kolejnych. W tej chwili w zakładzie pracuje osiemset osób.

Białe czy kolorowe

Przed długie lata polskie przędzalnie produkowały przędzę kolorową. Było to związane z długimi seriami, które szły na rynek radziecki. Na Zachodzie robi się głównie przędzę białą. Moda zmienia się szybko, a łatwiej ufarbować gotowy już wyrób. Suedwolle również ma produkować przędzę białą, ale na nowoczesnych maszynach, które zostaną sprowadzone do budynku Struga, można robić i kolorową. W zależności od potrzeb. Nie jest tajemnicą, że niemieccy przedsiębiorcy patrzą łakomym wzrokiem na chłonny rynek radziecki. W tym rynku upatrują swojej jedynej szansy również polskie przędzalnie.

– Są trzy zagrożenia bytu naszych przędzalni – wylicza dyrektor Frątczak. – Pierwsze to zatory płatnicze. W tej chwili wszyscy winni są wszystkim pieniądze: tkalnie przędzalniom, zakłady odzieżowe tkalniom. Drugim zagrożeniem jest upadek rynku radzieckiego, trzecim brak ochrony celnej dla naszych tekstyliów. Zostaliśmy zalani towarem z Indii, Tajlandii, Turcji. Są to wyroby efektowne, mają ładne kolory, ale niską jakość. Można je nosić do pierwszego prania. Tymczasem na nasz towar Zachód nakłada wysokie cła. W tej sytuacji konkurencja ze strony Suedwolle może być dla przemysłu lekkiego gwoździem do trumny.

W przędzalni Polmerino nastroje są również niewesołe. Specjalista Aleksander Kwiatosiński i szef produkcji Ryszard Flisiak czują już oddech Suedwolle. Polmerino bardzo liczy na ożywienie wschodniego kierunku sprzedaży. Obawia się jednak, że Suedwolle zrobi to wcześniej. Tak jak Austriacy, którzy ostatnio kupili w Łodzi garnitury, przeszyli je i sprzedali z zyskiem do ZSRR.

Zatrudnienie w Polmerino zmniejszyło się z dwóch tysięcy siedmiuset do tysiąca pięćdziesięciu pracowników; produkcja z czternastu tysięcy ton przędzy i wełny zgrzebnej spadła do dwóch tysięcy ton. Na papierze sytuacja wygląda nieźle – należności przedsiębiorstwa przekraczają długi. Często jednak brakuje pieniędzy na wypłaty.

– Obawiamy się – mówią Kwiatosiński i Flisiak – że jeśli nic się nie zmieni, zakład padnie za dwa, trzy miesiące.

Dyrektor Polanilu stwierdził natomiast, że nie boi się konkurencji Suedwolle, bo jego przędzalnia ma nieco inny profil produkcji – wytwarza przędze akrylowe i mieszankowe z wełną.

Zostaną tylko mury

Janusz Malarczyk uważa, że zagrożenie łódzkich przędzalni ze strony Suedwolle jest bardzo duże:

– Jeśli będą produkowały drożej, padną, a będą produkowały drożej, jeśli nie zmieni się podatkowo-kredytowa polityka rządu wobec przedsiębiorstw państwowych i jeśli nie otworzy się rynek radziecki. Po upadku fabryczne mury wykupi za bezcen zagranica. Jeden upadek pociągnie za sobą następne: zbankrutują zakłady winne temu pierwszemu pieniądze. To będzie łańcuszek. Scenariusz ten jest prawdopodobny w dziewięćdziesięciu procentach.

Zdaniem Solidarności w rejonach szczególnie zagrożonych strukturalnym bezrobociem, a takim jest województwo łódzkie, trzeba koniecznie wprowadzić świadczenia przedemerytalne lub wcześniejsze emerytury, trzeba też łagodzić skutki bezrobocia poprzez organizowanie prac interwencyjnych i robót publicznych, przede wszystkim zaś opracować i realizować konkretny plan restrukturyzacji Łodzi.

– Łódź i tak będzie miastem ludzi bezrobotnych – przewiduje Janusz Malarczyk. – W część przedsiębiorstw wejdzie kapitał zachodni, który na pewno nie będzie potrzebował tylu rąk do pracy. Pozostałe zakłady staną się pomnikami przeszłości: zostaną tylko mury, a z czasem ruiny.

Sierpień 1991

Łódzki moloch

Statystyką można manipulować. Za pomocą odpowiednio dobranych danych da się udowodnić lub obalić każdą niemal tezę. Statystyka opiera się jednak na faktach, a o tych dżentelmeni dyskutować nie powinni. W ostatnich dniach grudnia 1991 roku łódzka Solidarność opublikowała ulotkę *Dlaczego strajkujemy*. Nie ma w niej słowa komentarza czy próby merytorycznego uzasadnienia tytułowej kwestii. Są liczby i procenty. Mimo to lektura przypomina horror. Największe wrażenie robi część poświęcona ochronie zdrowia. W Łódzkiem jest najwyższy w Polsce wskaźnik zgonów i najniższy przyrost naturalny (wynosi minus 4,1 promila przy średniej krajowej plus 3,7). Równie alarmujące są dane zawarte w rozdziałach poświęconych mieszkalnictwu (między innymi ostatnie miejsce w Polsce pod względem wyposażenia w łazienki), wynagrodzeniom (przeciętny zarobek nie przekracza dziewięćdziesięciu procent średniego krajowego) czy ekologii (zero procent oczyszczanych ścieków komunalnych przy sześćdziesięciu procentach oczyszczanych średnio w całym kraju).

Dyskusyjne wydaje się, czy to te akurat dane pchnęły łódzki zarząd regionu do podjęcia decyzji o strajku generalnym, jasne jest natomiast, że zawarty w nich obraz można określić jako stan krytyczny. Ten z kolei podjęcie protestu wyjaśnia.

Rynek wschodni, na który szła lwia część produkcji miejscowego przemysłu lekkiego, upadł jeszcze pod koniec lat osiemdziesiątych. Od tamtej pory produkcja łódzkiego przemysłu systematycznie spadała. Przestawienie się na eksport do krajów zachodnich okazało się niełatwe: fabryki były przestarzałe i przyzwyczajone do długich serii. Na dodatek Zachód nałożył na nasze tekstylia wysokie cła i ustanowił kontyngenty. Gwałtownie skurczył się też rynek wewnętrzny. Wraz ze spadkiem produkcji rosło bezrobocie.

Co najdziwniejsze, przez kilka lat rządów solidarnościowych nie wprowadzono w życie żadnego programu ani dla Łodzi, ani dla przemysłu lekkiego, choć co rusz takie programy dla innych regionów i branż powstawały. Po koniec 1991 roku przyjechali tutaj premier Jan Krzysztof Bielecki i minister przemysłu i handlu Henryka Bochniarz. Zapowiedzieli upadek dwudziestu procent łódzkich zakładów. Nie wymienili, których konkretnie, więc blady strach padł na wszystkie. Zanim zaczęto coś w tej sprawie robić, oboje nie piastowali już jednak swoich stanowisk.

Oczywiście wniosek, że wszystko, co złe dla Łodzi, zaczęło się po czerwcu 1989 roku, byłby absurdalny. Dzisiejszy stan rzeczy to dziedzictwo pierwszych powojennych pięciolatek – stworzenia przemysłowej monokultury, sfeminizowania łódzkiego przemysłu.

Minister pracy i polityki socjalnej Jacek Kuroń stwierdził niedawno w „Gazecie Wyborczej", że presja strajkujących na polityków jest i uzasadniona, i pożyteczna, bo zmusza władze do podejmowania działań restrukturyzacyjnych. Zgoda rządu na utworzenie urzędu pełnomocnika do spraw restrukturyzacji Łodzi, udzielona na kilka dni przed zaplanowanym terminem strajku generalnego, zdaje się potwierdzać te słowa. Henryk Formicki, wiceprzewodniczący Zarządu Regionu łódzkiej Solidarności, uważa, że w przypadku niepowodzenia obecnych rozmów z rządem Łodzi nie da się już uratować. Będzie można najwyżej otoczyć ją drutem kolczastym, umieszczając napisy ostrzegawcze: „Wstęp wzbroniony. Nieudany eksperyment kolejnych rządów".

Styczeń 1992

„Skóra jest zimna..."

„...sucha – łatwo pękająca i mało elastyczna. Przekrwienia dookoła ust i oczu. Włosy są delikatne i łatwo wypadają. Ciastowate obrzęki na kończynach dolnych, twarzy i innych częściach ciała. Temperatura ciała jest niższa niż u osób prawidłowo żywionych. Ponadto osoby niedożywione wykazują dużą wrażliwość na zimno. Są one zwykle depresyjne, spowolniałe, z tendencją do maksymalnego ograniczenia ruchów fizycznych. Sprawność umysłowa może być zadziwiająco dobrze zachowana".

Strajkujący w przychodni zakładów Marko w Łodzi włókniarze nie czytali *Nauki o chorobach wewnętrznych* Witolda Orłowskiego, z której pochodzą przytoczone zdania. Gdy ich zapytać, jak się czują w trzecim tygodniu głodówki, mówią, że fizycznie kiepsko, ale psychicznie – bardzo dobrze.

Nastroju protestujących nie oddają codzienne komunikaty. Ich pisaniem zajmuje się Henryk Moskwiński, rzecznik strajkujących, na co dzień szef zakładowej Solidarności w Textilpolu. Jest wygadany i wie, czego chce, ale sprawozdania wychodzą mu sucho. Komunikaty zaczynają się od kalendarza – dany dzień jest tym a tym „dniem protestu głodowego". Później następuje informacja, kto się do strajku przyłączył, kto ubył, kto strajkujących odwiedził. Na końcu są podziękowania za poparcie.

Nastrój lepiej oddają hasła i plakaty. W korytarzu przychodni wisi dziecięcy rysunek: na podłodze leży w śpiworach kilku mężczyzn, obok dopisek: „Dzieci polskie dziękują strajkującym". Kartka na drzwiach przychodni informuje: „Solidarność to jest męstwo. W naszej walce jest zwycięstwo". Ludzie w chwilach walki i zagrożenia mają skłonność do patosu. Patosu nie ma w słowach Barbary Orzeł, jedynej wśród głodujących kobiety. Jest za to kawał polskiego losu i polskich frustracji. Barbara reprezentuje region Podbeskidzie, przyjechała z Andrychowa. Pracuje w tamtejszym Andropolu jako brakarka. Do Łodzi dotarła w piątym dniu głodówki. W stanie wojennym była internowana, potem szykanowano ją w pracy. Ma dwie dorosłe córki i męża na bezrobociu. We czwórkę postanowili, że powinna dołączyć do strajku, bo dalej tak żyć nie można. Jako członek Komisji Koordynacyjnej Sekretariatu Przemysłu Lekkiego Solidarności uczestniczyła nieraz w rozmowach z rządem, które jednak nic nie dawały: miały charakter „konsultacyjny".

Wiele spraw dręczyło Łódź za nowej, solidarnościowej władzy: bezrobocie, opóźnienia w wypłatach poborów, przede wszystkim jednak – brak perspektyw. Łódzkie nie doczekało się kompleksowego planu restrukturyzacji, jakiejś całościowej wizji tego, co zrobić z regionem po upadku tekstylnej monokultury. Nikt nie ma pomysłu na wyjście z zapaści, a niekonsekwentna postawa władz centralnych pogłębia rozgoryczenie.

W grudniu 1991 roku rozpoczęły się strajki w dwóch zakładach produkujących maszyny włókiennicze: Wifamie i Majedzie. Protestujący domagali się zagwarantowania wypłaty wynagrodzenia za wykonaną pracę: w Majedzie pensje za wrzesień wypłacano w listopadzie, a ich wysokość odpowiadała kosztom dojazdów do pracy i z pracy. Oba strajki trwały ponad miesiąc i zakończyły się bez rozstrzygnięcia.

8 stycznia 1992 roku rozpoczął się włókniarski strajk głodowy. Postulaty były takie same, jakie wysuwano od roku: ochrona

polskiego przemysłu, łagodzenie skutków bezrobocia, wprowadzenie wcześniejszych emerytur tam, gdzie likwidowanych jest szczególnie wiele miejsc pracy. Głodówkę rozpoczęło sześciu działaczy Sekcji Regionalnej Przemysłu Lekkiego, potem przyłączyli się związkowcy z Piotrkowa Trybunalskiego, Częstochowy, Sosnowca, Torunia. Mówią, że będą strajkować do końca.
Co ma być tym końcem? Jeśli poważne rozmowy z rządem, to głodówka nie skończy się prędko. Premier Jan Olszewski stwierdził w telewizyjnym programie *Bez znieczulenia*, że takie protesty nie mają racji bytu w kraju, w którym władze wybrane są demokratycznie.
Rośnie determinacja głodujących i poparcie dla ich akcji ze strony innych łódzkich, i nie tylko, zakładów. Przychodzą teleksy od Ogólnopolskiego Porozumienia Związków Zawodowych i poszczególnych Zarządów Regionów. W regionie łódzkim ogólnopolski strajk ostrzegawczy Solidarności z 13 stycznia 1992 roku miał dodatkowo charakter strajku solidarnościowego z protestującymi włókniarzami.
Mało kto w Łodzi wierzy jeszcze, że głodówka była próbą zdobycia popularności przez działaczy Sekretariatu Przemysłu Lekkiego przed nadchodzącymi wyborami w Związku. Z powodu kłopotów ze zdrowiem jeden z uczestników przerwał protest czwartego dnia, a obecnie czterech innych przebywa w szpitalu.

Jak pisze Witold Orłowski, „długotrwały ujemny bilans energetyczny prowadzi do ogólnego upośledzenia funkcji poszczególnych narządów równolegle do ich zmniejszenia anatomicznego. I tak obserwuje się znaczny spadek wydolności fizycznej oraz zmiany w czynności układu sercowo-naczyniowego, pokarmowego, immunologicznego i endokrynnego".

Luty 1992

Koniec świata prządek

Metryka miasta

„Ur. około roku 1821, kiedy to obszar jego wynosił około 828 hektarów, zamieszkałych przez niespełna tysiąc głów. W roku 1897 ludność wzrosła do 314 020 osób, w czym kobiety stanowiły 160 092, mężczyźni nieco mniejszą resztę. W roku 1906 miasto rozciągało się już na obszarze 3 811 ha, osiągając w 1921 roku 451 974 mieszkańców, w czym przewaga kobiet sięgała liczby 43 000. Po wojnie 1939–1945 ilość mieszkańców spadła do 421 853, przy czym kobiet było około 80 000 więcej niż mężczyzn (147 : 100). W następnym pięcioleciu przybyło miastu 200 000 głów (620 : 189). Obecnie na obszarze 21 201 hektarów żyje 678 000 osób, przy czym na jednego mężczyznę przypada już tylko 1,19 kobiety" (Bohdan Drozdowski, *„Ziemia obiecana" – kopę lat później*, „Życie Literackie" 1957).

Czy pamiętacie PRL-owskie dzienniki telewizyjne? Co drugą informację z Łodzi ilustrowano obrazem wielkiej hali produkcyjnej z rzędami maszyn i pochylonych nad nimi włókniarek. Maszyny furczały, a włókniarki wykonywały w takt furkotu mechaniczne ruchy. Na tym tle świetnie czytało się komentarz o wzroście produkcji, zdobyczach socjalnych czy – nieco później – o przejściowych trudnościach. Relacje z oficjalnych wizyt były z kolei pełne ciepła i serdeczności, bo dostojni goście zawsze zagadywali robotnice o dzieci i dom.

Potem przyszła Solidarność i rozmaite raporty „do użytku wewnątrzzwiązkowego" o mieszkaniowej, socjalnej i zdrowotnej sytuacji łódzkich pracownic (okazało się, że obarczona domem i dziećmi włókniarka sypia przeciętnie cztery godziny na dobę) oraz analizy niezależnych ekonomistów, z których wynikało, że przemysłowa monokultura, jaką w Łodzi konsekwentnie tworzono, jest dla miasta tragedią.

Po 13 grudnia autorzy raportów i analiz powędrowali do obozów internowania i więzień. Jeszcze przez kilka lat każde wejście lokalnego ośrodka telewizyjnego na ogólnopolską antenę zaczynało się od pierwszych dźwięków Moniuszkowskich *Prząśniczek*, a prządki, szwaczki i tkaczki robiły, w otoczeniu górników, hutników i stoczniowców, za lokalny koloryt.

Po 1989 roku tło, jakim dla miejscowej władzy były włókniarki, rozpadło się na indywidualne życiorysy.

Teresa: start z parkingu

Scena z pokazywanego niedawno filmu dokumentalnego: przybysz z Ameryki odwiedza łódzką fabrykę z czerwonej cegły. Przechodzi wewnętrzny dziedziniec i otwiera żelazne wrota. Kamera pokazuje pustą, wielką jak hangar halę zaśmieconą walającymi się wszędzie strzępkami bawełny. Gość zatrzaskuje wierzeje. Gdyby był biznesmenem, może by tu zainwestował. Niestety, jest poetą. Nazywa się Allen Ginsberg.

Zanim ceglane giganty zaczęły padać jeden po drugim, łodzianki udowodniły, że mają głowę na karku. W 1987 roku jako korespondent „Sztandaru Młodych" odwiedziłem prywatną działkę w centrum miasta. W otoczeniu starych lip, brzóz i topoli Teresa Gajewska prowadziła pierwszy bodaj w Polsce prywatny parking. Do tego całodobowy.

– Nie miałam co zrobić z ziemią – opowiadała. – Sąsiedzi kręcili głowami, że szkoda terenu, znajomi skarżyli się, że w okolicy nie ma gdzie zaparkować. Tak wpadłam na pomysł.

Pani Teresa przygotowała miejsce, zatrudniła dwóch strażników i trzy psy, uruchomiła myjnię. Liczyła, że nieco klientów zdobędzie dzięki ulokowanym w pobliżu warsztatom samochodowym. Jej parking nie cieszył się jednak powodzeniem. W cieniu drzew stało zwykle nie więcej niż dwadzieścia aut. Kierowcy, jak dawniej, zatrzymywali się na ulicy lub na trawniku przed ogrodzeniem, co było wówczas bezpłatne. Ich przyzwyczajeń nie zmienił nawet postawiony tam później znak zakazu: nikomu się jeszcze nie śniło odholowywanie pojazdów.

Pani Teresa po prostu wyprzedziła swój czas.

Przejeżdżałem tamtędy parę dni temu. Tablica informująca, że na placu mieści się parking, zniknęła, w jej miejsce pojawiło się jednak kilka innych. Duch przedsiębiorczości nie opuścił widać zadrzewionego placyku.

Dopisek z sierpnia 2019: Teresa zmarła jeszcze w latach dziewięćdziesiątych. Parking od jej brata dzierżawi dzisiaj niejaki Tadeusz. Na tej samej działce prowadzi warsztat samochodowy. Na parking chętnych nadal brak. Oprócz starych klientów nikt nie chce płacić stu dwudziestu pięciu złotych za miesięczny abonament. Ale taka to okolica – dziadowska. Po sąsiedzku skup złomu odwiedzany przez żuli, kamienice sprzed wojny. Żadnych biurowców czy zakładów, to i parkować nie ma komu.

Diana: banalna historia

– Cieszę się, że zadzwoniłeś – kobiecy głos zabrzmiał uwodzicielsko. – Mamy wspaniałe panny, nie będziesz rozczarowany.

Zanim zdążyłem wyjaśnić cel telefonu, rozmówczyni poinformowała jeszcze, że agencja dysponuje także panami i że godzina przyjemności kosztuje tylko milion.

– Czy pracują u mnie byłe włókniarki? – zaśmiała się, gdy wreszcie doszedłem do głosu. – Prawie wszystkie to włókniarki. Jeśli się zgodzą, może pan z nimi rozmawiać do woli. Chyba że będą zajęte.

Diana przepracowała „na państwowym" wszystkiego dwa lata. Na bruku znalazła się po jednym ze zwolnień grupowych.

– Nie naciągnie mnie pan na zwierzenia w rodzaju „puszczam się, żeby nakarmić dzieci i mieć na lekarstwa dla starej matki" – uprzedza. – Los obdarzył mnie „swobodną naturą", zawsze lubiłam się bawić i nienawidziłam szkoły. Kiedy mnie zwolnili, nawet się ucieszyłam. Mieszkałam u rodziców, spanie i jedzenie było za darmo i jeszcze dawali kuroniówkę. Zasiłek był tylko trochę niższy od dotychczasowej pensji, ale kilka razy wyższy od kieszonkowego. Nie musiałam nic robić, spałam do południa i wszystko wydawałam na ciuchy. Starym mówiłam, że idę szukać pracy, a szłam z koleżankami do Hortexu. Potem zasiłek się skończył, od rodziców było głupio wyciągać. Banalna ta moja historyjka.

W kolorowych magazynach erotycznych Łódź przedstawiana jest jako centrum seksrozrywki. Nie ma w tym przesady. Policjanci twierdzą, że jeśli rzucić kamieniem w dowolną stronę, na pewno trafi się w jakąś agencję towarzyską, salon masażu, klub erotyczny. Tutaj otwarto pierwszy w Polsce *peep-show* i pierwszy *erotic dance club*. Więcej tego typu przybytków jest ponoć tylko w Poznaniu. Jaki ma to związek z bezrobociem, które osiągnęło już sto sześć tysięcy?

Konrad Wrzos, głośny w międzywojniu dziennikarz, pisał w reportażu z Łodzi: „Albo prostytucja. W styczniu 1929 roku kontrolowano 174, zaś w styczniu 1933 roku 498 kobiet. Większość w tej liczbie stanowiły kobiety młode, szesnasto–dziewiętnastoletnie, zwolnione z pracy służące i zredukowane robotnice" (*Oko w oko z kryzysem*, Warszawa 1933).

Kazimiera: kurtki „z bajerami"

Późną jesienią 1992 roku zbierałem materiał do pisanego dla „Życia Warszawy" raportu o łódzkim rynku pracy. W Komitecie Obrony Bezrobotnych poznałem małżeństwo Kazimierę i Stefana. Oboje nie mieli już w tym czasie prawa do zasiłku. Mieszkali sami, córka wyszła za mąż i wyjechała z Łodzi. Dobijali pięćdziesiątki.

Do 1983 roku pracowali w Centralnym Ośrodku Badawczo--Rozwojowym Przemysłu Bawełnianego. On jako mechanik, ona jako szwaczka. Potem prowadzili magiel. Interes szedł nie najgorzej, jednak w roku 1990 znalazł się potomek właściciela kamienicy i wyrzucił ich na bruk. Znaczy: nie wyrzucił, ale zażądał takich stawek za czynsz, że musieli się wynosić. Stefan próbował się tu i ówdzie zatrudnić. Potencjalni pracodawcy oglądali go jak konia, macając mięśnie.

– Pan się nie nadaje, co pan może udźwignąć? Najwyżej koszyczek truskawek – orzekali. Kazimiera próbowała zostać ekspedientką, ale „starej i brzydkiej" nikt nie chciał.

Podjęli pracę na czarno: boss wstawił maszynę i kazał szyć kurtki. Obliczyli, że dziennie są w stanie wykończyć dwie i pół sztuki. Kurtki były „z bajerami", miały naszywki i dużo kieszeni. Jedna dawała im wówczas dwadzieścia pięć tysięcy na czysto. Starczało na komorne (sześćdziesiąt trzy tysiące), na gaz i energię (dwieście sześćdziesiąt tysięcy), na tanie mleko, chleb i najlichsze papierosy. Maszyna była stareńka, rozklekotana. Sąsiedzi skarżyli się na hałas i grozili, że jak się nie skończy, doniosą do Urzędu Skarbowego. Nie wiem, czy zrealizowali groźbę. Być może sami stracili pracę i też wstawili do swoich klitek stare maszyny.

Przed wojną to, czym postanowili zarabiać na życie Kazimiera i Stefan, nazywało się „przemysłem anonimowym". Cytowany już Wrzos pisał: „Przemysł anonimowy to chałupnicy. Chałupników w Polsce jest około miliona, w tej liczbie 330 000 »dzikich«, tj. takich, którzy nie posiadają świadectw rzemieślniczych. Samych tkaczy jedna tylko Łódź liczy 15 000. Samych krawców pobliskie Brzeziny liczą 6000".

Danuta: dobre wróżby

Bohaterka filmu Filipa Bajona *Lepiej być piękną i bogatą* dowiaduje się, że fabryka, w której pracuje jako włókniarka, należała do jej rodziny i jest szansa, aby ją odzyskać. Mniejsza o to, czy historia ma oparcie w autentycznych wydarzeniach.

Tak czy nie – mogła się wydarzyć. Drogę od pracy w przedsiębiorstwie państwowym poprzez bezrobocie do własnej firmy przeszło lub właśnie przemierza wiele łodzianek. Życiorysy niektórych to również wspaniały materiał na film.

Z panią Danutą pod względem liczby wykonywanych zawodów mogłaby konkurować chyba jedynie „kobieta pracująca" z *Czterdziestolatka*: była kierowcą zaopatrzeniowcem, sprzedawczynią, a przez ostatnie kilka lat brakarką w zakładach bawełnianych. Tam dopadł ją kapitalizm. Zasiłek załamał aktywną Danutę, ale po dwóch miesiącach kuroniówki otrząsnęła się: dam sobie radę!

Pomyślała o przekwalifikowaniu się: zawsze lepiej, gdy umie się coś, co jest na czasie. Zapisała się na kurs przygotowujący do prowadzenia własnego interesu organizowany przez Międzynarodową Fundację Kobiet. Okazało się, że ma smykałkę do biznesu, ale nie radzi sobie z księgowością: za nic nie łapała, co i jak z tymi cyferkami, które biorą się nie wiadomo skąd i trzeba je upychać w odpowiednie rubryki. Tymczasem koleżanki z kursu już porobiły się bizneswomen: jedna, która przed redukcją była organizatorem imprez kulturalnych, produkuje plastikowe obwoluty, druga, pielęgniarka, robi to samo, co robiła w ZOZ-ie, tyle że na własny rachunek.

Mniej więcej w tym czasie zmarła Danucie ciotka. Staruszka zostawiła piękne, duże mieszkanie w starym budownictwie w centrum Łodzi. Danuta myślała początkowo, żeby się tam przenieść z „bąblami" (wychowywała sama dwóch synów), ale przypomniała sobie, że ciocia narzekała na wilgoć. Potem doszła do wniosku, że los zesłał jej genialne miejsce na siedzibę przyszłej firmy. Jakiej? Tego jeszcze nie wiedziała. Chodziła z kąta w kąt, patrzyła na kaflowy piec, na stiukowe ozdóbki, aż dostrzegła porzuconą talię kart. „Otworzę salon wróżb!" – krzyknęła do siebie.

Poznałem ją, przygotowując kolejny tekst o bezrobociu dla centralnej gazety. Była już po rejestracji. Zapytana o kwalifikacje do przepowiadania przyszłości odpowiedziała, że ma duże: „Ciocia nauczyła mnie stawiać pasjanse!".

Danuta jest przekonana, że będzie bardzo dobrą wróżką, bo „będzie mówiła ludziom tylko dobre rzeczy". Czyli takie, które chcą usłyszeć – przecież „w gruncie rzeczy po to się chodzi do wróżki". Trochę serio, a trochę dla żartów kupiła właśnie puszystego czarnego kota w charakterze rekwizytu i maskotki firmy.

Beata: spóźniona „kuroniówka"

Beata mieszka na Bałutach, przy uliczce niecieszącej się najlepszą sławą, w drewnianym domu z przegniłymi schodami i sienią śmierdzącą uryną. Przed bramą grupa wytatuowanych kolesi obala kolejnego bełta.

– Teraz, po tym, co zrobiłam, idealnie pasuję do otoczenia – mówi, gdy wyjaśniam, o co mi chodzi.

Skończyła zawodówkę, a że uczyła się dobrze, poszła do technikum włókienniczego. Tam też nieźle jej szło i w marzeniach pozwalała już sobie popuszczać wodze fantazji: a może by tak na studia... Ciąża i ślub przekreśliły te plany na długo przed maturą i musiała zadowolić się posadą przewijarki w zakładach dziewiarskich. Z czasów szkolnych pozostała miłość do książek.

Znajomość z Beatą zaczęła się tak: jakiś czas temu wypytywałem w łódzkim Centralu o kradzieże i ich okoliczności. Prokurator zezwolił na podanie nazwisk i adresów, więc wynotowałem kilkanaście na chybił trafił. Teraz, śledząc losy łodzianek po ustrojowej transformacji, skorzystałem z tamtych notatek*.

Beata przyjęła mnie uprzejmie, wizytę odebrała pewnie jako jeszcze jedną karę za grzech (pierwsza była wtedy, gdy zatrzymali ją na stoisku po tym, jak zagarnęła do siatki dwie konserwy, i przy ludziach prowadzili do biura; druga, gdy płaciła kolegium). Z trudem skrywała wstyd.

– Siebie i dwójkę dzieci jakoś bym z zasiłku utrzymała, ale były mąż, alkoholik, włamuje się co kilka dni i zabiera wszystko. Pieniądze trzymam u znajomej, nie będę jednak odnosiła

---

* O RODO nikomu się jeszcze nie śniło.

do niej każdego kawałka sera czy każdej bułki. A potem muszę kupować jeszcze raz, bo trzeba dzieci nakarmić. Tamtego miesiąca spóźniali się z kuroniówką. Któregoś dnia uświadomiłam sobie, że jak dziś nie dostanę zasiłku, nie będę miała ani grosza, mimo że oszczędzam, na czym się da, i dawno już nie kasuję biletów w tramwaju. W biurze pracy okazało się, że zasiłku jeszcze nie ma. Pomyślałam: „Jutro nie będzie śniadania" i jakoś tak instynktownie ukradłam...

Jeszcze raz Konrad Wrzos: „Czemu tak jest, czemu bieda rodzi przestępstwo? Czemu łatwiej jest mówić o przestępstwach, które bieda, nie chciwość zrodziła? Co nam mówią cyfry o przestępstwach roku 1929 i roku 1932. Ilość przestępstw zmalała. W roku 1929 popełniono w woj. łódzkim 181 692 przestępstwa, zaś w roku 1932 mniej – 158 981. Ale, gdy się porówna takie rubryki przestępstw jak tzw. pospolite lub kradzieże z włamaniem, zestawienie to wypadnie inaczej. W roku 1929 popełniono na terenie woj. łódzkiego 38 901 przestępstw tzw. pospolitych, zaś w roku 1932 – 51 560; kradzieży z włamaniem popełniono w 1929 roku 793, zaś w 1932 roku 953".

PS Imiona niektórych bohaterek zostały zmienione.

Styczeń 1994

Drugie życie fabryk

Nowa Tkalnia Scheiblera (Tymienieckiego 3/5) – pożółkły banner ledwo trzyma się płotu. Na bannerze święty wyciąga rękę do rozemocjonowanych włókniarek. Podpis głosi: „Miejsce uświęcone wizytą Papieża Polaka Jana Pawła II w 1987 roku". A za bannerem ruiny Uniontexu. Dziś to powybijane okna i ceglane mury stojące na słowo honoru.

Jest jeszcze jeden banner, tak wyblakły, że prawie nic nie widać. Napis: „W tym miejscu firma Opal Property Developments SA wraz z władzami miasta Łodzi oraz Archidiecezją Łódzką stworzy miejsce upamiętniające wizytę Papieża Polaka w zakładach Uniontex". Takie miejsce nie powstało do dziś, a firma Opal pozwoliła największej polskiej tkalni bawełny zamienić się w gruzowisko.

Ochroniarze wspominają:

– Tutaj złomiarze wchodzili z palnikami, wjeżdżali samochodami, wyrywali żelbetowe płyty. Nadal zdarzają się amatorzy randki w ruinach albo pikniku pod chmurką. Ostatnio dwóch takich złamało nogi po ciemku. Musiało pogotowie przyjeżdżać.

Nowy właściciel obiecuje cuda. Zabytkowe mury od frontu mają przetrwać, a w głębi działki powstaną apartamentowce. Niedawno eksperci mierzyli, robili pomiary, wiercili, wycinali chwasty i krzaki z dachu. Mówią, że budowa ruszy najwcześniej za dwa lata. Najpierw projekt musi klepnąć konserwator.

Szwalnia Scheiblera i Grohmana (Tymienieckiego 3), czyli dalsza część Uniontexu, błyszczy zaś wyczyszczoną cegłą, fabrycznymi budynkami zamienionymi na biura – to własność urzędu miasta. Czego tu nie ma! Fabryka Sztuki, teatr, fundacje, Przychodnia Ceramiczna, kursy fotograficzne, agencja PR, design mebli dla zwierząt, pracownia architektoniczna.

W kawiarni zjemy barszcz ukraiński. Tartę na budyniu. Kanapkę z pastą z oliwek. Przy tekturowych kubkach z kawą i piosenkach The Dumplings płyną rozmowy: „To jesteśmy w touchu!", „Ekstremalnie przytłoczona wymaganiami", „Nie wiem, czy ludzie mają wrażliwość na ten proces?", „Gdzie jest granica między naszymi potrzebami?", „Białe na zdjęciach bardzo odbija światło", „Nie każdy musi być bardziej zielony od zielonego".

Parę dni temu na dziedzińcu był koncert. Chłopaki z Włocławka grały na syntezatorach i śpiewały o mieście, w którym nie ma szans.

Z dachu **Przędzalni Grohmana** (Tymienieckiego 22/24) wyrastają drzewa. Chyba żadne okno nie ma szyby. Od pierwszego piętra napisy. Na przykład: „Bombel, ty kurwo". Ktoś się niemało natrudził i naryzykował, żeby Bombla obrazić.

Własność firmy CFI. Będzie o niej jeszcze mowa. Wojewódzki konserwator zabytków krzyczy, grozi, że wywłaszczy. Firma nic sobie z tego nie robi.

Za to resztę przędzalni od strony ulicy Fabrycznej przejęła Łódzka Specjalna Strefa Ekonomiczna. Odnowione wnętrza zamieniły się w biura. Programiści w bluzach z kapturem dopalają papierosy, rozmawiają o superpucharach. Po sąsiedzku ze współczesnymi fabrykami, skuszonymi tanimi podatkami oferowanymi przez Strefę. Ale co to za fabryki! Pracownik wyjaśnia: wjeżdża cysterna z mąką, wysypuje na taśmę, z drugiej strony wychodzą chipsy, pakuje to paru gości na drugą ciężarówkę. Jak siedem osób zatrudniają, to wszystko.

Przędzalnia Scheiblera (Tymienieckiego 25) to słynne na całą Polskę lofty w Fabryce. Inwestor skończył remont czterystu dwudziestu jeden mieszkań w 2010 roku, po czym zbankrutował. Lokale posprzedawał syndyk. Stumetrowe, trzypiętrowe, szły za śmieszne pieniądze. Dziś nie kupimy już żadnego. Wszystkie zajęli biznesmeni z obcych krajów, lekarze, eksperci od finansów, architekci i prawnicy. Mniej więcej połowa z nich to mieszkania na wynajem.

Jedna z sąsiadek jest bardzo wredna. Wzywa policję, bo turyści hałasują walizkami na kółkach. Wydzwania, że Chińczycy walą młotkiem o pierwszej w nocy. Ochrona wchodzi na górę: żadnych młotków nie słychać. Á jaka ordynarna! „Życzę ci najgorszej choroby. Żebyś zdychała i nie mogła zdechnąć" – tak mówi do portierek.

Czerwona Fabryka Geyera (Piotrkowska 284–286) jeszcze się trzyma. Front od Piotrkowskiej nawet zadbany. Na parterze z plakatu zerkają modnie ubrane panie. Całość po PRL-owskim Eskimo wykupił polsko-hiszpański producent ubrań. Obiecuje, że odnowi. I rzeczywiście – po ogrodach Geyera kręcą się panowie w kaskach. W planach biura i mieszkania, handel i usługi. Koniec w tym roku.

Fabryka Allarta (Wróblewskiego 19) – dwa i pół tysiąca robotników i siedemdziesiąt dwa tysiące wrzecion czesankowych – wyburzona jest niemal w całości. Po PRL-owskim Polmerino zostały tylko kotłownia i wieża pożarowa. Zrujnowane, ale wokół jeżdżą już spychacze i koparki, bo kotłownia zostanie sklepem spożywczym, a wieża – centralnym miejscem nowego osiedla. Wokół rosną apartamentowce. Etap pierwszy i drugi wyprzedany na pniu. Deweloper jeszcze nie wprowadził pierwszych lokatorów, a już realizuje etapy trzeci i czwarty. Za pięćdziesiąt sześć metrów kwadratowych bez miejsca parkingowego raptem trzysta trzydzieści pięć tysięcy.

Panowie **Gampe i Albrecht** prowadzili **tkalnię z przędzalnią** (al. Politechniki 3/5), zatrudniali tysiąc dwieście osób. W PRL-u tkalnia została zamieniona na zakłady Maltex, w wolnej Polsce wyburzona. Na jej miejscu stoi centrum handlowe: skrzyżowanie fabryki i statku kosmicznego. W Sukcesji trochę licealistek w Starbucksie, paru bezdomnych na kanapach przy wejściu. Raczej pustki. Podobno w powietrzu wisiała upadłość. Obecnie właściciel negocjuje z wierzycielami – jeśli mu się nie uda, byłaby to pierwsza w Polsce upadłość gigantycznego handlowego molocha.

Państwowy Monopol Spirytusowy (Kopcińskiego 56/60). Łódzki Polmos przeżywa drugą młodość. Rozległy teren przy „skrzyżowaniu marszałków" (Piłsudskiego i Rydza-Śmigłego) jest szczelnie ogrodzony płotem. Na płocie kolorowe bannery i hasła: „Przyjaciele, pasja, styl", „Smak, klimat, przyjemność", „Rodzina, praca, harmonia". Wokół budowlane dźwigi. Rośnie centrum Monopolis. Wódczana fabryka zamieni się w biura, teatr, kino, sklepy i restauracje. Otwarcie na koniec 2019 roku.

Widzewska Manufaktura (Piłsudskiego 135). Zakłady Kunitzera i Heinzla, a za PRL-u Anilana, dziś trochę tu straszy. Największe hale fabryczne zamknięte na cztery spusty, napisy „Budynek wyłączony z użytkowania". Ale nie tylko. Sześćdziesiąt tysięcy metrów kwadratowych postindustrialnej powierzchni dostali we władanie artyści, rzemieślnicy, biznesmeni – ale kreatywni. Między skrzynkami, deskami, rurami – pracownia architektoniczna, teatr, strzelnica laserowa. Gdzieś pomiędzy tablicą „Magazyn podręczny środków smarnych", beczkami i metalowymi szafkami robotników atelier, studio filmowe, sala nagraniowa i miejsce na imprezy. Terkoczą maszyny do szycia należące do firmy sprzedającej bluzy z napisem „Cześć" za sto pięćdziesiąt dziewięć złotych. Od strony majsterkowiczów dobiegają rozmowy: „Tej pralki to nie opłaca się naprawiać – nową kupisz pan za trzysta złotych". Graficy w biurach ozdobionych artystycznymi zdjęciami cieszą się, bo mają spokój, ciszę i dobrą cenę w modnych wnętrzach.

Robotnicy w warsztacie ozdobionym gołymi babami też się cieszą, bo mają górę zamówień na swoje meble pod wymiar. Do końca roku się nie obrobią, a jest dopiero sierpień.

Zakłady Poznańskiego (Drewnowska 58), czyli Marchlewskiego, łódzkich fabryk królowa. Jako pierwsza podniosła się z kolan. Zainwestował w nią francuski kapitał i w 2006 roku powstała Manufaktura. Centrum handlowe, foodcourt, ścianka wspinaczkowa, kino, muzeum sztuki, hotel z basenem na dachu. Łódź nareszcie ma rynek i do tego fontannę ciągnącą się przez kilkadziesiąt metrów. Wzdłuż tej fontanny i po tym rynku spacerują tysiące łodzian. Tam, gdzie młodzież z pobliskich famuł biegała na żebry i sklepowe kradzieże.

A Karol i Bolesław codziennie oglądają to cudo z pobliskiego parku Śledzia. Przy stoliczkach partia brydża, dwie partie szachów. Pojedynki parkowych mistrzów. Emeryci, którzy pół życia przepracowali w Marchlewskim czy w Obrońcach Pokoju, ciągną na ławeczki pogadać o lumbago i nowych audycjach telewizji Trwam. Bolesław, inżynier i nauczyciel, martwi się o przyszłość parku: starzy wymierają, młodzi nie przychodzą. To dobrze, że jest Manufaktura. Można pójść na spacer. Poczytać za darmo gazety w Empiku. Obkupić żonę. Dla kolegów przynieść ze sklepu mieszankę wedlowską za dziesięć złotych.

Fajnie tam!

Sierpień 2019

A jak autostrada, B jak Bohdanowicz

Wojewoda po łódzku

— Pracę zaczynam o ósmej rano, kończę zwykle po dwudziestej drugiej, raz zasiedziałem się do czwartej piętnaście. Wychodząc z gabinetu, mówię sobie codziennie: „Bohdanowicz, możesz tu już nie wrócić". I tak od czterech lat i dwóch miesięcy.

Pierwszym niekomunistycznym prezydentem Łodzi został pod koniec 1989 roku, wojewodą w maju roku następnego. Urząd Wojewódzki tworzył od podstaw (w Łodzi, Krakowie i Warszawie wcześniej go nie było).

— Przy obsadzaniu stanowisk nie prosiłem o pomoc żadnej partii. Szukałem ludzi, którzy daliby mi gwarancję uczciwej, lojalnej i kompetentnej pracy. Przy pierwszym kontakcie patrzyłem w oczy i już wiedziałem, czy mogę zaufać. Bo ja jestem romantykiem i dlatego tak bardzo zwracam uwagę na oczy — zwierza się.

— Jak udało się panu przetrwać cztery rządy?

— Nie wiem, naprawdę niczego w tym kierunku nie robiłem. W Urzędzie Rady Ministrów* uchodziłem nawet za najbardziej pyskatego wojewodę. Ale zawsze byłem lojalny. Na moim stanowisku nie ma mowy o kreowaniu własnej polityki. Wojewoda musi wykazać wiele pokory i wyobraźni, które pozwolą mu

---

* Istniał do 1996 roku, zastąpiła go Kancelaria Prezesa Rady Ministrów.

zmieścić się w polityce rządu. Jak dotąd polityka żadnego z rządów nie stała w sprzeczności z wyznawanymi przeze mnie wartościami.

Pierwszą próbę odwołania Waldemara Bohdanowicza podjęli, jeszcze za premierostwa Tadeusza Mazowieckiego, lokalni działacze Unii Demokratycznej. Ich lider Marek Czekalski uważa, że od wojewodów powinno się wymagać, by łagodzili konflikty w terenie.

– Tymczasem Bohdanowicz sam je generował. Popierał jedną, zetchaenowską opcję polityczną, a inne spychał na margines – mówi Czekalski.

Na trasie kampanii prezydenckiej Tadeusza Mazowieckiego przed wyborami 1990 roku znalazła się Łódź. Dzień przed przybyciem premiera łódzka Rada Miejska wydała uchwałę ostro atakującą politykę rządu. W imiennym głosowaniu opowiedział się za nią także radny Waldemar Bohdanowicz.

Premier przyjął wojewodę w Pabianicach, na śniadaniu.

– Co pan zrobił, żeby nie doszło do tej uchwały? – zapytał przy zupie mlecznej.

– Panie premierze, to wymaga dłuższego wyjaśnienia.

– W takim razie nie życzę sobie, żeby pan mi towarzyszył w czasie mojego pobytu w Łodzi – odparł Mazowiecki, który zadowolił się już wyjaśnieniami swych partyjnych kolegów.

Marek Czekalski stara się wskazać motywy, jakimi kierował się wówczas Bohdanowicz.

– Myślę, że wojewoda zagrał *va banque* – mówi. – Uznał, że Mazowiecki się skończył, więc zaczął popierać Wałęsę. Wydaje mi się, że powinien już wtedy polecieć ze stanowiska.

Unia Demokratyczna miała swojego własnego kandydata na łódzkiego wojewodę. Był nim właśnie Czekalski.

– Nie jestem politykiem, lecz rzemieślnikiem z wyobraźnią – deklaruje Bohdanowicz. – Jestem wojewodą apolitycznym. Co do związków ze Zjednoczeniem Chrześcijańsko-Narodowym (ZCHN), nie mam zamiaru się przed tym bronić. Tak, mam sympatię do ZChN-u, nie jest to partia osądzona za przestępstwa przeciwko ludzkości. Z jej działaczami znajduję wspólną płaszczyznę ideologiczną, mogę rozmawiać otwarcie. Ale do ZChN-u nigdy nie należałem, gdyż jestem wyznawcą teorii personalizmu: każda zbiorowość narzuca jednostce swoje stanowisko i wtedy człowiekowi zbyt łatwo się wytłumaczyć, że za coś nie odpowiada, że zadecydował za niego ktoś inny. Nie jest prawdą, że województwem rządził Stefan Niesiołowski. Sam podejmowałem decyzje.

– Chce pan powiedzieć, że był pan niezależny nawet od hierarchii kościelnej i nie biegał, jak twierdzą pańscy oponenci, po wskazówki do arcybiskupa Władysława Ziółka?

– Tak, dokładnie tak. Od hierarchii kościelnej na pewno. – Śmieje się. – Z arcybiskupem, proszę panów, to ja mam bardzo dobre kontakty, ale rozmawiamy o sprawach wyższych od poziomu województwa.

Drugą próbę odwołania Bohdanowicza podjął Janusz Baranowski, późniejszy senator, obecny aresztant, a wówczas prezes Westy. W apogeum swej siły udzielił pożyczek kilku łódzkim fabrykom. Od zakładów Eskimo, które było zadłużone w Weście na cztery miliardy złotych, zamierzał za trzydzieści cztery miliardy odkupić fabryczne hale. W starym partyjnym stylu sięgnął po słuchawkę telefonu i niczym Ojciec Chrzestny złożył wojewodzie (który był dla Eskimo organem założycielskim) propozycję nie do odrzucenia: sumę zapłaci w czterdziestu ratach rozłożonych na dziesięć lat. Jeśli wojewoda odmówi przyjęcia warunków, prezes żąda natychmiastowego zwrotu udzielonej bankrutującym zakładom pożyczki.

Waldemar Bohdanowicz nie uległ szantażowi, nie widział potrzeby omijania normalnej procedury przetargowej, więc Baranowski w przeddzień wizyty premiera Bieleckiego w Łodzi oświadczył lokalnej prasie, że wojewoda musi odejść. Jan Krzysztof Bielecki stwierdził jednak, że tego stanowiska nie obsadzają biznesmeni.

Kandydatem Baranowskiego na wojewodę był ponoć ówczesny prezydent Łodzi, Grzegorz Palka.

Po raz trzeci Bohdanowicz był zagrożony, gdy do Urzędu Rady Ministrów (premierem był wciąż Bielecki) wpłynął donos oskarżający wojewodę o faworyzowanie Karimexu, przedsiębiorstwa handlu zagranicznego, w którym niegdyś pracował. Zarzuty okazały się fałszywe.

Po raz czwarty usiłowano usunąć Bohdanowicza na początku 1993 roku. W lutym łódzka Solidarność przeprowadziła strajk generalny.

— Wreszcie rząd zaczyna poważnie traktować Łódź, podobnie jak górników — mówił lokalny lider związkowy Janusz Tomaszewski. Chodziło o ustanowienie pełnomocnika rządu do spraw restrukturyzacji regionu, którego łódzcy związkowcy domagali się od dawna.

Zanim ostatecznie funkcję tę objął Waldemar Bohdanowicz, Tomaszewski publicznie powątpiewał, czy kandydat premier Hanny Suchockiej podoła. Był już bowiem wojewodą, radnym, senatorem, delegatem do Parlamentu Europejskiego. Bohdanowicz ripostował, że choć wszystkie te funkcje są dla niego honorem, to stale absorbują go tylko dwie — wojewody i senatora — które w dodatku są komplementarne. „Łączenie ich wpływa korzystnie na rezultaty mojej działalności jako wojewody. Jako senatorowi — bo wymaga to decyzji legislacyjnych — udało mi się na przykład przyspieszyć inwestycje autostradowe [...], co ma duże znaczenie dla województwa, bo tutaj będą się krzyżowały autostrady i tu powstaną nowe miejsca pracy" — mówił w wywiadzie dla „Dziennika Łódzkiego".

— Autostrady to po książkach jedna z moich największych miłości — zwierza się wojewoda. — Program rządowy leżał w szufladach przez kilka miesięcy, aż otworzyłem oczy wicepremierowi Henrykowi Goryszewskiemu. Rozwiesiłem mapy i zacząłem tłumaczyć, co to w ogóle jest autostrada. Wicepremier pokiwał głową i zapytał: „Dlaczego pan do ZCHN nie wstąpi?". To ja się tylko roześmiałem.

Piąta próba pozbawienia Bohdanowicza funkcji wojewody była dziełem opozycyjnych radnych z Wojewódzkiego Komitetu Obywatelskiego. Głównym zarzutem była znowu liczba zajmowanych przez niego stołków. Szef Urzędu Rady Ministrów (URM) – wtedy Jan Maria Rokita – wezwał wojewodę na dywanik i skłonił do złożenia mandatu radnego. Rozmowa trwała godzinę. Wojewoda wypowiadał się przez pięćdziesiąt pięć minut, minister przez pięć.

Za premierostwa Hanny Suchockiej Bohdanowicz nie musiał się jednak obawiać utraty fotela: w krytycznym momencie Stefan Niesiołowski zagroził wystąpieniem ZCHN-u z rządowej koalicji. Jan Maria Rokita wprawdzie tego nie potwierdza, jednak przyznaje, że konsultował się z Niesiołowskim.

– Ale nie miało to znaczenia, bo nie zwykliśmy pytać o zdanie czterystu sześćdziesięciu posłów – zapewnia. – Działalność Bohdanowicza oceniam pozytywnie – dodaje.

Wyrazem uznania ze strony premier Suchockiej było z kolei przydzielenie łódzkiemu wojewodzie służbowej lancii.

Kiedy Aleksander Kwaśniewski, lider Sojuszu Lewicy Demokratycznej, który we wrześniu 1993 roku wygrał wybory parlamentarne, okazał się równie krwiożerczy, co ludowiec Michał Strąk, następca Rokity w URM-ie, i zdecydował, że wojewodowie, jako „reprezentanci rządu w terenie", powinni pochodzić z ugrupowań koalicyjnych, los Bohdanowicza był przesądzony. Z decyzjami politycznymi się nie dyskutuje, tym bardziej że w Łodzi na Leszka Millera głosowało w tych wyborach ponad osiemdziesiąt cztery tysiące mieszkańców, a na Stefana Niesiołowskiego – niespełna dwanaście tysięcy.

Nim jednak lokalna koalicja lewicy i Polskiego Stronnictwa Ludowego (PSL) wystąpiła z wnioskiem o odwołanie najstarszego stażem wojewody w Polsce, przed orkiestrę wyskoczył Andrzej Terlecki, przewodniczący wojewódzkiego sejmiku samorządowego i były poseł Konfederacji Polski Niepodległej (KPN). W liście do ministra Strąka zarzucił on Bohdanowiczowi działania, które „kompromitują władzę" i „narażają na szwank dobre imię Polski na arenie międzynarodowej". W konkluzji sugerował „ewentualną interwencję".

W tym czasie Łodzią już od wyborów samorządowych 1990 roku rządziła koalicja ZChN–KPN, toteż Leszek Miller z satysfakcją, jako pierwszy, ujawnił donos czołowego KPN-owca: zwierzyna sama podłożyła mu się pod strzelbę.

– Co innego, jak się poluje w pojedynkę, a co innego, jak naprowadza nagonka – komentuje Bohdanowicz u schyłku swego urzędowania list Terleckiego.

Lider łódzkiej lewicy Grzegorz Matuszak nie ukrywa, że odwołanie wojewody wymuszają wyborcy, którzy domagają się spożytkowania owoców zwycięstwa. W studiu łódzkiej telewizji wojewoda zapytał lokalnych liderów koalicji:

– Co wy przeciwko mnie macie?

Matuszak, doktor habilitowany socjologii, odparł zgodnie z prawdą:

– Konkretnych zarzutów nie mamy, lecz powinno być dobrym zwyczajem, żeby „gubernatorem" na województwo zostawał człowiek jednoznacznie kojarzony ze zwycięskimi partiami.

Przy takim założeniu zwycięzcy nie liczą się nawet z sejmikiem samorządowym, który jednogłośnie ocenił współpracę z wojewodą jako modelową, a wkrótce potem odwołał Andrzeja Terleckiego z funkcji przewodniczącego. Pytanie Jana Mielczarka, wójta Rzgowa i działacza PSL-u: „Czy wojewodą może być tylko ten, kto posiada legitymację Socjaldemokracji Rzeczpospolitej Polskiej (SdRP)", zabrzmiało niczym głos na puszczy.

– Jeśli pozostali urzędnicy okażą się sprawni, kompetentni i lojalni, czystek kadrowych nie przewidujemy – zapewnia przewodniczący Rady Wojewódzkiej SdRP i brzmi to identycznie, jak powyborcze zapewnienia Aleksandra Kwaśniewskiego.

Niezależnie od intencji koalicji postkomuniści w Łodzi rzeczywiście polują z nagonką. Z ugrupowań postsolidarnościowych w obronie Waldemara Bohdanowicza wystąpiło jedynie ZCHN oraz NSZZ Rolników Indywidualnych „Solidarność". Łatwo się domyślić, jak silne jest to ostatnie ugrupowanie w „proletariackiej" Łodzi.

Tymczasem Bohdanowicz, ciągle jeszcze wojewoda, odebrał właśnie pięć milionów złotych (równowartość przeciętnego miesięcznego wynagrodzenia) – nagrodę przyznaną mu przez ministra Michała Strąka.

Jan Maria Rokita nazywa upolitycznianie administracji przez lewicę i ludowców powrotem „działaczy z partyjnych jaczejek".

– Gdyby premier Antoni Ponikowski w 1922 roku wyciął w pień piłsudczykowską administrację i przywrócił rosyjską administrację gubernialną, z pewnością postawiono by go przed Trybunałem Stanu lub osadzono w domu wariatów. – Szef URM-u w rządzie Suchockiej używa takiej metafory.

Następcą Bohdanowicza ma być Andrzej Pęczak, członek Rady Naczelnej SDRP, ekonomista i doktor chemii, dyrektor spółki *joint venture* Profis. Niewiele, jak dotychczas, o nim wiadomo poza tym, że bardzo chce władzy. Trzykrotnie ubiegał się o fotel senatora, za każdym razem bezskutecznie. URM, zobowiązany do tego przez ustawę, zwrócił się o zaopiniowanie kandydatury Pęczaka do łódzkiego sejmiku samorządowego. Ciekawe, czy sejmik, który w tym samym składzie w grudniu 1993 roku jednogłośnie opowiedział się za pozostawieniem Bohdanowicza, a kilka dni temu, już w styczniu 1994 roku, odwołał Terleckiego, i tym razem, gdy ma rzeczywisty wpływ na decyzję, będzie jednomyślny?

Styczeń 1994

PS Marzenie Bohdanowicza o szybkich drogach spełniło się po niemal dwudziestu latach: w podłódzkim Strykowie przecięły się autostrady A1 (północ–południe) i A2 (wschód–zachód).

Niemal równocześnie Kraków zepchnął Łódź na trzecie miejsce na liście największych polskich miast, a z czasem rozziew tylko się powiększył. W 2019 roku Łódź ustępowała Krakowowi już o ponad osiemdziesiąt pięć tysięcy mieszkańców, wyprzedzając czwarty na liście Wrocław o zaledwie czterdzieści pięć tysięcy. Wszystkich, rzecz jasna, deklasuje Warszawa.

W wysokogórskich wsiach w kaukaskim Dagestanie ludzie nie chcieli dróg, bo „drogami idzie z miasta zepsucie" i skłaniają one młodych do ucieczki. Dla łodzian przeprowadzka do Warszawy jest wciąż miarą sukcesu.

Rzucony na trudny odcinek

Andrzej Pęczak, członek krajowych władz Socjaldemokracji Rzeczypospolitej Polskiej (SDRP), wprowadził się do Urzędu Wojewódzkiego w Łodzi pod koniec stycznia 1994 roku. Nominację na wicewojewodę otrzymał Marian Łabędzki z Polskiego Stronnictwa Ludowego (PSL).

Życiorys Pęczaka jest typowy dla średniej PZPR-owskiej kadry, która wkraczała w życie zawodowe w dekadzie Gierka. Absolwent Instytutu Inżynierii Chemicznej na Politechnice Łódzkiej, doktor ekonomii (Akademia Nauk Społecznych w Moskwie, dysertacja nosiła tytuł *Kierowanie modernizacją dużych kompleksów przemysłowych*), w połowie lat osiemdziesiątych został pierwszym sekretarzem Podstawowej Organizacji Partyjnej w łódzkich zakładach Fonica. Po rozwiązaniu Polskiej Zjednoczonej Partii Robotniczej kierował łódzkim oddziałem warszawskiej spółki Elpol, następnie był dyrektorem spółki *joint venture* Profis.

– Jestem niespokojnym duchem – mówił reporterce „Sztandaru Młodych" Marzannie Zielińskiej (od wielu lat w TVN-ie). – Osiągnąłem jakiś sukces: doktorat, stworzenie od zera trzech firm, zarządzanie dużą spółką. Mogłem wieść ustabilizowane życie, ale ja strasznie nie lubię się nudzić. Gdy pojawiła się możliwość pracy, w której siedzenie za biurkiem jest niemożliwe, w której jednego dnia spotykasz się z człowiekiem od kultury, drugiego dnia z człowiekiem od przemysłu, a trzeciego dnia z człowiekiem z wojska czy policji, nie zastanawiałem się.

Woda od nieboszczyka

Wojewoda od samego początku miał złą prasę. Krytykowano go za politykę kadrową w Urzędzie, emocje budziła jego przeszłość. Dni chwały przeżywał Leszek Siński, szef Solidarności w Fonice, w której ongiś Pęczak sekretarzował. Związkowiec nie mógł opędzić się od żurnalistów.

– Załoga wspomina go źle – opowiadał. – Nawet sekretarz, którego nam przysłano w stanie wojennym, był lepszy. Kiedy Pęczak wchodził na zakład, wszyscy stawali na baczność. On tu rządził.

Siński wysuwa długą listę zarzutów, żadnego z nich nie sposób jednak udowodnić. Jak dowieść na przykład, że Pęczak blokował bezpartyjnym awanse i podwyżki, nawet gdy zgodę wyrażała dyrekcja? Jak dowieść, że to za sprawą Pęczaka wyprodukowany w Fonice sprzęt, który jako wadliwy miał być sprzedany pracownikom, trafił do sklepów?

Wojewodzie tamten okres kojarzy się z czymś zupełnie innym.

– Kolędowałem po urzędach dzielnicowych, próbując zdobyć mieszkania dla biedniejszych pracowników. Później, już za Solidarności, niektórzy kierownicy wydziałów lokalowych mieli kłopoty, bo załatwiali prośby sekretarza.

Według Sińskiego Pęczak wywierał nacisk na Radę Pracowniczą, by ta zgodziła się na wejście Foniki w spółkę z właśnie powstałym Elpolem.

– Sugerował, by dla własnego dobra ludzie głosowali na Radzie za powołaniem takiej spółki albo wstrzymali się od głosowania. Tych, którzy byli przeciw, bo uważali, że byłaby to typowa spółka nomenklaturowa, próbował zastraszyć.

– Zdarta płyta – komentuje Pęczak te rewelacje. – Z Elpolem było zupełnie inaczej: na początku to ja byłem wrogiem powstania spółki. Kiedy partia skończyła swój żywot, musiałem gdzieś pracować. I okazało się, że znalazłem zatrudnienie w Elpolu. Tak się po prostu ułożyło.

A więc nic nadzwyczajnego. Jaka nomenklatura? Zwykłe koleje losu. Co się zaś tyczy wody, którą dostarczano do Foniki z należącej do ojca wojewody rozlewni („Była mętna, w brudnych butelkach"), Siński po prostu przesadził: w momencie, gdy syn przyszedł do zakładu, Pęczak senior od czterech lat już nie żył.

Rewelacje „Kuriera Polskiego"

Tymczasem pojawiła się plotka głosząca, że Pęczak został wojewodą z wdzięczności: jako szef oddziału Elpolu miał załatwić dla łódzkiej Socjaldemokracji duże pieniądze. Sprawa nie pozbawiona była akcentu heroicznego – przyszły wojewoda miał przypłacić swe działania utratą pracy.

Według „Kuriera Polskiego" Pęczak złożył w Elpolu rezygnację w marcu 1991 roku. W odpowiedzi prezes firmy niemal natychmiast go zwolnił, bez zachowania zwykłego okresu wypowiedzenia. Zdaniem zarządu Pęczak niewłaściwie kierował pracą oddziału: obok zawarcia niekorzystnej umowy z SDRP miał zrealizować – bez podpisania kontraktu – dostawę ubrań do Niemiec, czym naraził spółkę na straty. Przyszły wojewoda zaskarżył wypowiedzenie w Sądzie Pracy. Po kilku miesiącach strony zawarły ugodę. Ostatecznie Pęczak opuścił Elpol za porozumieniem stron.

Z akt sprawy wynika, że Pęczak podpisał umowę z Wojewódzkim Komitetem Wykonawczym SDRP w Łodzi w marcu 1990 roku: partia przekazała Elpolowi ponad sto milionów złotych do zagospodarowania w dowolny sposób, mając w zamian zagwarantowane pięćdziesiąt procent zysków ze wspólnych przedsięwzięć. Na mocy klauzuli zawartej w aneksie do umowy Socjaldemokracja została zwolniona z ryzyka gospodarczego – ewentualne straty miał ponosić wyłącznie Elpol.

W kwietniu tego samego 1990 roku SDRP dołożyła do wspólnej kasy sześćdziesiąt, we wrześniu osiemdziesiąt, a w październiku sto dwadzieścia milionów. W grudniu strony podpisały następną umowę: jako organizator kolejnych przedsięwzięć znów występował Elpol, a dochód miał być znów dzielony po połowie. Z tym, że miesięczny zysk SdRP musiał być wyższy lub przynajmniej równy wysokości odsetek kredytu refinansowego w Narodowym Banku Polskim.

– Nie znam pieniędzy, które załatwiłem dla partii – tłumaczy wojewoda. – Umowa między maleńkim oddziałem Elpolu a łódzką Socjaldemokracją została zawarta, ponieważ jedna strona miała sklepy i puste półki, a druga trochę pieniędzy. Kupiono towar, podzielono się zyskiem i to wszystko. Jeśli popełniono by jakieś nadużycie, to ręczę, że natychmiast zostałoby wykryte. Gdy ktoś wkłada gotówkę, to jego partner, który gotówkę bierze, musi ponieść jakieś konsekwencje – w taki sposób Pęczak dowodzi czystości transakcji. A po chwili stwierdza: – Ja dałem to, co najcenniejsze: pieniądze. To czym ja mogę jeszcze ryzykować, jeżeli ryzykuję własnymi pieniędzmi?

(Zwraca uwagę, że Pęczak, używając zaimków „ja" lub „my", raz ma na myśli Elpol, innym razem Socjaldemokrację).

W warszawskiej centrali Elpolu o Andrzeju Pęczaku nikt nie chce rozmawiać.

Wzór dla towarzyszy pracy

Po objęciu urzędu wojewody Pęczak zadeklarował:

– Wszelkie rozmowy o układach personalnych skończyły się w momencie, gdy otrzymałem nominację premiera z rąk pana ministra Michała Strąka. Stałem się wtedy reprezentantem rządu, a nie partii politycznych w skład tego rządu wchodzących. Wraz z wicewojewodą staliśmy się niejako zupełnie samodzielnym organizmem w kwestii zatrudniania tych czy innych osób.

Odkąd Pęczak objął swą funkcję, z pracy w Urzędzie Wojewódzkim zwolniono dwadzieścia dwie osoby, a przyjęto dziewiętnaście. Niby niewiele: Urząd zatrudnia czterystu sześćdziesięciu pracowników merytorycznych i prawie trzystu pozostałych.

Zmiany objęły jednak kluczowe stanowiska. Dyrektorem Urzędu został Leszek Konieczny, były I sekretarz PZPR w łódzkiej dzielnicy Górna i były kierownik agencji ochrony mienia. Szefem Wydziału Polityki Gospodarczej – Mirosław Marcisz, były pracownik Komitetu Łódzkiego PZPR, przed rokiem 1990 dyrektor w Urzędzie Miasta Łodzi. Szefem Wydziału Paszportowego – Tadeusz Matusiak, wiceprzewodniczący łódzkiej SdRP. Przeszłość innego „nowego" – rzecznika wojewody, Jerzego Wawrzaka – jest na tyle ciekawa, że warto poświęcić jej więcej miejsca.

Dla Wawrzaka odpowiedzialna funkcja „ust" szefa województwa to zwieńczenie pięknej, literacko-politycznej kariery. Po ukończeniu Politechniki Częstochowskiej został dyrektorem Państwowego Ośrodka Maszynowego w Opojowicach koło Wielunia. W wolnych chwilach pisał wiersze. W 1963 roku światło dzienne ujrzał debiutancki tomik *Asocjacje*, a rok później ukazały się *Luminescencje*.

Talent z prowincji został dostrzeżony: na początku lat siedemdziesiątych dyrektor poeta przeprowadził się do Łodzi, obejmując redakcję tygodnika „Odgłosy". Nowe zadania nie wpłynęły na jego twórczą potencję, teraz wyżywał się w prozie. Opublikował między innymi *Nietutejszego* (1970), *Na spotkanie dnia* (1973) i *Wejście przez sekretariat* (1978). Największy rozgłos zdobyła *Linia* (1971), która doczekała się ekranizacji, przekładów na niemiecki oraz rosyjski i podobno bardzo spodobała się samemu Gierkowi.

W powieściach nie unikał tematów trudnych – sekretarzowi partii zdarzało się na przykład mieć kochankę – akcja zmierzała jednak zawsze do szczęśliwego finału. Tadeusz Błażejewski w książce *Łódzkie środowisko literackie* napisał: „Proza Wawrzaka jest pochwałą umiejętności pracy i politycznego zaangażowania. Wobec tego, co dzieje się wokół bohaterów powieści, w zakładzie pracy, w miejscu zamieszkania, nie potrafią oni przejść obojętnie. Bohater tej prozy, najczęściej inżynier, doświadczający pierwszej edukacji politycznej w szeregach Związku Młodzieży Polskiej, poznaje wielki zakład produkcyjny, aktywnie włącza się w jego rytm, pokonuje własne trudności, przezwycięża konflikty, usprawnia proces produkcyjny, wzmacnia kolektyw, staje się wkrótce wzorem dla towarzyszy pracy".

Wawrzak nie ograniczał się do opisywania rzeczywistości, ale aktywnie ją współtworzył. Z wydawnictwa *Kto jest kim* (edycja z 1989 roku) dowiadujemy się, że w latach 1950–1956 należał do Związku Młodzieży Polskiej, w latach 1957–1959 do Związku Młodzieży Socjalistycznej, a od 1960 roku – do PZPR-u (przez wiele lat był członkiem Komitetu Wojewódzkiego w Łodzi). Za swą działalność otrzymał Nagrodę Centralnej Rady Związków Zawodowych, Nagrodę „Trybuny Ludu", Krzyż Kawalerski Orderu Odrodzenia Polski, Złoty Krzyż Zasługi, Medal 40-lecia PRL oraz Złotą i Srebrną Odznakę im. Janka Krasickiego.

Przez kilka kadencji prezesował łódzkiemu oddziałowi Związku Literatów Polskich (ZLP).

– Pod koniec jego urzędowania – wspomina Zbigniew Dominiak, poeta i krytyk literacki – doszło do buntu kilkunastu pisarzy, którzy odeszli do oddziału warszawskiego, nie mogąc pogodzić się z konformistyczną, bardzo gorliwą postawą Wawrzaka. Był to czas, gdy głośno już mówiło się o potrzebie reformy Związku, a krajowe władze ZLP, zwłaszcza po zjeździe w Katowicach, zaczęły wyraźnie artykułować sprzeciw wobec tego, co działo się w kraju. Tymczasem na prowincji partia nadal mogła liczyć na gorliwych wykonawców swoich dyrektyw.

Proszony o krótką charakterystykę Wawrzaka, Dominiak mówi:
– Dobry sekretarz partii.

Własnym „Głosem"

Wawrzakowi kompletnie nie układa się współpraca z mediami. Dziennikarze gonią za tanią sensacją, zamiast obiektywnie relacjonować rzeczywistość, a łódzkie gazety informują o pracy Urzędu Wojewódzkiego w sposób jednostronny.

– Mam nadzieję, że przełamiemy niechęć do publikowania naszego stanowiska – wzdycha Pęczak. – W pewnym momencie ktoś zaskoczy, że jest to ze szkodą dla ludzi. Obecna sytuacja świadczy o upolitycznieniu środków przekazu i ich zaangażowaniu się w kampanię przed wyborami samorządowymi.

Oto przykładowy komunikat, rozesłany przez Wawrzaka po łódzkich redakcjach 24 marca 1994 roku: „Wczoraj wojewoda łódzki, Andrzej Pęczak – spełniając prośbę nauczycieli – gościł w Urzędzie Wojewódzkim klasę II b Społecznej Szkoły Podstawowej przy ul. Gdyńskiej. Gromadka dzieci, obdarowana słodyczami, zadawała wojewodzie dziesiątki całkiem rzeczowych pytań dotyczących jego pracy i osobistych zainteresowań. Jak stwierdziła wychowawczyni klasy, p. Dorota Andrzejewska-Turek, była to dla jej podopiecznych sympatyczna i ciekawa lekcja wychowania obywatelskiego".

Do tekstu dołączono kiepskiej jakości kolorowe zdjęcie, wykonane najprawdopodobniej tanim aparatem kompaktowym. Żadna redakcja nie zamieściła ani komunikatu, ani zdjęcia.

Ostatnio Urząd Wojewódzki wykupił specjalne wkładki w „Głosie Porannym". Mają ukazywać się raz w tygodniu. „Głos", który jeszcze niedawno nazywał się „Robotniczy" i był organem PZPR-u, został w czerwcu 1992 roku kupiony przez spółkę związaną z PSL-em; pewne udziały w gazecie ma SDRP. Według Wawrzaka decydujące znaczenie w nawiązaniu współpracy właśnie z tą redakcją miała „pewna wspólnota myślenia z dziennikarzami".

Spisane z taśmy

Materiały do reportażu o wojewodzie Andrzeju Pęczaku zbierałem kilka tygodni, starając się przez cały ten czas spotkać się z nim osobiście. Główną przeszkodą okazał się rzecznik Wawrzak. Na zmianę z Marzanną Zielińską, łódzką korespondentką „Sztandaru Młodych", dzwoniliśmy do jego biura codziennie, jednak bez efektów. Wreszcie zdesperowana żurnalistka dopadła samego wojewodę. Wawrzak był oburzony („Jak pani śmiała komunikować się z szefem bez mojego pośrednictwa?!"), ale termin spotkania w końcu ustalono. Nie mogłem, niestety, wziąć w nim udziału, a próba umówienia się na inny dzień mogła oznaczać kolejne zmarnowane tygodnie. Chcąc nie chcąc, wręczyłem koleżance po fachu listę swoich pytań i dyktafon. Słuchając nagrania i relacji Marzanny, czułem się jak w wehikule czasu.

— To co, umawiamy się, że tego pytania nie było? — zagaja agresywnie Wawrzak.

— Którego pytania? — próbuje dowiedzieć się dziennikarka.

— Tego z czterema latami! (Ktoś wyłącza magnetofon).

Chodziło o pytanie brzmiące mniej więcej tak: „Waldemar Bohdanowicz był wojewodą cztery lata i z czasem zaczął uchodzić w oczach przedstawicieli rozmaitych opcji politycznych, nawet odległych od reprezentowanej przez niego, za dobrego urzędnika. Do ostatniego roku jego pracy w ogóle nie było zastrzeżeń — być może przez pierwsze trzy lata uczył się po prostu sprawować swoją funkcję. Załóżmy, że pan też będzie potrzebował trzech lat. Czy z punktu widzenia interesów województwa nie szkoda tego czasu?".

Wawrzak, obecny przy rozmowie, najpierw zareagował agresywnie:

— Co pani myśli, że nasz wojewoda jest taki tępy?

Potem nakłaniał do rezygnacji z pytania przy publikacji tekstu.

Słychać dwa męskie głosy. Jeden należy do Wawrzaka, drugi do redaktora Jana Kraszewskiego, wieloletniego łódzkiego korespondenta „Trybuny Ludu", ostatnio zatrudnionego w Urzędzie Wojewódzkim. Jeden przez drugiego uczą dziennikarkę „Sztandaru Młodych", jak ma pisać, powołując się na swoje doświadczenie i życzliwość starszych kolegów: „Takich pytań zadawać nie można, bo są obraźliwe, takich też nie, bo insynuują".

— Rozmowa z wojewodą odbywała się w dwóch turach — opowiada Marzanna. — Między jedną a drugą Wawrzak wziął mnie do siebie, w pokoju był też redaktor Kraszewski. Na biurku stała zapalona lampka, mimo że było widno. Po jakimś czasie uświadomiłam sobie, że świeci prosto w twarz rozmówcy, zupełnie jak na przesłuchaniach w UB. Powiedziałam o tym. Panowie nerwowo zarechotali...

Głos wojewody. Dłuższa wypowiedź o ambicji, żądzy wiedzy, chęci wybicia się, osiągnięcia czegoś. Całą tę misternie konstruowaną kreację człowieka sukcesu, który do wszystkiego doszedł sam i wszystko zawdzięcza sobie, puentuje krótkim zdaniem:
— Rzucano mnie tam, gdzie trzeba było coś zrobić.

Kwiecień 1994

PS Andrzej Pęczak pełnił funkcję wojewody łódzkiego do 1997 roku. Potem był dwukrotnie posłem (z ramienia SLD) i krótko europosłem. W maju 2004 roku prokuratura zarzuciła mu defraudację czterdziestu dwóch milionów złotych z Wojewódzkiego Funduszu Ochrony Środowiska, a w listopadzie tegoż roku — przyjęcie od lobbysty Marka Dochnala łapówki w gotówce oraz w postaci przekazanego do użytkowania luksusowego mercedesa z firankami. Po uchyleniu mu przez Sejm immunitetu został pierwszym parlamentarzystą III RP, który trafił do aresztu. W pierwszej ze spraw został ostatecznie skazany na niespełna cztery lata pozbawienia wolności i grzywnę, w drugiej — na niespełna trzy lata pozbawienia wolności i grzywnę.

Najlepszy z naszej wsi

Jak wielu łodzian, Marek Czekalski jest mieszańcem: rodzice dziadka ze strony matki pochodzili ze zubożałej polskiej szlachty, a rodzice babki przywędrowali do Łodzi z Saksonii.
– Chłopak z podwórka jestem. Z podwyrka, jak mówią w Łodzi. Prawa podwyrka są surowe, ale czytelne: liczą się pięści i głowa. Pięści muszą być twarde, a głowa mocna. I jeszcze liczy się sztama. Jak nie trzymasz sztamy, nie pomogą ci ani pięści, ani głowa. Na naszym podwyrku rządziłem ja.

Obowiązywała pogarda dla nauki. „Uczyłeś się?", pytaliśmy się nawzajem przed klasówką. „Coś ty, z byka spadł! Nawet do książki nie zajrzałem", trzeba było odpowiedzieć, jeśli się chciało trzymać fason, choć niektórzy mieli oczy na zapałkach. Przechodziłem z klasy do klasy z trudem, toteż gdy rok przed zakończeniem podstawówki zadeklarowałem chęć zdawania do technikum, wychowawca uznał, że zwariowałem. Podrażniło to ambicję, wziąłem się do roboty. Szkołę skończyłem z wyróżnieniem.

Po technikum poszedłem na włókno, bo w Łodzi jest przemysł lekki. W ogóle mi te studia nie leżały, ja się nie nadaję na inżyniera, ale nie miał kto doradzić. Po studiach podjąłem nieciekawą pracę jako technolog na farbiarni Polanilu.

W siedemdziesiątym ósmym ktoś podsunął mi podziemny biuletyn Komitetu Obrony Robotników (KOR). Ze wszystkim, co przeczytałem, zgadzałem się. Poprosiłem o kontakt. Nie żeby się od razu przyłączyć, ale pogadać. Poznałem Wojtka Hempla. „Kulego – powiedział, bo on do wszystkich mówił per »kulego« – trzeba wydrukować ulotkę". Przez jedną noc w starym domu naprzeciwko komendy milicji nauczyłem się drukować na sicie.

Moi nowi znajomi toczyli poważne dyskusje polityczne i byli tacy mądrzy, tacy wspaniali. Skończyli studia humanistyczne i czytali książki, o których nawet nie słyszałem. Zacząłem pochłaniać lektury: klasykę i wszystko z drugiego obiegu, który dopiero co się pojawił, i powoli leczyłem się z kompleksów.

W siedemdziesiątym dziewiątym pomyślałem, że trzeba zacząć robić opozycję w swoim zakładzie. Któregoś dnia pod jakimś pretekstem zostałem dłużej w pracy i nalepiłem na drzwiach bufetu pierwszą ulotkę. Bałem się, serce mi trzepotało, ale równocześnie przeżywałem jakieś uniesienie. Coś podobnego odczuwasz, kiedy pierwszy raz zbliżasz się do kobiety albo pierwszy raz wchodzisz do wody, żeby nauczyć się pływać. Warto było bawić się w konspirację dla tej jednej chwili.

W osiemdziesiątym miałem już w zakładzie kilkunastu zaufanych ludzi i nawiązane kontakty z innymi przedsiębiorstwami. Zajmowałem się głównie rozprowadzaniem bibuły. Po Sierpniu zostałem przewodniczącym Solidarności w Polanilu i wszedłem do prezydium łódzkiego Międzyzakładowego Komitetu Założycielskiego.

Dysponowałem pewnym doświadczeniem organizacyjnym, więc jeździłem po zakładach i uczyłem ludzi, jak mają budować związek, jak strajkować i czego żądać. Zainicjowałem tworzenie w Solidarności sekcji branżowych, bo uważałem, że jej struktura jest zbyt scentralizowana. „Sekcje zawodowe i branżowe powinny mieć pełną możliwość rozwiązywania swoich problemów, często nader specyficznych", napisałem w swoim programie przed wyborami na przewodniczącego Zarządu Regionu.

Stworzyłem Ogólnopolską Sekcję Włókniarzy i stanąłem na jej czele. W listopadzie zorganizowałem w całym kraju strajk generalny przemysłu lekkiego. Domagaliśmy się poprawy warunków socjalnych, zniesienia akordu i likwidacji trzeciej zmiany dla kobiet. Strajk skończył się sukcesem. Przedostatniego dnia 1980 roku podpisałem porozumienie z ministrem przemysłu lekkiego.

Konspira z kolczykiem w uchu

Edward Pinkowski, przewodniczący Solidarności w zakładach Vera, o Marku Czekalskim:

– Założył sekcję włókniarzy, bo przegrał wybory z Andrzejem Słowikiem, myślał tylko o swojej karierze, traktował Związek jak trampolinę.

Pinkowski myli się (wybory były później), ale w jednym trzeba mu przyznać rację: Czekalskiego wciągnęła polityka. W osiemdziesiątym pierwszym wiodło mu się raz lepiej, raz gorzej. Nie został szefem Regionu Łódzkiego, ale dostał się do Zarządu Regionu i był delegatem na I Zjazd Solidarności. W nocy z 12 na 13 grudnia przyszła po niego milicja.

– Byłem internowany najpierw w Łęczycy, później w Łowiczu, a jeszcze później w Kwidzynie. Czas izolacji spędziłem na lekturach. W Łęczycy mieliśmy pokój cichej pracy, w którym przesiadywaliśmy we trójkę: Hempel, który uczył się jak wariat angielskiego, bo wkrótce miał wyjechać, Jacek Kwaśniewski i ja. Przeczytałem trzy tomy Tatarkiewicza, potem wynotowałem z bibliografii dalsze pozycje i zamawiałem je. Przez rok przerobiłem kilkuletni uniwersytecki kurs filozofii.

Po zwolnieniu działałem w podziemnej Solidarności. Współorganizowałem łódzką Regionalną Komisję Wykonawczą związku, kolportowałem ulotki, pisałem w prasie drugiego obiegu. Gdzieś w połowie lat osiemdziesiątych cała konspiracja zaczęła siadać. Towarzystwo się wykruszało, każdy miał swoje sprawy. Ludziom przestawało się chcieć cokolwiek robić. Ktoś miał przynieść ulotki, ale nie przyszedł, bo się upił. Ktoś inny nawalił z samochodem. W Łodzi powstały dwie konkurencyjne struktury: Zarząd Regionalny i Regionalna Komisja Organizacyjna. Pierwsza składała się z dawnych liderów, drugą popierał Wałęsa.

Działalność obu ograniczała się do wydawania oświadczeń, których nikt nie czytał.

W moim zakładzie nikt niczego nie wymagał. Siedziałem po osiem godzin, a roboty było na dwie, zresztą mogłem w ogóle nie przychodzić, nikt by nie zauważył. To był psychiczny ściek. Zacząłem się dusić. Miałem trzydzieści lat, uważałem się za niegłupiego faceta, który ma fajne pomysły i „kopa do przodu", a tu taki kanał: codziennie jazda tym samym tramwajem, ten sam przystanek, mleko i bułki kupowane w tym samym sklepie, potem śniadanie przy biurku, podpisać trzy papiery, wykonać dwa telefony i wszystko. Kariery robili inni. Starałem się tę frustrację stłumić: „Pies was drapał z waszą karierą!".

W stanie wojennym istniały dwa nurty opozycji. Nazywałem je na własny użytek „poważny" i „rozrywkowy". Ten drugi tworzyli artyści, poeci, część dziennikarzy. Z czasem zacząłem się z tym nurtem coraz bardziej identyfikować, ograniczając działalność „poważną" do Komisji Interwencji. Spotykaliśmy się w soboty, zmywając codzienność tanim alkoholem. Uważaliśmy się za trochę nieprzeciętnych, mieliśmy poczucie misji, ale przede wszystkim czuliśmy się przegrani. Naszą ulubioną piosenką było *Przy sadzeniu róż* („Sadźmy, przyjacielu, róże! / Długo jeszcze, długo światu / Szumieć będą śnieżne burze: / Sadźmy je przyszłemu latu!"). To był kawałek o nas. Sadzimy róże, ale nie my będziemy wąchać kwiaty, chyba że od spodu. Konspira była naszym dowartościowywaniem się za przegrane życie. Rozprowadzałem w Łodzi książki Nowej, Kręgu oraz „Tygodnik Mazowsze" i lubiłem czasem poczytać bibułę w tramwaju, aby wyróżnić się, pokazać, poszerzyć obszar wolności.

Nauczyłem się słuchać jazzu. Zacząłem jeździć na Jazz Jamboree, a moim idolem stał się Miles Davis. W osiemdziesiątym siódmym przebiłem sobie ucho i zacząłem nosić kolczyk, ale to wszystko było zamiast.

Misjonarz za biurkiem

W osiemdziesiątym ósmym Czekalski napisał list do Witolda Sułkowskiego, przyjaciela z czasów KOR-u (współtwórcy drugoobiegowego „Pulsu", emigranta politycznego, dziennikarza Głosu Ameryki). Po paru tygodniach ten przysłał mu zaproszenie do Stanów.

— W samolocie do Nowego Jorku poczułem się po raz pierwszy w życiu wolny. Wyjąłem zeszyt i zacząłem prowadzić dziennik. Zapisałem w nim, że jestem szczęśliwy, mimo że oddalam się od rodziny i znajomych. Ameryka była testem: uświadomiła mi własną niewiedzę i ułomność. Mimo tego garbu i koślawego angielskiego zdołałem utrzymać się na powierzchni. Znalazłem pracę, po pół roku miałem w skarpecie dziesięć tysięcy papierów. Ściągnąłem żonę i następne pół roku podróżowaliśmy. Pomyślałem: „Dobiegasz czterdziestki, jeszcze wszystko nadrobisz".

Byłem za oceanem rok. W Polsce przez ten rok zmienił się ustrój. Oglądałem dzienniki telewizyjne i miałem świadomość, że gdybym był w kraju, to z moją przeszłością i z moimi kontaktami załapałbym się na Okrągły Stół i pewnie zostałbym posłem. Nie ukrywam, było mi żal. Dzisiaj uważam, że dobrze się stało, że byłem tam, a nie tutaj. W Ameryce nauczyłem się cenić profesjonalizm, konsekwencję, szybkie decyzje. Wiedziałem, że i w Polsce te umiejętności będą kiedyś niezbędne.

Po powrocie nie podjąłem początkowo żadnej pracy: inwestowałem w siebie. Ukończyłem kursy marketingu i komputerowy w warszawskiej Szkole Biznesu oraz kurs na członka rad nadzorczych zorganizowany przez Międzynarodową Fundację Prywatyzacji. Na zakończenie tego ostatniego określono za pomocą testów, jaki typ menedżera reprezentuje każdy absolwent. Mnie wyszło, że jestem typem „misjonarza" (inne możliwości to „autokrata", „biurokrata", „demokrata", „rozwojowiec"). „Misjonarz wkłada olbrzymi wysiłek w swoją pracę, żyje pracą", napisano mi na cenzurce. Wolałbym być biurokratą, ale kto wie, może w Polsce potrzebni są teraz misjonarze.

Zostałem szefem marketingu w firmie CIN CIN, a w sierpniu 1992 roku prezesem Zakładów Wyrobów Obiciowych Vera, przekształconych w jednoosobową spółkę skarbu państwa. Vera była wyzwaniem. Miała sto miliardów długów, co miesiąc przynosiła cztery miliardy strat, a kapitał zapasowy był przejedzony. Przygotowałem program naprawczy przewidujący spłatę wierzytelności w ciągu dwóch lat. Miałem trzy pomysły: odbudowę rynku wschodniego poprzez *joint venture* z dwiema rosyjskimi spółkami, produkcję obić samochodowych dla General Motors i wytwarzanie dzianin dla meblarstwa. Zawarłem „pakt o nieagresji" z izbą skarbową i bankami.

Poczułem smak biznesu. Odkryłem, że nie potrzeba przysłowiowej głowy do interesów, że wszystkiego można się nauczyć. Poczułem także smak niezależności związanej z biznesem, mimo że Vera nie była moją własnością. Poczułem wreszcie smak sukcesu – w październiku, listopadzie i grudniu 1992 roku Vera przyniosła po dwa miliardy zysku, a zadłużenie zmniejszyło się o jedną piątą.

Na przełomie grudnia 1992 i stycznia 1993 roku Łódź szykowała się do strajku generalnego. Solidarność organizowała referenda w zakładach. Przeżyłem dramatyczne chwile. Spotkałem się z załogą i przekonywałem, że strajk może być końcem Very, że możemy stracić zaufanie klientów. Ja mówiłem o firmie, a ludzie o tym, że im ciężko. Racja była po obu stronach. Padł argument, którego się obawiałem: „Prezes sam robił strajk, a teraz go gasi!". Odpowiedziałem, że mój życiorys dzieli się na dwie części: kiedyś byłem przeciw, teraz jestem za. W roku osiemdziesiątym strajk był jedyną formą nacisku na władze, dziś Solidarność ma swoich przedstawicieli w Sejmie. Dodałem, że nie jestem przeciwny protestom, ale po co od razu robić generalny? Czy trzeba solidaryzować się w bankructwie? Powiedziałem, że jeśli strajk wybuchnie, odejdę, ale poglądów nie zmienię. Strajk nie wybuchł.

Pomysł na miasto

Oprócz biznesu Czekalskiego pociągała w dalszym ciągu polityka. Kiedy wrócił z Ameryki, rozpoczynała się kampania wyborcza do samorządów. Wziął w tych wyborach (maj 1990) udział, został radnym, a potem kandydował na prezydenta Łodzi z ramienia Wojewódzkiego Komitetu Obywatelskiego. Przegrał stosunkiem czterdzieści dwa do dwudziestu czterech. Współorganizował w Łodzi Unię Demokratyczną (UD) i został jej przewodniczącym. W 1991 roku przegrał wybory do Sejmu. Pomyślał: „Musisz więcej pracować nad sobą. Musisz być tak dobry, żeby chcieli cię wybrać następnym razem".

W 1993 ponownie przegrał wybory do Sejmu, choć UD umieściła go na pierwszym miejscu swojej listy: weszły numery drugi i trzeci. Wspomniany już Sułkowski, który odwiedził w tym czasie Polskę, powiedział mu wówczas, że w USA opisano syndrom „kłopotów z wybieralnością" – zdarza się, że normalny facet, który wie, czego chce, umie się zaprezentować, ma pomysły i uchodzi za przyzwoitego człowieka, w każdych wyborach przepada. Czekalski, który właśnie skończył czterdziestkę, wyznaczył sobie granicę – wybory samorządowe w czerwcu 1994 roku. Postanowił, że jeśli i w nich nie odegra większej roli, skończy z polityką, uzupełni braki w wykształceniu, zwłaszcza w dziedzinie finansów, i zajmie się wyłącznie biznesem. Wybory wygrała Socjaldemokracja Rzeczypospolitej Polskiej (SdRP), ale władzę przejęła koalicja Unii Wolności (UW) i Zjednoczenia Chrześcijańsko-Narodowego, a Czekalski został kompromisowym prezydentem miasta (na pytanie, czy cieszy się, że nareszcie dorwał się do władzy, odpowiada, że to kwestia konsekwencji).

– Znam Łódź bardzo dobrze, przeżyłem tu czterdzieści lat i miałem okazję obserwować ją z różnych miejsc, z różnych pozycji społecznych: działacza związkowego, konspiratora, radnego – mówi. – Teraz odkrywam Łódź urzędniczą, ale największym doświadczeniem jest poczucie bycia strażnikiem kasy miejskiej. To trochę jak u szefa dużej firmy, z tym że pieniądze, którymi dysponuję, są publiczne.

– Od początku mojej prezydentury szukałem pomysłu na Łódź – ciągnie. – Miastu katastrofa nie grozi, nadal będą jeździły tramwaje i pracowały szkoły i szpitale, ale grozi mu stagnacja i cywilizacyjne zapóźnienie. Przeciwdziałanie temu jest dla polityka wyzwaniem, tak jak dla lekarza wyzwaniem jest człowiek chory, a nie zdrowy. Inspiracji dostarczyła mi historia: przeczytałem masę rzeczy o dawnej Łodzi i wyławiałem te elementy, które ją konstytuowały, stanowiły o jej tożsamości. Tradycja jest jednym z mocnych punktów miasta. Łodzianie dziedziczą pamięć ośrodka, który rozwijał się błyskawicznie, był otwarty dla ludzi różnych narodowości i dla zagranicznego kapitału (trzeba pamiętać, że decyzja rządu Królestwa Polskiego, na mocy której ulokowano tu przemysł, była decyzją gospodarczą, a nie polityczną). Myślę, że to dobra tradycja na okres, w którym, tak jak półtora wieku temu, dokonuje się transformacja.

– Obserwuję starszych ludzi, którzy się tu urodzili, a teraz przyjeżdżają w odwiedziny z Niemiec czy Izraela – opowiada. – Podziwiam czułość, z jaką podchodzą do Łodzi: „To jest moje podwórko, to moja kamienica". Bywa, że ci, którzy w tej kamienicy mieszkają, nie mają do niej takiego stosunku. Znajomemu, który chce przenieść się do stolicy, tłumaczę: „Zostań z nami, w Warszawie będziesz jednym z wielu, a tu ludzie będą rozpoznawali cię na ulicy. Będziesz najlepszy z naszej wsi. Przecież gdyby Scheibler czy Poznański trafili do Warszawy, byliby zwykłymi wyrobnikami. W Łodzi stali się największymi przedsiębiorcami Europy, a dzisiejsze czasy do złudzenia przypominają tamte".

– Stolica jest bardzo atrakcyjnym miejscem – dodaje – ale ma przynajmniej jedną zasadniczą wadę: podczas gdy tu człowiek kontaktuje się z człowiekiem, tam kontaktują się ze sobą pozycje społeczne. Widzę to choćby przez pryzmat mojej partii. Odkąd jestem prezydentem, jej liderzy traktują mnie zupełnie inaczej, chociaż nic się nie zmieniłem i pozostałem takim samym facetem.

Naturalne emocje i język biznesu

Czekalski za atut Łodzi uważa oprócz tradycji także jej centralne położenie. W swoim programie napisał, że drugie co do wielkości miasto w kraju powinno być również drugim co do znaczenia i jakości życia mieszkańców. Mówi, że nie będzie ścigał się z Krakowem w turystyce, ale nie pozwoli, żeby Wrocław czy Poznań przejęły rolę pośrednika między Wschodem a Zachodem.

– Za priorytet mojej „polityki zagranicznej" uznałem kontakty z tymi państwami, których obywatele związani są z Łodzią, przede wszystkim Niemcami i Izraelem (mamy umowę partnerską ze Stuttgartem i umowę z Tel Awiwem) – mówi. – Naturalne emocje dają się łatwo przełożyć na język biznesu. Celu pierwszej podróży zagranicznej, Tel Awiwu, nie dyktował świadomy wybór. Zaproszono mnie na uroczystości pięćdziesiątej rocznicy likwidacji łódzkiego getta. Wizytę zacząłem od uderzenia się w piersi. Powiedziałem, że zastanawiam się, jak to się stało, iż w czasie wojny łodzianie Polacy byli tak wspaniali, ratując ileś żydowskich istnień, ale i tak obojętni, gdy ginęło ćwierć miliona łódzkich Żydów. Obiecałem, że postaram się przywrócić Łodzi pamięć o tej części zamordowanej żydowskiej duszy, bo nie pamiętając, nie możemy być sobą. Moi gospodarze okazali się ludźmi otwartymi na robienie interesów z Łodzią, ale do tej pory czekali na inny klimat. Otwarcie musiało być z naszej strony. Cieszyło, że przyjęli mnie nie jak urzędnika, ale jak krajana. Odczułem z nimi więź, która, mam nadzieję, stanie się początkiem normalnych kontaktów.

– W mojej pracy przydają się doświadczenia z Very – stwierdza – gdyż przemysł tekstylny jest z Łodzią nierozerwalnie związany. Jak ma kłopoty, to i Łódź ma kłopoty: większe bezrobocie, mniej pieniędzy w kasie miejskiej. Fabryki potrzebują dwóch rzeczy, kapitału i rynków zbytu. Tego pierwszego trzeba szukać na Zachodzie, tych drugich na Wschodzie. Podjąłem decyzję o powrocie do Iwanowa, miasta, z którym „przyjaźniliśmy się" za poprzedniego ustroju. Nie potrzeba nam dziś pociągów przyjaźni, ale pamiętajmy, że dzięki nim wielu ludzi się poznało, wypiło z sobą morze wódki. Tam jest rynek, a rynek polega na bezpośrednich kontaktach *face to face*. Łódź ma swoje przedstawicielstwo handlowe w Wilnie, nawiązane kontakty z Odessą, Kijowem i Mińskiem. Planuję bliższą współpracę z Erywaniem i miastem Tiencin w Chinach. Jest to próba powrotu na rynek, który Łódź utraciła. W czasie wizyty burmistrza Tiencinu wynotowałem z jego przemówienia trzy rzeczy: że jest to miasto portowe, strefa wolnocłowa i że ma jedenaście milionów mieszkańców. Niech tylko pięć procent zechce chodzić w koszulach Wólczanki, dwu procentom spodobają się zasłony z Very, a pół procent zwróci uwagę na kosmetyki z Polleny...

Pion i poziom

– Uważam, że dobry polityk powinien być skądś – mówi. – Do polityków znikąd, takich jak Stan Tymiński, czuję instynktowną nieufność. O polityku świadczą jego polityczni przyjaciele, członkowie partii, z której kandyduje, ale i on świadczy o swojej partii. Piastując taki urząd jak mój, na każdym niemal kroku otrzymuje się rozmaite intratne propozycje. Przychodzi do mnie urzędnik: „Co pan, panie prezydencie, z byka spadł!? Przecież wszyscy biorą. Przecież ten załatwił temu to, bo był powiązany z tamtym, i tak dalej. Jednym słowem, tu jest koperta, bierz stary swoją działkę i przestań się wygłupiać, żyj i daj żyć innym". Takie rozmowy przerywam natychmiast, jeśli tylko zejdzie się na ten poziom, to już koniec, już nie ma odwrotu. Trzeba odpowiedzieć: „Panie, g... mnie obchodzi, że wszyscy! Ja to nie wszyscy!". Mam świadomość, że gdybym dał się skorumpować, skompromitowałbym nie tylko siebie, ale i swoją partię, którą cenię i szanuję, partię ludzi nie za bardzo przebojowych i umiejących używać władzy, ale uczciwych. Zasada ta działa w obie strony. Najtrudniejszym momentem w życiu polityka jest sukces, bo oznacza czas dzielenia łupów. Współtowarzysze mówią: „Myśmy robili ci kampanię. Twój sukces jest również nasz".

– W Łodzi nie ma republiki kolesiów – deklaruje. – Nie ma tak, że kto jest z UW, idzie zaraz na dyrektora, prezesa. Zapowiedziałem to na początku, wydawało mi się, że zostałem zrozumiany, przyszło jednak realne życie. Dzwoni telefon: „Marek, mam kłopot, pomóż". Suma takich telefonów składa się na spory problem. Wyznaję zasadę, że dzisiaj w Polsce polityk powinien być nawet trochę święty, że nie wolno mu nawet zbliżyć się do granicy prawa. Co innego, jeśli przekręty robi biznesmen, a co innego, jeśli młodą polską demokrację niszczy były działacz Solidarności. Wierzę, że uda się nam jako państwu i społeczeństwu osiągnąć sukces tylko wtedy, gdy politycy wytworzą klasę cieszącą się szacunkiem.

– Jestem prezydentem milionowego miasta i muszę być „w pionie" – rozkłada ręce. – To cena, jaką się płaci za uczestnictwo w czymś ważnym i pięknym.

Marzec 1993 – luty 1995

PS Marek Czekalski był prezydentem Łodzi cztery lata (1994– 1998). W 2001 roku został zatrzymany i tymczasowo aresztowany pod zarzutem przyjęcia łapówki od inwestorów budujących centrum handlowe M1 na wschodzie miasta. Postępowanie karne toczyło się w różnych instancjach przez dziesięć lat. Ostatecznie Czekalski, który nigdy nie przyznał się do winy, został prawomocnie uniewinniony. Do polityki już nie wrócił, ale nadal angażuje się w inicjatywy promujące wielokulturową Łódź.

Bezrobotni ludzie pracy

Ciemna liczba

Formularze są duże i mają dużo rubryk. Po wypełnieniu w dwóch egzemplarzach jeden wysyła się do kolegium albo na policję, a drugi wpina się do skoroszytu. Każdy druk to historia wykrytej kradzieży w łódzkim domu handlowym Central.

W całym 1989 roku uzbierało się tych formularzy sto siedemdziesiąt jeden. Przez trzy miesiące tego roku – dwieście. Najrzadziej kradną kierowcy, ślusarze, ekonomiści i studenci. Częściej kradną emeryci i renciści. Najczęściej kradną bezrobotni. Co trzeci–czwarty złodziej jest bezrobotny.

Najwięcej kłopotów sprawia przyłapanym rubryka „zawód". Wygląda na to, że bezrobotni wstydzą się swojego bezrobocia znacznie bardziej niż swoich kradzieży. Wolą być „pozostającymi bez pracy" lub „niepracującymi". Bardzo rzadko piszą wprost: „bezrobotny". Dlatego taki wpis wygląda jak wyzwanie.

Rozpiętość wieku tych bezrobotnych wynosi niecałe trzydzieści lat. Najstarsza urodziła się w 1936 roku, najmłodszy w 1965. Ten z 1965 roku musiał pracować krótko albo jest świeżo po studiach. Tej z 1936 roku już niewiele zostało do emerytury.

Bezrobotni kradną to samo i tak samo jak inni, ale inaczej się tłumaczą. W dziewięćdziesięciu procentach kradną żywność. Nie proszą, żeby im tym razem darować, nie starają się wmówić, że to pomyłka. Zachowują się spokojnie. Mówią, że chcieli ukraść i ukradli. Trzydziestopięcioletni bezrobotny, który ukradł puszkę wołowiny w sosie węgierskim za 6450 złotych, powiedział, że był głodny. Innemu chciało się jeść, nie miał pieniędzy, jest trzeci miesiąc bez pracy. Ukradł kawałek sera tylżyckiego! Te zeznania wpisuje się w rubrykę dotyczącą okoliczności kradzieży.

Na każdą próbę pouczeń czy reprymendy reagują agresją. Krzyczą, że uczyli się w szkole o prawie człowieka do pracy, że brak pracy to poniżenie godności ludzkiej, że tak było przed wojną i miało się nie powtórzyć. Państwo miało zapewnić obywatelom zaspokojenie wszystkich potrzeb – krzyczą. Miało dać każdemu, co mu się należy. Więc jak państwo zapomina o przyrzeczeniach, trzeba mu przypomnieć. Wszystko jest państwowe, więc i ich. Biorą ze swojego sklepu swój towar.

Połowę kradzieży w Centralu wyłapują pracownicy Ochrony Mienia. Druga połowa pozostaje niewykryta i nic nie wiadomo o sprawcach. W języku urzędowym nazywa się to ciemną liczbą.

Kwiecień–maj 1990

Sobotni obiad

Wszystko opisał już Tuwim: bałuckie limfatyczne dzieci z wyostrzonymi twarzyczkami, z zapadłą piersią, starym wzrokiem, siadają w kucki nad rynsztokiem... Dokładniej może o nich opowiedzieć salezjanka, siostra Halina Najmowicz, korzystając z notatek w swoim kajecie. Rodzina A.: sześcioro dzieci, ojciec sparaliżowany, matka nałogowa alkoholiczka. Rodzina B.: dziesięcioro dzieci, alkoholizm, burdy, głód. Rodzina C.: dwanaścioro dzieci, starsze nocują na słomiankach.

Parafia Dobrego Pasterza w Łodzi nie jest duża, wszystkich można znać po nazwisku. Siostra Halina jest tu od wojny. Wie, że świat opisany przez poetów nadal istnieje. Świat Tuwima, a także autora anonimowego „Bałuty i Chojny to naród spokojny...".

„Bałuckie limfatyczne dzieci" z rodzin marginesu, z rodzin biednych trafiają do miejscowej podstawówki. Ale nie ma zorganizowanej pomocy dla nich. Nauczycielki boją się interweniować: pijani rodzice awanturują się, że szkoła wtrąca się w ich życie. Zresztą niektóre dzieci w ogóle do szkoły nie chodzą i wtedy nie ma problemu.

Pracownicy Polskiego Czerwonego Krzyża i Polskiego Komitetu Pomocy Społecznej nie trafiają w te rejony. Niektóre rodziny były zarejestrowane „w opiece", ale krępowały się zwrócić o pomoc, bo wymagano przedstawienia dowodów nędzy.

Zatem siostra Halina uznała za naturalne, że musi pomóc. Wraz z proboszczem zorganizowała kolonie w podłódzkim Justynowie. W grudniu 1989 roku zaczęła wydawać przy kościele obiady dla dzieci. Przychodzi na nie trzydzieścioro kilkulatków – niektóre są zawsze, inne pojawiają się od czasu do czasu. Na taką małą parafię trzydzieścioro głodnych dzieci to spory tłumek. Posiłki są tylko w soboty, na sześć pozostałych dni zabrakło pieniędzy.

Ostatnio miejscowy proboszcz razem z proboszczem sąsiedniej parafii i Państwowym Domem Pomocy Społecznej dla Dorosłych utworzyli fundację charytatywną. Wydają obiady codziennie, więc dzieci przeniosły się do domu pomocy społecznej. Jedzą razem z innymi mieszkańcami przytułku, z kloszardami o pogmatwanych życiorysach.

Siostra Najmowicz kazała raz swoim uczniom na lekcji religii przynieść po jednym ziemniaku: dla innych, którzy są głodni. Później kazała przynieść po jednej marchewce. Warzywa dodała do sobotnich zup.

Niedawno jeden z jej podopiecznych, który rano, przed szkołą, sprzedaje gazety i utrzymuje w ten sposób dwoje młodszego rodzeństwa, kupił za zarobione pieniądze jabłka i rozdał wszystkim przed sobotnim obiadem.

Na obiadach pojawia się Grzegorz. Nie jest dzieckiem. Ma dwadzieścia dwa lata, ale wygląda na dziesięć. Na serdecznym palcu nosi złotą obrączkę, bo szuka żony. Dziś przyszedł też jakiś brudny, zapłakany malec z innej dzielnicy, pobity przed Grand Hotelem. Siostra Halina wie, że jej podopieczni mają swoje dorosłe interesy i o nic nie pyta.

Sobotnie obiady nie są smutne. Dzieci przestają być dorosłymi ludźmi. Wiedzą, że po obiedzie będzie zabawa, a przed obiadem modlitwa. Siostra Najmowicz mówi, że trzeba podziękować Bogu, bo jest co jeść.

Kwiecień 1990

Dopisek z sierpnia 2019: Siostra Halina Najmowicz zmarła rok temu. Opłakiwała ją cała parafia. W 1993 roku siostry wyprowadziły się z budynku, w którym przez lata prowadziły ochronkę dla dzieci. Nie ma tam już darmowych obiadów, choć mieszkańcy Bałut lubią podejść w to miejsce i powspominać: ja też tu dostałem kiedyś zupę. Dziś działa tam ośrodek wsparcia dla ofiar przemocy domowej. To tu mieszkają kobiety, które uciekły od krewkich konkubentów. Pracownicy ośrodka mówią, że od czasu, jak budynek zajmowały siostry salezjanki, sporo się zmieniło. Choć z drugiej strony: nie aż tak wiele.

Obieg urzędowy

> Od idioty do idioty
> Idzie sobie, panie złoty,
> papier.
> Wreszcie w męce, w wielkim pocie
> zwróci idiota idiocie
> papier.
>
> K. I. Gałczyński, *Droga służbowa*

Cytat 1 (sierpień 1985 roku)
Wydział Zdrowia i Opieki Społecznej Urzędu Miasta Łodzi do Zarządu Głównego Towarzystwa Pomocy im. Adama Chmielowskiego w Poznaniu:
> Wydział Zdrowia i Opieki Społecznej UMŁ zwraca się z uprzejmą prośbą o przeanalizowanie możliwości nawiązania kontaktów pomiędzy Waszym Towarzystwem a tut. Wydziałem w zakresie prowadzenia działalności instytucjonalnej szeroko pojętej pomocy społecznej.
> Według uzyskanych niepełnych informacji z terenu woj. poznańskiego o Waszej działalności istnieje realna szansa rozszerzenia jej na teren województwa łódzkiego [...].
> Włodzimierz Petrenko, zastępca dyrektora Wydziału

Z apelu Towarzystwa Pomocy im. Adama Chmielowskiego:
> Staramy się pomagać ludziom, którym według wyrażenia Matki Teresy z Kalkuty – nikt nie jest w stanie pomóc. Naszymi podopiecznymi są bezdomni, opuszczeni przez wszystkich. Są wśród nich chroniczni, często nieuleczalni alkoholicy, ludzie z zaburzeniami i upośledzeniami psychicznymi, ludzie, którzy utracili równowagę życiową i moralną.

Cytat II (październik 1985 roku)
Zarząd Główny Towarzystwa Pomocy im. Adama Chmielowskiego do Wydziału Zdrowia i Opieki Społecznej Urzędu Miasta Łodzi:
Z zadowoleniem potwierdzamy odbiór Waszego pisma [...] i przyjmujemy uprzejmą ofertę nawiązania z WZiOS w Łodzi współpracy w zakresie pomocy społecznej.

Sprawa wydawała się załatwiona. Koło Łódzkie Towarzystwa Pomocy im. Adama Chmielowskiego złożyło wniosek o rejestrację.

Cytat III (luty 1986 roku)
Decyzja Wydziału Społeczno-Administracyjnego Urzędu Miasta Łodzi:
[...] Z uzyskanej opinii Wydziału Zdrowia i Opieki Społecznej UMŁ w przedmiotowej sprawie wynika jednoznacznie, że obecnie na terenie miasta Łodzi uregulowane zostały zagadnienia bieżącego zaspokojenia potrzeb w zakresie niesienia pomocy osobom potrzebującym zarówno przez instytucje państwowe, jak i działające już na terenie miasta organizacje społeczne [...]. W tej sytuacji powstanie i działalność w Łodzi Towarzystwa Pomocy im. Adama Chmielowskiego doprowadziłyby do wkraczania w sferę działalności organów państwowych i wymienionych już organizacji społecznych, co w konsekwencji mogłoby spowodować zagrożenie porządku publicznego [...].
Włodzimierz Kozar, zastępca dyrektora Wydziału

Trzy lata później wszystkie łódzkie przytułki były przepełnione – tylko w jednym z nich z obiadów korzystało sto sześćdziesiąt osób.

Cytat IV (marzec 1986 roku)
Koło Łódzkie i Zarząd Główny Towarzystwa Pomocy im. Adama Chmielowskiego do Ministra Spraw Wewnętrznych:
[...] W decyzji, od której się odwołujemy, brak należytego umotywowania twierdzenia, że działalność Koła stanowiłaby

„zagrożenie porządku publicznego". Nie może takiego uzasadnienia stanowić hipotetyczne stwierdzenie, że działalność Koła Towarzystwa Pomocy im. Adama Chmielowskiego wkraczałaby w sferę działalności organów państwowych i innych organizacji społecznych, tym bardziej, iż zgodnie ze statutem i celami Towarzystwa podmiot jego zainteresowania stanowi inna grupa ludzi [...]. Cieszy zapewnienie Wydziału Zdrowia i Opieki Społecznej UMŁ, że wszystkie potrzeby w zakresie środowiskowej i stacjonarnej pomocy społecznej na terenie Łodzi zostały uregulowane, i że stało się to między wrześniem 1985 a lutym 1986 roku [...].

Cytat V (kwiecień 1986 roku)
Decyzja Ministra Spraw Wewnętrznych:
[...] Po wnikliwym rozpatrzeniu odwołania od decyzji dyrektora Wydziału Społeczno-Administracyjnego UMŁ nie znaleziono dostatecznych podstaw do jej uchylenia. [...] Decyzja niniejsza jest ostateczna.
Wiceminister płk mgr Piotr Zaręba, Dyrektor Departamentu

Z apelu Towarzystwa Pomocy im. Adama Chmielowskiego:
Towarzystwo Pomocy im. Adama Chmielowskiego prowadzi na terenie kraju 11 schronisk bł. Brata Alberta. Schroniska te przyjmują tułających się po ulicach, dworcach, parkach, klatkach schodowych itp. Staramy się zapewnić im wyżywienie, ubranie, opiekę lekarską. Wyrabiamy dowody osobiste, umieszczamy w szpitalach, domach pomocy społecznej [...].

Cytat VI (październik 1987 roku)
Jan Mędrzak, członek łódzkiego Klubu Inteligencji Katolickiej i były przewodniczący Zarządu Koła Łódzkiego Towarzystwa Pomocy im. Adama Chmielowskiego do profesora Mieczysława Serwińskiego, przewodniczącego Rady Narodowej Miasta Łodzi:
Od kilku dni, a dokładnie od 8 września br., kiedy to w „Głosie Robotniczym" nr 209 przeczytałem notatkę z obrad prezydium

RN Miasta Łodzi, przeżywam głęboką rozterkę i niepokój. Przyczyną tego stanu ducha jest nie tylko wiadomość o niezaspokojeniu wszystkich potrzeb ludzi potrzebujących opieki (co jednoznacznie wynika z informacji wyżej powołanych), ale fakt na tym tle niedoceniania przez odnośne agendy władz miasta inicjatyw społecznych, które w jakimś stopniu chciałyby wyjść naprzeciw potrzebom ludzi różnorakiej pomocy oczekujących, co gorsza w uzasadnieniu niedopuszczenia do działania tych inicjatyw odnośne agendy posługują się argumentacją niestety, delikatnie mówiąc, nieodpowiadającą stanowi faktycznemu [...].

Cytat VII
Tego cytatu nie będzie, bo pismo Jana Mędrzaka pozostało bez odpowiedzi.

Cytat VIII, który mógłby być cytatem I (kwiecień 1989 roku)
Wydział Zdrowia i Opieki Społecznej Urzędu Miasta Łodzi do Zarządu Głównego Towarzystwa Pomocy im. Adama Chmielowskiego:

W nawiązaniu do uprzednio prowadzonej korespondencji w sprawie utworzenia na terenie woj. łódzkiego koła Towarzystwa Pomocy im. Adama Chmielowskiego [...] Wydział Zdrowia i Opieki Społecznej Urzędu Miasta Łodzi zwraca się ponownie z propozycją podjęcia przez Wasze Towarzystwo działalności na terenie woj. łódzkiego w zakresie zorganizowania opieki instytucjonalnej i resocjalizacyjnej nad osobami bezdomnymi. Mimo sukcesywnego wzrostu miejsc w domach pomocy społecznej istnieje nierozwiązany dotychczas problem ludzi bezdomnych oraz formy ich resocjalizacji. Sprawa uruchomienia Oddziału Towarzystwa im. Adama Chmielowskiego zyskała aprobatę władz administracyjnych i politycznych województwa, a uproszczony system zorganizowania oddziału nie stwarza istotnych przeszkód w tym zakresie. Jednocześnie Wydział Zdrowia i Opieki Społecznej

Urzędu Miasta Łodzi proponuje współdziałanie w realizacji określonych celów Towarzystwa [...].

Włodzimierz Petrenko, zastępca dyrektora Wydziału

Na tym dokumencie zakończył się obieg pism w sprawie utworzenia w Łodzi Koła Towarzystwa Pomocy im. Adama Chmielowskiego. Po prawie czterech latach sprawa wróciła do punktu wyjścia.

Koło Łódzkie Towarzystwa zostało ostatecznie zarejestrowane pod koniec 1989 roku. Zdążyło zorganizować Wigilię dla bezdomnych i samotnych na łódzkich dworcach oraz wywalczyć kilka miejsc noclegowych dla osób bez dachu nad głową. Członkowie Towarzystwa pojawili się na dworcach również w czasie ostatniej Wielkanocy.

Maj 1990

Niech się stanie praca

Marian Gajda był w wojsku kierowcą kwatermistrza Pomorskiego Okręgu Wojskowego. Ledwie wyszedł do cywila, zrobiła się Solidarność. Ze swoją stareńką, po ojcu odziedziczoną warszawą zgłosił się do łódzkiego Zarządu Regionu. Zatrudnili go i woził tym prywatno-służbowym autem miejscowych działaczy.

Znał wszystkich: Słowika, Palkę, Kropiwnickiego*. Sypiał z nimi na jednym styropianie. 13 grudnia 1981 roku milicja zabrała mu ostatnią wypłatę, skórzaną kurtkę i magnetofon. Nie zwrócili do dziś, ale Marian nie będzie, jak Andrzej Słowik, procesować się o odszkodowania. Ma swój honor. Jeśli go kiedyś złość najdzie, zgłosi się najwyżej do Solidarności po trzynaście tysięcy, które są mu od jedenastu lat winni za benzynę.

W 1983 roku Marian poszedł na swoje. Zapożyczył się, wyszykował dużego fiata (po warszawie zostało tylko wspomnienie) i ruszył w miasto jako taksówkarz. W 1989 wygrzebał się z długów. W roku 1991 już nie miał taksówki: po wypadku (nie z jego winy) PZU wypłaciło mu dwa i pół miliona. Remont pochłonąłby dziesięć.

Wyczytał w gazecie, że prywatna firma zatrudni kierowcę za dwa miliony miesięcznie. Poszedł. Okazało się, że praca jest, ale

---

* Pierwsi przywódcy łódzkiej „Solidarności". Jerzy Kropiwnicki był w latach 2002–2010 prezydentem Łodzi.

za milion osiemset i że trzeba wyremontować sobie samochód, który rdzewiał w krzakach. Boss uprzedził, że za każdy dzień postoju odliczy stówę.

— Kiedyś, za dobrych czasów, można było iść do partii — wspomina Gajda. — Wysłuchali i załatwili sprawę. A dziś?

Żona Mariana Ewa ma bardzo rzadki zawód: formowacz wyrobów szklanych. Robiła przy produkcji termometrów w jedynej w tej branży spółdzielni w Polsce. Rok temu spółdzielnię rozwiązano.

Przyuczyła się na szwaczkę. Obdzwoniła wszystkich ogłoszeniodawców, rachunek za telefon przyszedł niemożebny. Wszędzie odkładali słuchawkę, kiedy słyszeli, że nie ma żadnej praktyki w zawodzie.

— Co mam robić? — pytała przyjaciółek.
— Zbajerować! — odpowiadały.

Łatwo mówić! Ewa nigdy w życiu nie kłamała: na pewno by się zorientowali i jeszcze najadłaby się wstydu.

Zadzwoniła do firmy szukającej sprzątaczki.

— Ile ma pani lat i czy jest pani atrakcyjna? — zainteresował się przyjemny męski głos.

Niedługo zabiorą Ewie zasiłek, jedyne stałe źródło dochodów czteroosobowej rodziny.

— Zabrałem na rynek magnetowid, radziecki kolorowy telewizor i magnetofon szpulowy — opowiada Marian. — Stałem cały dzień, ale ludzie chcieli kupować za grosze. Może dobrze się stało, zostanie dla dzieci. Poszły tylko nasze ślubne obrączki.

Damian ma dwanaście lat. Uczy się dobrze, ale ostatnio w dzienniczku pojawiły się jedynki. Pierwsza z muzyki — bo nie przyniósł fletu na zajęcia. Druga z francuskiego — za brak podręcznika. Damian wstydził się przyznać nauczycielom, że jego rodziców nie stać na flet i książkę.

— Żyjemy z dnia na dzień — mówi Marian. — Czasem naprawię sąsiadowi samochód albo telewizor (skończyłem kurs RTV) i wpada parę groszy. Jak się zapłaci za światło, to się nie płaci komornego. I odwrotnie.

*

Najgorzej mają bezrobotni po pięćdziesiątce. W Łodzi jest zarejestrowanych dwadzieścia tysięcy bezrobotnych w wieku od czterdziestu pięciu do pięćdziesięciu czterech lat i trzy tysiące starszych – powyżej pięćdziesięciu pięciu lat. Osoby te, jeśli nie są inwalidami, nie mają żadnych szans na znalezienie w województwie pracy.

Maria Kuzitowicz ma pięćdziesiąt trzy lata, a jej mąż sześćdziesiąt. Oboje są bez pracy. Mieszkają z chorą na schizofrenię córką i jej synkiem. Na domowy budżet składają się dwa zasiłki po dziewięćset czterdzieści pięć tysięcy i jedna renta inwalidzka: dziewięćset trzydzieści tysięcy. Razem dwa miliony osiemset dwadzieścia tysięcy. Z prostego działania matematycznego wynika, że na jedną osobę przypada u Kuzitowiczów siedemset tysięcy.

Kuzitowiczów zwolniono w zeszłym roku. Grupowo. Pracowali w jednej spółdzielni. Zasiłki skończą się w lutym.

– Nie mam na sobie żadnej swojej rzeczy – mówi Maria. – Wszystko donoszę po córkach. Nie stać mnie na komplet bielizny i rajstopy.

Kiedyś poszła do firmy poszukującej sprzedawczyni. Pierwszy raz od wielu miesięcy umalowała się, chciała dobrze wypaść. Rozwalony za biurkiem byczur, ubrany w dżinsowy mundurek, staksował ją wzrokiem i roześmiał się:

– Babci klozetowej nie potrzebujemy.

Wybiegła z płaczem.

Wychowała pięcioro dzieci: choć było ciężko, nigdy nie chodziły brudne i głodne. Maria nie wymaga wiele od życia: chciałaby mieć pewność, że jutro starczy chociaż na zalewajkę. Ostatni zasiłek dostała 8 października. Dziś jest 16 listopada i jeszcze nie ma nowego.

– Jeśli dziś nie dostanę zasiłku, nie kupię chleba – mówi (w języku urzędowym nazywa się to „nierytmicznością wypłat").

Sąsiad ma krowę (Kuzitowiczowie mieszkają na obrzeżu miasta) i przynosi codziennie litr mleka „dla małego". Trzyletni Adaś nie zna smaku milky waya ani marsa. Gdyby nie sąsiad, nie wiedziałby również, jak smakuje mleko.

Maria dostała od syna zużytą wersalkę. Pół roku składała dwieście tysięcy na kołdrę. Kupiła ją i taszczyła do domu. Pęczniała z dumy, wydawało się jej, że wszyscy na nią patrzą i myślą: „O, Kuzitowiczowa ma kołdrę!".

– Zaczynam się łapać na tym – mówi Maria – że moje reakcje przypominają zwierzęce. Myślę o tym, jak zdobyć pożywienie i jak przeżyć zimę. Zapominam, jak wygląda książka i gazeta. Bezrobotny nie ma prawa do książki i gazety, nie ma prawa do teatru i kina. Upatrzyłam sobie drzewo w lasku: kiedy napiszą w *Kronice wypadków*, że stara kobieta powiesiła się, niech pan powie znajomym, że zrobiła to z nędzy.

Gdy zapytać Adama Gwarę, prezesa Federacji Polskich Biur Pośrednictwa Pracy, czy ma receptę na likwidację bezrobocia, odpowiada twierdząco:

– Wystarczy przywrócić stary ustrój.

Gwara wie, że jest to *political fiction*, ale zgłaszający się do niego bezrobotni nie wiedzą.

– Myślą, że wystarczy przeczekać, że wszystko się ułoży i że będzie tak, jak dawniej. Żyją w świecie iluzji – mówi.

Siedziba Federacji znajduje się w Łodzi. Łódzkie jest jedynym obok wałbrzyskiego województwem uznanym w całości za „rejon szczególnie zagrożony bezrobociem strukturalnym". Ostatnie dane (z 31 października 1992 roku) mówią o stu tysiącach zarejestrowanych bezrobotnych. Trzydzieści pięć tysięcy już utraciło prawo do zasiłku. Liczba mieszkańców oscyluje wokół ośmiuset pięćdziesięciu tysięcy, całe województwo to milion sto trzydzieści.

„Bezrobocie zostało zatrzymane" – taką optymistyczną opinię przedstawił podczas ostatniego zebrania Wojewódzkiej Rady Zatrudnienia wojewoda Waldemar Bohdanowicz. Oparł się prawdopodobnie na informacji, że od stycznia przybyło zaledwie czternaście tysięcy bezrobotnych. Nie wziął pod uwagę,

że wielu spośród tych, którzy już nie pobierają zasiłku, po prostu nie przychodzi „odhaczyć się".
Dokładnej liczby bezrobotnych nie zna nikt.

Działacze Komitetu Obrony Bezrobotnych (KOB) uważają, że niepracujący stanowią już nawet nie drugą, ale którąś z kolei kategorię obywateli.

– Nikt nie zauważa, że są w Polsce całe obszary nędzy, że dzieci kradną sobie nawzajem kanapki w szkole. Bezrobocie znane jest rządzącym z teorii – mówią.

KOB powstał w lutym 1992 roku. Założyli go sami bezrobotni, którzy skrzyknęli się przed Urzędem Zatrudnienia. Od tamtego czasu parę osób ubyło: znalazły pracę i zmieniły punkt widzenia. Pozostali spotykają się w dwóch pokojach w dawnej fabryce z czerwonej cegły. Zbierają się w dzień, bo pomieszczenia są nieoświetlone – nie ma pieniędzy na rachunki. Z telefonu i kopiarki korzystają w biurze zaprzyjaźnionego przedsiębiorcy. Przeważają ludzie w średnim wieku i starsi. W dwóch pokojach w starej fabryce można usłyszeć historie, od których włosy stają dęba.

Członkowie KOB nie należą do marginesu społecznego, nie są wykolejeńcami ani nałogowcami. Mają za sobą kilkanaście–kilkadziesiąt lat uczciwej pracy. Fakt – nie urodzili się z głowami Rockefellera: nie zawsze im się chce, a jeśli już się chce, to nie zawsze potrafią, a jeśli nawet potrafią, to rzadko im wychodzi. Czasami zaś po prostu prześladuje ich pech.

Rozmawiają chętnie, zadowoleni, że wreszcie ktoś chce ich wysłuchać. Zapraszają do domu. Szkoda, że nie można powtórzyć pomysłu Heleny Boguszewskiej, pisarki i publicystki, która w latach trzydziestych, zbierając materiał do reportażu, mieszkała tydzień z bezrobotnymi. Dzisiejsi bezrobotni nie byliby w stanie utrzymać gościa.

Bezrobotny z obiegowego stereotypu to koleś spod budki z piwem, ćmiący popularnego i unikający roboty jak ognia. W Łodzi ten stereotyp zakorzenił się wyjątkowo głęboko. Nie bez powodu.

Ulice przylegające do Piotrkowskiej licznie zamieszkuje lumpenproletariat. Na Wschodniej czy na Włókienniczej (dawna Kamienna – ta z *Kochanków z ulicy Kamiennej* Osieckiej) w co drugim mieszkaniu jest melina. Po zmroku nie zapuści się tam w pojedynkę żaden policjant. Trzy lata temu całe to towarzystwo ustawiło się po zasiłki. Państwo płaciło wtedy wszystkim. W łódzkich gazetach roi się od ogłoszeń „Szwaczki przyjmę". Znaczy: robota jest, tylko ludziom nie chce się pracować.

– Przyszła do mnie zapłakana kobieta – opowiada Adam Gwara. – Powiedziała, że weźmie każdą pracę, bo ma małe dzieci i schorowaną matkę. Zrobiło mi się jej żal i zadzwoniłem do znajomego biznesmena. Obiecał ją przyjąć. Następnego dnia kobieta wróciła. „Nie przyjął?", zapytałem. „Przyjął, ale musiałabym dojeżdżać dwoma tramwajami".

Pracownicy Centrum Pomocy Niematerialnej, którzy opiekują się osobami zagubionymi w nowej rzeczywistości, wspominają inną panią: odrzuciła ofertę, bo droga do pracy wiodła przez park. O tym, że można wyjść piętnaście minut wcześniej i obejść park, nie pomyślała.

Anna Beczkowska, wiceszefowa firmy Unisport, zajmującej się handlem opałem i dodatkowo prowadzącej biuro pośrednictwa pracy, przypomina sobie mężczyznę w średnim wieku, który był rzeczywiście w tragicznej sytuacji: miał pięcioro drobiazgu i bezrobotną żonę. Znalazła mu robotę na budowie: wytrwał trzy tygodnie, upił się i więcej do pracy nie przyszedł.

– Ludzie nie szanują dobrej oferty – mówi Beczkowska.

Podobnego zdania jest znajomy przemysłowiec z branży budowlanej. Opowiada, że co kilka dni bierze robotników z Rejonowego Biura Pracy. Popracują tydzień, potem zaczynają się pijatyki i kradzieże. Za każdym razem jest tak samo.

Do Rejonowego Biura Pracy trafia miesięcznie tysiąc ofert. Nie jest to dużo, a jeszcze część ofert okazuje się fikcyjna.

– Przepis mówi, że przedsiębiorstwa powinny zgłaszać wolne miejsca pracy do RBP – tłumaczy Janusz Wiśniewski, wicedyrektor Wojewódzkiego Biura Pracy. – Nie ma, co prawda, żadnych sankcji za niezgłoszenie, ale niektóre firmy chcą być w porządku. Dostajemy taką ofertę, bezrobotny idzie pod wskazany adres i dowiaduje się, że pracy już nie ma. Ktoś był szybszy. Mogę tylko podejrzewać, że zatrudniono znajomego, a ofertę wysłano „na odczep się".

Właściciel warsztatu blacharskiego szukał w Unisporcie kogoś do mycia samochodów. Zażyczył sobie mężczyzny do czterdziestki, z wyższym wykształceniem i miłą aparycją.

Podpisanie z nowym pracownikiem umowy o pracę należy do rzadkości. Podpisuje się zwykle umowę-zlecenie na okres do dwudziestu ośmiu dni: pracodawca nie ponosi wówczas kosztów ZUS*. W początkach 1992 roku Mariusz Ratajczak, szef warszawskiej firmy Probenefit, zapragnął zostać magnatem prasowym i założył tygodnik „Łodzianin". Wszystkich, od sekretarki do redaktora naczelnego, zatrudnił na umowę-zlecenie. „Prawdziwe" umowy miały być później, kiedy okaże się, czy pismo ma szansę utrzymać się na rynku. W lecie wyszło kilka numerów, po czym – choć periodyk rozchodził się nie najgorzej – Ratajczak zwinął interes. Ostatniej pensji nie wypłacił. Sprawa ciągnie się w sądzie pracy już od kilku miesięcy.

Innym pomysłem następców Scheiblera i Poznańskiego jest tak zwany okres próbny: pracodawca umawia się z nowo przyjętym, że ten, przez powiedzmy dwa tygodnie, będzie pracował za darmo. Jeśli się sprawdzi, zostanie zatrudniony na stałe. Znany jest przypadek biznesmena, który przez pół roku nie stracił na wypłaty ani złotówki – co dwa tygodnie przyjmował na próbę nowe ekspedientki.

Nagminnie wpisuje się do umów sumę znacznie mniejszą niż faktyczne wynagrodzenie pracownika: pracodawca zarabia wówczas na podatku.

Ciemną liczbą, niedającą się określić nawet szacunkowo, są zatrudnieni na czarno.

---

* Nie znano jeszcze wówczas pojęcia „umów śmieciowych".

Janusz Wiśniewski przyznaje, że Rejonowe Biura Pracy nie weryfikują napływających ofert i nie robią nic, by wyeliminować nieuczciwych pracodawców.

– Przyjmowana jest każda oferta, weryfikują ją bezrobotni. W tej chwili szkolimy pod auspicjami Międzynarodowej Organizacji Pracy profesjonalnych pośredników. Chcielibyśmy, żeby rozpoczęli działalność od początku 1993 roku, ale na razie, niestety, nie mamy etatów.

Działacze Komitetu Obrony Bezrobotnych uważają, że człowiek pozbawiony pracy z czasem nabywa do niej psychofizycznej niezdolności. Staje się bierny i traci poczucie własnej wartości. To ostatnie jest zaś niezbędne, żeby dobrze „sprzedać się" pracodawcy. Kółko się zamyka.

Do Centrum Pomocy Niematerialnej trafił młody informatyk z biegłą znajomością niemieckiego i angielskiego. Psycholog wyjaśnił mu, że nie może dostać pracy, bo źle przedstawia się przyszłym szefom. Chłopak za każdym razem potwierdzał swoje umiejętności, ale zastrzegał, że jeśli ma prowadzić korespondencję, musi otrzymać listę używanych w branży zwrotów obcojęzycznych.

– U bezrobotnych dominuje myślenie życzeniowe: „Niech się stanie praca" – uważa Dariusz Rospendek, dyrektor wydziału w Urzędzie Wojewódzkim w Łodzi i działacz Parafialnej Samopomocy Poszukujących Pracy przy kościele Matki Boskiej Częstochowskiej. Do salki katechetycznej przychodzi co poniedziałek kilkudziesięciu bezrobotnych. Uczą się, jak pisać oferty, jak rozmawiać z pracodawcą, jak założyć własny biznes, ale przede wszystkim, że trzeba umieć pomóc samemu sobie, być aktywnym i nie załamywać się.

– Lepiej za te same pieniądze pracować, niż siedzieć w domu – uważa Adam Gwara. – Każda praca podtrzymuje ludzką aktywność. Jeśli jest praca nawet trzy dni w tygodniu, nawet miesiąc w roku, warto ją podjąć. Tymczasem u nas większość ludzi szuka nie pracy, ale pieniędzy. W Polsce nie traktuje się pracy jako wartości samej w sobie.

Piotr Żak, szef Działu Ochrony Pracy łódzkiej Solidarności, boi się, że z desperacji ludzie wyjdą na ulicę i będą rozbijać wystawy: Łódź przeżyła już pochód bezrobotnych na Urząd Miasta i pikietowanie pośredniaków. Żak boi się jeszcze demoralizacji młodych bezrobotnych.

– Absolwent szkoły dostaje przez rok zasiłek w wysokości przewyższającej dotychczasowe kieszonkowe. Stać go na wódeczkę i dobre papierosy. Gdy straci zasiłek, nie zrezygnuje łatwo z dotychczasowego poziomu życia, a to może doprowadzić do wkroczenia na drogę przestępstwa.

Prezes Gwara uważa, że obecne czasy można nazwać „Ratuj się, kto może!". Rozmawiał niedawno z ministrem pracy i polityki socjalnej Michałem Bonim i dowiedział się, że w przyszłym roku będzie w Polsce trzy miliony bezrobotnych, a może i więcej.

– Ci, którzy mówią, że za milion nie pójdą pracować, bo tyle samo mają z zasiłku, robią błąd. Za rok taka szansa może się nie powtórzyć.

PS Imiona i nazwiska bezrobotnych zostały zmienione.

Grudzień 1992

Inwalida na kredyt

Trzydzieści pięć tysięcy łódzkich bezrobotnych już utraciło prawo do zasiłku. Dalszych trzydzieści pięć tysięcy, którym zasiłek miał skończyć się w grudniu 1992 roku, na razie odetchnęło: będą go otrzymywać jeszcze przez sześć miesięcy. Taką możliwość stworzyło rozporządzenie Rady Ministrów z 19 listopada 1992 roku.

Przedłużenie okresu wypłat zasiłków, możliwe dzięki uznaniu województwa za rejon szczególnie zagrożony bezrobociem, było koniecznością. Siedemdziesięciotysięczna armia ludzi bez środków do życia mogłaby stać się zarzewiem wybuchu społecznego o skali niemożliwej do przewidzenia (na wszelki wypadek biura pracy przygotowały wcześniej listy bezrobotnych, którzy powinni zostać objęci opieką pomocy społecznej).

Strażnik bierze stówę

Rejestracją bezrobotnych i wypłatą zasiłków zajmują się Rejonowe Biura Pracy (RBP). Wizyta w łódzkim RBP nie należy do rzeczy przyjemnych. Przede wszystkim trzeba znaleźć właściwą siedzibę – wobec kłopotów lokalowych Biuro porozrzucane jest po całym mieście, w jednym miejscu obsługiwane są osoby z wykształceniem średnim i wyższym, w drugi z wykształceniem podstawowym i niepełnym podstawowym, w jedne dni przyjmuje się kobiety, w inne mężczyzn, a co jakiś czas, w ramach kolejnych reorganizacji, cały ten harmonogram ulega zmianie.

Pod względem liczby podopiecznych łódzkie biuro jest największym na świecie urzędem pośrednictwa pracy, ale ilość nie przechodzi w jakość obsługi interesantów. Codziennie panuje tu trudny do opisania tłok, zdarzają się zasłabnięcia i omdlenia. Każdy bezrobotny musi zgłosić się dwa razy w miesiącu: pierwszy raz, żeby się odhaczyć na liście, drugi, żeby odebrać pieniądze. Dopchanie się do okienka zajmuje kilka godzin. Pojawili się już zawodowi „stacze" – za odstąpienie swojego miejsca biorą pięćdziesiąt tysięcy. Strażnikowi, który przeprowadzi chętnego na początek kolejki, trzeba dać stówę.

Teoretycznie do podstawowych zadań Rejonowego Biura Pracy (RBP) należy zbieranie ofert zatrudnienia i przekazywanie ich bezrobotnym. W praktyce prawdopodobieństwo znalezienia pracy przez łódzkie RBP jest równie wysokie, jak szóstka w totolotku.

Dobra oferta jest aktualna dzień–dwa. Aby trafiła do zainteresowanego nią bezrobotnego, musi wpłynąć do RBP w dniu, w którym ten odwiedza biuro. Musi również trafić do obsługującej go urzędniczki, bo panie nie wymieniają się informacjami: choć jedna może obsługiwać dajmy na to ślusarza, a druga posiadać adres firmy chcącej ślusarza zatrudnić, petent odejdzie z kwitkiem. Częstsze wizyty w biurze nic nie dadzą, bo jeśli bezrobotny nie ma akurat swojego terminu, nikt się nim nie zajmie. Wywieszanie ofert w gablotach na korytarzu jest z kolei bez sensu ze względu na panujący ścisk.

W początkach 1992 roku ministerstwo zrezygnowało z monopolu na pośredniczenie w załatwianiu pracy. Do listopada wydano pół tysiąca zezwoleń na prowadzenie prywatnych biur. Pośredniak nie ma prawa przynosić dochodu i nie może stanowić jedynej działalności danej instytucji, dlatego o zgodę na jego otwarcie najczęściej występują organizacje społeczne oraz związki zawodowe.

Pierwsze w Łodzi biuro otworzyła Solidarność. Dzięki niemu pracę znalazło sześciuset bezrobotnych. Fundacji na rzecz Ludzi

Ubogich Patria udało się skojarzyć z pracodawcami sześćdziesiąt osób. Spółka Unisport zadowoliła dwudziestu sześciu poszukujących pracy. W październiku 1992 roku zawiązała się w Łodzi Federacja Polskich Biur Pośrednictwa Pracy. Część prywatnych pośredniaków specjalizuje się w poszukiwaniu wysoko kwalifikowanych pracowników: dyrektorów, głównych księgowych, sekretarek z językami. Inne zajmują się tylko wybraną profesją – w Łodzi istnieje na przykład biuro dla gospoś, pomocy domowych i opiekunek do dziecka.

Pracodawcy zatrudniający na czarno dogadują się z przyszłymi pracownikami na ulicy, przed główną siedzibą RBP. Najbardziej poszukiwani są budowlańcy – murarze, tynkarze, dekarze, glazurnicy. Większość najmuje się na kilka dni. Stawki godzinowe sięgają pięćdziesięciu tysięcy.

Zasiłek jest dla bezrobotnego rozwiązaniem tymczasowym, poszukiwania dobrej pracy w swoim zawodzie są często bezowocne. Między biernym wyczekiwaniem na comiesięczne pieniądze z RBP a zatrudnieniem się na stałe rozciąga się strefa zwana aktywnym zwalczaniem bezrobocia. Według ministra Michała Boniego w 1993 roku ma być ona priorytetem polityki społecznej.

Punktem wyjścia aktywnej walki z bezrobociem jest założenie, że dla głodnego...

...lepsza wędka niż ryba

Preferowane formy działania to organizacja prac interwencyjnych i robót publicznych, kursy dla osób chcących się przekwalifikować, pożyczki na usamodzielnienie gospodarcze, pomaganie przedsiębiorstwom tworzącym nowe miejsca pracy. W 1992 roku przyznano Łodzi na aktywne formy walki z bezrobociem pięćdziesiąt pięć miliardów; w końcu sierpnia dorzucono jeszcze sto trzydzieści cztery miliardy. To, co się działo z ostatnimi pieniędzmi, można porównać do czeskiego filmu lub ruskiego cyrku.

– Mamy tylko cztery miesiące na wykorzystanie tych miliardów – skomentował otrzymanie niespodziewanej dotacji wojewoda Bohdanowicz. – Ponieważ pewne roboty publiczne są zimą nie do przeprowadzenia, czas jest jeszcze krótszy. Przyznam, że jesteśmy zaniepokojeni, czy będziemy zdolni zainwestować pieniądze w ramach istniejących przepisów.

Już wtedy zastanawiano się, czy części funduszów nie da się przesunąć na następny rok. Okazało się, że nie. Pod koniec września szef Wojewódzkiego Biura Pracy (WBP) Andrzej Domagała wpadł na pomysł, by niewykorzystane środki przekazać innym województwom. Solidarność natychmiast zażądała odwołania Domagały, a szef regionu, Janusz Tomaszewski, napisał do wojewody list: „Informacja sygnalna o sytuacji na łódzkim rynku pracy przygotowywana comiesięcznie przez WBP jasno wskazuje, że w WBP nie ma i nie może być rozpoznania potrzeb rynku pracy. Aby kreować aktywną politykę na rynku pracy (organizowanie prac interwencyjnych, przeszkolenie bezrobotnych), trzeba mieć dokładne dane dotyczące między innymi rodzaju wykształcenia bezrobotnego".

Związkowcy twierdzą, że WBP nie miało planów, jak wykorzystać pieniądze, bo nie było przygotowane na uznanie całego województwa za rejon szczególnie zagrożony bezrobociem. W połowie listopada okazało się, że łódzkie biura pracy wykorzystały dziewięćdziesiąt pięć procent otrzymanych środków, ale większość pieniędzy poszła na zasiłki. Fundusze na aktywne zwalczanie bezrobocia zagospodarowano w... dziesięciu procentach. W początkach grudnia z Ministerstwa Pracy i Polityki Socjalnej przeciekła informacja, że dziewięćdziesiąt miliardów wróci do Warszawy, więc pod koniec roku Wojewódzkie Biuro Pracy dwoiło się i troiło, żeby wydać jak najwięcej. Część poszła w błoto.

Najbardziej chybione były wydatki na kursy. W 1990 roku przeszkolono dwieście siedemdziesiąt trzy osoby, rok później – tysiąc osiemset czternaście. Do końca listopada 1992 roku – ponad siedem tysięcy. WBP samo kursów nie organizuje. Przeprowadza się je w ośrodkach szkoleniowych, których w Łódzkiem jest dwadzieścia. Ośrodek (najczęściej prywatna spółka) musi mieć upoważnienie wydane przez kuratorium. Przedstawia program kursu i preliminarz kosztów, które są oczywiście refundowane.

– Uczestniczyłam w kursie komputerowym – opowiada pewna bezrobotna. – W sali nie było żadnego komputera. Dostaliśmy tekturki z wyrysowaną klawiaturą. Pan tłumaczył, co się stanie, jak naciśniemy każdy klawisz.

Niewiele więcej szczęścia miał bezrobotny, którego uczyli pisać na maszynie.

– Była jedna maszyna na dwadzieścia osób. Stanęliśmy w kółeczku. Pani pisała, my patrzyliśmy.

Najlepszym wskaźnikiem określającym przydatność kursu jest procent absolwentów znajdujących po jego ukończeniu pracę. Na Zachodzie wynosi on zwykle od pięćdziesięciu do siedemdziesięciu. Jaki jest w Polsce, nie wiadomo, bo nie prowadzi się takich badań, a różnice w szacunkach są znaczne. Wicedyrektor WBP Janusz Wiśniewski utrzymuje, że w ubiegłym roku trzy czwarte przeszkolonych przestało być bezrobotnymi. Piotr Żak z łódzkiej Solidarności, że jedna piąta.

Według działaczy Komitetu Obrony Bezrobotnych zaledwie kilka kursów spełniło swoją funkcję. Na przykład poligraficzny. Trzech właścicieli drukarń skrzyknęło się, zgłosiło do biura pracy i zaproponowało, że sami przyuczą sobie ludzi do roboty. Wybrali kilkunastu mężczyzn (potrzebowali młodych, zdrowych, ze zdolnościami manualnymi), przeszkolili i zatrudnili. Szkolenie na zamówienie to chyba najwłaściwszy model przekwalifikowania bezrobotnych. Tyle, że podobnych przykładów nie ma wiele. Pracodawcy nie chcą przyjmować absolwentów kursów organizowanych w „ośrodkach". Może winny jest niski poziom szkoleń, może brak zaufania do nich. Na pewno – nieznajomość potrzeb rynku przy doborze tematów kursów.

Wśród bezrobotnych chętnych do przekwalifikowania się nie brakuje, ale pęd do wiedzy ma prozaiczne przyczyny: na szkolenia zgłaszają się przede wszystkim ludzie, którym kończy się zasiłek i chcą odwlec ten moment choć o parę tygodni. Z drugiej strony uczestnik kursu dostaje więcej pieniędzy niż bezrobotny nieuczący się. Największym powodzeniem cieszą się w Łodzi kursy księgowości, finansów, marketingu i gastronomii, a także kursy dla akwizytorów, sekretarek, ekspedientek i likwidatorów przedsiębiorstw*.

Prace interwencyjne...

...trwają pół roku. WBP refunduje pracodawcy pensję zatrudnionego w ich ramach bezrobotnego do wysokości zasiłku i opłaca za niego składkę ZUS. Ta forma aktywnej walki z bezrobociem nie cieszy się w Łódzkiem popularnością. Winne jest Ministerstwo Pracy i Polityki Społecznej, które zakazało początkowo biurom pracy kierowania bezrobotnych „na interwencję" do zakładów zatrudniających mniej niż dziesięć osób – a okazało się, że z takich zakładów pochodzi najwięcej ofert. Nie zmienia to faktu, że WBP, które byłoby w stanie wysłać do prac interwencyjnych jedenaście tysięcy ludzi, skierowało na nie do początku grudnia 1992 roku trzy tysiące. Z drugiej strony „interwencje" nie cieszą się popularnością wśród samych bezrobotnych, mimo że odmowa udziału w nich grozi utratą zasiłku, zaś zarobki rzędu półtora miliona znacznie przewyższają wysokość świadczenia. Sprawą zajęli się nawet naukowcy z Instytutu Pracy i Spraw Socjalnych, którzy usiłują wyjaśnić przyczyny tej niechęci.

Z innych powodów mało znaczącym czynnikiem w walce z bezrobociem są w województwie łódzkim roboty publiczne. Mają one nieograniczony czas trwania i muszą cechować się charakterem inwestycyjnym. WBP refunduje zatrudniającemu wynagrodzenie bezrobotnego do wysokości siedemdziesięciu pięciu procent średniej krajowej. Rzecz w tym, że płace stanowią zaledwie dwadzieścia procent kosztów organizacji robót i gminy decydujące się na ich przeprowadzenie muszą wyłożyć sporo własnych pieniędzy.

* W 2018 roku nakładem Wydawnictwa Czarne ukazała się książka Piotra Lipińskiego i Michała Matysa *Niepowtarzalny urok likwidacji. Reportaże z Polski lat 90.*

W 1992 roku fundusze na te roboty przyszły zresztą do Łodzi za późno: nikt przy zdrowych zmysłach nie będzie organizował w październiku budowy drogi czy wodociągu, nawet przy założeniu, że w gminnym budżecie zostało trochę złotówek na zapewnienie tak zwanego frontu robót. Wyjątkiem był burmistrz Strykowa, który pragnął nadać podłódzkiemu miasteczku europejski wygląd. Sobie tylko znanym sposobem przekonał niechętną Radę, że publiczne szalety, kwietniki i chodniki są równie ważne jak szkoły i placówki służby zdrowia, po czym poprosił WBP o skierowanie do robót publicznych dwustu sześćdziesięciu ludzi. Gdy wszystko było już gotowe, przyszła wiadomość o obcięciu dotacji. Teraz radni kpią z energicznego ojca miasta i zapowiadają, że w przyszłym roku nie dadzą się omamić.

Spore emocje budzą pożyczki na usamodzielnienie gospodarcze. Przykłady tych, którym się udało, są bardzo efektowne – bezrobotny, zwolniony z biura, gdzie przepracował pół życia, zagubiony w rzeczywistości i odnajdujący się na kursie dla menedżerów, a następnie rozkręcający własny biznes, to idealny wręcz...

...bohater naszych czasów

Pewnymi osiągnięciami może poszczycić się Międzynarodowa Fundacja Kobiet, przygotowująca panie do pracy na swoim. Nie każdy jednak rodzi się biznesmenem, a o tym nie pamiętają ani wykładowcy na kursach, ani ich słuchacze.

– Nikt mi nie powiedział, że trzeba zapłacić za rejestrację firmy – skarży się niedoszły Donald Trump, który dwa miesiące temu miał pięćdziesięciomilionową pożyczkę i furę pomysłów, a dziś tonie w długach. – Jeszcze na dobre nie ruszyłem, a już rozpoczęła się obsługa kredytu. Oni po to dają pieniądze, żeby człowieka jeszcze bardziej pogrążyć. Tylko patrzeć, jak komornik zabierze mi jowisza (marka telewizorów).

Ani jego, ani innych kandydatów na przedsiębiorców nikt przy dawaniu pożyczki nie pytał o żaden *business plan*. Wystarczył wniosek nabazgrany na prośbowym papierze. „Skoro Warszawa przysłała pieniądze na usamodzielnienie gospodarcze – rozumowano w biurze pracy – to trzeba je rozdzielić". A rozdzielał urzędnik zamiast ekonomisty czy kogoś znającego się choć w minimalnym stopniu na finansach.

Ostatnio w łódzkiej prasie pojawia się coraz więcej ogłoszeń: „Inwalidę zatrudnię". Zakład, który utworzył miejsce pracy dla niepełnosprawnego, dostaje kilkadziesiąt milionów bezzwrotnej pożyczki. Wynagrodzenie takiego pracownika refundowane jest przez półtora roku, ponadto WBP opłaca jego składkę ZUS. Przyjęcie inwalidy do pracy jest bardzo dobrym interesem.

Niektórzy przedsiębiorcy traktują to jako substytut kredytu bankowego.

Styczeń 1993

Cztery grosze od zamka

Foliowe worki dla Iwana

Wojtek mieszkał jeszcze u teściów, kiedy zamknęli mu fabrykę żarówek. Likwidacja, prywaciarz przenosi się na Ukrainę. Żona została w domu z synami i córką, a Wojtek przekwalifikował się na prasowacza do szwalni. Robota po dwanaście, czternaście, szesnaście godzin dziennie. Szefowej nie obchodziły jakieś weekendy czy inne fanaberie. Klient na progu, to prasujemy. Wolna niedziela? Proszę bardzo, ale w poniedziałek możesz już nie przychodzić. Jak ciągiem przepracował trzydzieści godzin, to pod koniec uderzał głową w deskę, prawie upadł dwa razy. Niebezpiecznie się zrobiło. Żona tylko donosiła obiady. Umowa? Emerytura? Ubezpieczenie? O takie rzeczy nawet nie pytał, szefowa by zaraz pokazała mu drzwi.

Dzieci nie wychowywał. Wychodził do pracy – jeszcze spały. Wracał o pierwszej – już spały. W niedzielę Magda brała je pod zakład, żeby chociaż na przerwie pooglądały tatusia. Jak wracał z pracy, nie zdążył napić się wody, zasypiał na fotelu ze szklanką w ręku. Robił po trzysta godzin w miesiącu i zarabiał całkiem nieźle. Wyprowadzili się na własne, do komunalnego co prawda, ale zawsze. Akurat umarła teściowa, szwaczka – miała czterdzieści cztery lata.

W Łodzi wyglądało to tak: kto miał jakikolwiek grosz odłożony, kupował trochę maszyn, zbierał parę szwaczek, sierot po zakładach

Marchlewskiego – i w szwalnię! Wszystko na Rosję, Ukrainę, Rumunię, Bułgarię. Getry, koszulki, spodenki, stroje gimnastyczne, kąpielowe. Przyjeżdżał Iwan busem, pod bokiem miał dwóch karków w dresach adidasa, ze spodni sterczały im giwery. Gotówkę przywoził w torbie. Co się Wojtek naprasował, to zaraz pogniótł, bo trzeba było te getry i bluzki upychać po czarnych foliowych worach. A potem dopychać w busie kolanem, nogą, z kopa. „Jak najwięcej do worka ciuchów, bo ja celnikowi płacę od worka!" – denerwował się Iwan. I jak najwięcej do busa, bo on to na następny dzień co do sztuki opchnie na rynku. Pchał więc Wojtek z kolegami i myślał: „To się prawom fizyki wymyka. Więcej worków już do tego busa nie wejdzie, bo wybuchnie". Ale nie wybuchł, dopchało się cudem, jeszcze Iwan jechał do trzech następnych szwalni.

Zrobiły się kwasy na granicy, Iwany przestały przyjeżdżać. Zaczęło się kombinowanie szefów. Targowisko Ptak, srak – żeby tylko upchnąć towar. Skończyły się czasy „krzywo, prosto, byle ostro". Kupcy zaczęli zwracać uwagę na jakość. Kto miał doświadczonych pracowników, to jeszcze mógł z Niemcami kombinować. Kto nie, temu zostawały hale pod Rzgowem.

I tak zaczęły się Wojtkowe kłopoty. Stawki spadały i spadały. Buntować się nie było jak, bo szef zaraz by podziękował i jeszcze nie zapłacił za ostatni miesiąc. Każdy wiedział, że Wojtek ma czwórkę dzieci do wykarmienia, więc nie podskoczy.

Stawali przed wyborem: czynsz czy jedzenie, prąd czy ubranie, a tu jeszcze na przykład trzeba synowi za wycieczkę szkolną zapłacić, bo jak nie zapłacisz, to go w klasie wyśmieją. Porobili długów, dostali eksmisję do lokalu socjalnego. Wojtek nie ma żalu do urzędników. To jego i Magdy wina, nie płacili, dzisiaj jest im głupio. Ale naprawdę już nie wiedział, co ma robić. Magda poszła na nocną zmianę. Wszywała kieszenie do spodni od dwudziestej do szóstej rano. Wracając z zakładu, zrobiła zakupy, następnie szykowała dzieci do szkoły i kładła się spać na cztery godziny. Potem obiad, szła po dzieci i zaraz się znów szykowała do pracy. Po trzech latach zachorowała, zapalenie węzłów chłonnych. Nic poważnego, wzięła antybiotyk, została w domu na tydzień.

Ale do pracy już nie wróciła. Okazało się, że jej stanowisko jest już zajęte.

Mieszkali w kamienicy do rewitalizacji. Urzędnicy wyprowadzili ich bez możliwości powrotu. Dla dłużników drzwi są zamknięte.

Wojtek nie dawał już rady w czternastogodzinnych szychtach. Nadciśnienie, kręgosłup, kolana. Jak idzie zmiana pogody, to tak go skręca, że nie wstanie.

Od kilku lat grzeje ławkę bezrobotnych. Podobno teraz jest rynek pracownika. Może to i prawda, ale raczej pracownika młodszego. Praca dziesięć godzin to jest minimum, najlepiej dwanaście. Wojtek wie to od byłych szefów i kolegów, którzy zostali w branży. Jak pracodawcy słyszą, że jest po pięćdziesiątce, to rzucają tylko: „Dzięki, oddzwonimy". Miał już dziesiątki takich rozmów. Dorabiał na szybkich fuchach. Starzy szefowie przy dużych zleceniach wołali go na dwa–trzy dni. Ale potem koniec. Gdyby nie dorosłe dzieci, toby nie wyżyli. Magda się wzrusza, jak córka mówi: mama, całe życie nam pomagaliście, to teraz my dołożymy.

W opiece społecznej powiedzieli im o kursach doszkalających. Magda skończyła kurs fiskalny, Wojtek czeka na staż. Naprzeciwko kamienicy budują im market, może tam dostaną pracę na kasie? Jest światełko w tunelu.

Dobrze, ale nie beznadziejnie

Czasy bezrobocia na poziomie dwudziestu procent Łódź ma za sobą. Dziś mamy bezrobocie cztery i pół procent. Niby niewiele, ale i tak najwięcej wśród dużych polskich miast. Taki Wrocław ma dwa i pół procent.

– Na pewno sytuacja się poprawia. Niestety, także dlatego, że Łódź się starzeje. Brakuje ludzi wchodzących w wiek produkcyjny – ocenia profesor Mariusz Sokołowicz, prodziekan Wydziału Ekonomiczno-Socjologicznego na Uniwersytecie Łódzkim.

Najwięcej etatów generują dwie grupy firm. Pierwsza to zakłady budowane przede wszystkim w Łódzkiej Specjalnej Strefie Ekonomicznej, na przykład największa na świecie fabryka Gillette. Ale też produkcja pralek, wytwórnie opakowań, magazyny. Druga: biura, a w nich głównie BPO, czyli usługi biznesowo-księgowe dla międzynarodowych korporacji.

Biur przybywa. Ponad pół miliona metrów kwadratowych to nie jest może krajowa czołówka, ale solidny poziom Poznania czy Katowic. Rosną kolejne, choćby naprzeciwko Dworca Fabrycznego.

Zarobki? I tu się zaczynają schody. Czy pracujesz w banku, czy w biurze, czy w fabryce lodówek, na dzień dobry możesz liczyć na dwa siedemset do trzech tysięcy złotych netto miesięcznie. Znacznie mniej niż w Warszawie. Dlatego wciąż wiele osób dojeżdża codziennie pociągami do stolicy.

– Obecnie w Łodzi młodzi nie muszą się martwić, że nie znajdą pracy. Problemem są zarobki, choć oczywiście koszty życia, wynajmu mieszkania są znacznie niższe niż w Warszawie – dodaje profesor Sokołowicz.

W outsourcingu możesz awansować, wspiąć się na trzy siedemset na rękę, ale do sześciu tysięcy raczej nie sięgniesz. Przynajmniej nie w Łodzi. Pensje jednak rosną. Ale tak samo jest w całym kraju.

– Nie jest tak, że Łódź jakoś specjalnie goni Kraków czy Wrocław. Tempo wzrostu wynagrodzeń w Łodzi musiałoby być dużo szybsze niż w pozostałych miastach, żebyśmy zaczęli je doganiać. A tak się nie dzieje – stwierdza naukowiec.

Łódź od zawsze miała „tradycję" niskich zarobków, bo egalitarny w teorii PRL nie cenił przemysłu lekkiego i pracy kobiet. Transformacja i szalejące bezrobocie nie pomogły. Z takim historycznym tłem Łodzi trudno nadrobić poziom zarobków z innych miast. Od sklepikarza po programistę – każda branża w Łodzi daje niższe zarobki niż we Wrocławiu czy Trójmieście.

– To jedna z przyczyn, dla których miasto szybko się kurczy. Biurowce rosną, ale miną lata, zanim te biura wygenerują dobrze płatne miejsca pracy. Nie zawrócimy Wisły kijem. Wielkość Łodzi spadnie poniżej pół miliona mieszkańców – prorokuje profesor.

Studenci zabierają krany

– Ale po co im te krany? – do dzisiaj zastanawia się Zbyszek. Robił obchód i zajrzał do łazienki. A tam: krany zniknęły. Studenci zabrali.

Na szczęście nie kazali mu oddawać pieniędzy. Innym portierom potrącali z pensji, jeśli wykładowca zgubił klucz. A taki nowoczesny klucz to kosztuje z tysiąc czterysta złotych! Więcej niż jego wypłata.

Zbyszek dziewiąty rok siedzi na portierni uniwersyteckiej w Łodzi. Ma pod sobą siedemset kluczy. Jest co wydawać. Trzeba przyznać: jeśli chodzi o zarobki, tendencja jest zwyżkowa. Teraz podnieśli do dziesięciu złotych za godzinę, bo się zmieniły przepisy i nie mogą płacić mniej. Z jednej strony dobrze. A z drugiej – połowę kolegów Zbyszka pozwalniali. Reszcie, w tym jemu, obcięli godziny.

Wcześniej przez trzydzieści pięć lat siedział w MPK, aż przyszła reorganizacja. Szefowie dali mu wybór: „Może pan odejść na wcześniejszą emeryturę albo czekać, aż pana zwolnimy". A szkoda, bo lubił tę pracę. Naprawiał tramwaje – konstale, düwagi, lohnery. Wszystkie rodzaje i typy. Spalone silniki, przewody, instalacje, hamulce. Najgorzej było zimą, bo wszystko namoknięte od spodu. Jak brakowało części, to z jednego się wyjmowało, do drugiego wkładało. A żona pracowała w biurze policyjnym. Żyło im się świetnie. Tylko to schylanie w kanałach. Kręgosłup mu wysiadł.

Już na emeryturze zatrudnił go syn, który szefował firmie elektronicznej. Zbyszek pomagał mu zakładać instalacje i kamery. Dobry biznes. Nawet do Anglii jeździli. Tylko jak firma synowi urosła, to przeniósł się do Warszawy. Zbyszek został sam.

Tak trafił do ochrony. Na pierwszej rozmowie usłyszał stawkę (trzy sześćdziesiąt za godzinę) i politykę firmy („Jak się pan zgadza, to zapraszamy, a jak nie, to proszę szukać gdzie indziej; bo my tu mamy stu chętnych, a wszystkie firmy płacą tak samo"). Ale to za dawnych czasów, teraz rząd podniósł stawkę minimalną.

Za czasów pracy z synem Zbyszek zabierał żonę do Francji, Niemiec, do córki na wyspy. Teraz w wakacje zabiera ją na działkę. Zeszłej jesieni domek obił panelami, położył kafelki. Na działce mają warzywa, drzewa owocowe. Już nie może doczekać się wiosny.

Dwójka jak marzenie

Grażyna siedzi na portierni obok Zbyszka. Jakby mieszkała sama, toby nie wyżyła. Ale mieszka z córką, zięciem, dwójką wnuków. Razem dają radę, choć mają ciasno.

Za młodu była szwaczką w fabryce dywanów. Wtedy to były zarobki! W akordzie się pracowało, do tego nadróbki. Mieszkanie nie było takie drogie i w ogóle, jakoś inaczej się żyło.

Choć to ciężka robota była, nie lekka! Cztery kolory wełny, nocki nie nocki, szpule materiału, nitki musiała przeciągać przez oczka. Jak się nitka rwała, to brakarze odciągali z pensji.

W pochodzie chodziła z szarfą, bo z koleżankami najlepsze były w brygadzie. Na scenie: uścisk ręki sekretarza. Grażyna dobrze wspomina te pierwszomajówki.

W 1986 roku skończyła, bo musiała dzieci chować. Zresztą i tak zakłady zaraz padły. Później dostała robotę w edukacji. Elitarna szkoła, czesne sześćset złotych. Tylko jej zarobki mniej elitarne, bo dostawała najniższą krajową. Siedemset pięćdziesiąt złotych. Obiady z cateringu rozkładała na talerzyki, herbatę z termosu rozlewała do kubeczków, sprzątała.

Pracowała jeszcze w szpitalu jako salowa, też za najniższą. Miała fart. Koleżanka do niej dzwoni: „Przychodź szybko, bo jeszcze trójki przyjmują!". To znaczy: osoby z trzecią grupą inwalidzką. To dla szefów czysty zysk, bo za zatrudnienie mają dofinansowanie z PFRON-u. A Grażyna złapała trójkę na kręgosłup.

Całe szczęście, choć prawdziwy los na loterii to jest dwójka, czyli druga grupa inwalidzka. Szefowie wolą zatrudniać dwójki, bo mają za nie wyższe dofinansowanie.

Po szpitalu trafiła na portiernię. Grażyna może by i dała sobie spokój z robotą, ma już emeryturę, ale tak się z córką umówiły. Magda miała tysiąc złotych w sklepie z butami. Pracę kończyła o dwudziestej pierwszej. Grażyna mówi więc: siedź dziecko, opiekuj się dziećmi, w angielskim pomóż, matematyce, resztę mamie zostaw.

Zięć w lipcu pojechał do Niemiec. Spawa rury kanalizacyjne. Pracuje trzy tygodnie, wraca na tydzień. Na stałe szybko nie wróci, bo muszą dom spłacić.

Grażyna odlicza dni do wiosny. Wreszcie w ogródku porobi. Pojedzie z wnukami do parku, na plac zabaw, nad wodę. Latem to marzy jej się morze. Z koleżanką w ośrodku PFRON-u dostaną dwuosobowy pokój. Rok temu meleksami dojeżdżały na plażę. Pięknie było.

Chociaż wakacje to zawsze jest stres, bo przecież Grażyna nie ma urlopu. Jak ostatnio wyjechała, to musiała znaleźć zastępstwo. Umówiła się z panem, który stoi na szatni. Zarobił 900 złotych ekstra. Ona nie zarobiła nic, ale przynajmniej mogła wyjechać.

Tak samo z chorobowym. Musiała znaleźć zmienniczkę, zanim położyli ją do szpitala dwa lata temu. Miała szczęście. Jak ktoś za długo choruje, to go zwalniają.

O! Przyszła pani profesor, doktor habilitowany. Takie ma tytuły. Ale babsko niemiłe. Nie powie do widzenia. Tylko rzuci klucze na stół i leci na parking. Już dawno powinna być na emeryturze. Na pewno ma wysoką. A i tak siedzi w robocie. Tego to Grażyna nigdy nie zrozumie.

Drzemka w *relax roomie*

Pracę Karolinie przepowiedziała wróżka.

Na geografię namówiła ją koleżanka: ciekawy kierunek, dużo wyjazdów. Tylko potem z pracą tak sobie.

Przyznawała karty kredytowe za pięć tysięcy miesięcznie. Przyszedł kryzys, to ją wycięli. Handlowała oknami, ale nie umiała ludziom wciskać kitu. Handlowała pamiątkami, ale u znajomej, czyli za osiemset złotych miesięcznie. Na bezrobociu przesiedziała dziewięć miesięcy, a młody człowiek na bezrobociu to jest najsmutniejszy widok. Snuła się po mieszkaniu matki, przestała odbierać telefony od przyjaciół. Bo niby co im miała powiedzieć? Przecież w jej życiu nic się nie działo. W akcie desperacji zadzwoniła do telewizyjnej wróżki – i ta wróżka przepowiedziała jej nową pracę. Spełniło się co do dnia.

Przeszklone biura w ogromnym budynku. Branża: BPO. Przez miesiąc uczyła się korpojęzyka. Na przykład co to takiego *request* albo *ticket*. A chodzi o zlecenie od klienta ze Stanów, który opracował nowy produkt na półki do Wallmarta. Planuje zrobić *bundle*, czyli dwupak z szamponu i odżywki. I ktoś ten nowy produkt musi opisać, wprowadzić do bazy danych, nadać mu kod kreskowy, zlecić przygotowanie opakowań na ten nowy *bundle*. Zlecić transport ciężarówkami po Stanach. Tym – mniej więcej – zajmowała się Karolina od godziny czternastej do dwudziestej drugiej, a jak trzeba, to dłużej, bo nie miała problemu z nadgodzinami.

Te kody potem wrzuca się do *toola*, zlecenie idzie dalej przez SAP-a, kod kreskowy na początku robi się *draftowy*, czyli szkicowy. Wypadają *criticale*, czyli incydenty, bo ktoś źle opracował kody i na *trucki*, czyli ciężarówki, nie mieści się siedem palet, tylko sześć. Cały transport wstrzymany. Wtedy trzeba działać błyskawicznie. A jak nie ma akurat *requestów*, to w wolnej chwili trzeba robić *manuale*. Jeśli nie pojmujecie, o co chodzi – spokojnie. Karolina z kolei nie do końca rozumie, co robi jej koleżanka z działu obok, chociaż niejedno korpopiwo spędziły na wyjaśnianiu tego.

Na początek dostała dwa tysiące sto złotych, czego właściwie nie wolno jej mówić – obowiązuje klauzula poufności. Nikt w firmie nie może wiedzieć, ile zarabia kolega zza biurka obok. To strasznie psuje atmosferę, bo ludzie patrzą na siebie wilkiem. Ale menadżerom chyba o to chodzi.

Najgorsi na zakładzie byli millenialsi. Karolina wie, że każdy rocznik narzeka na młodszych, ale naprawdę ci nowi to w ogóle pracy nie szanują. Jak już jest *critical*, to wypada zostać godzinę dłużej. Nie chodzi nawet o szacunek do firmy, ale o zwykłą solidarność, taką ludzką, bo Karolina myśli o tym człowieku po drugiej stronie globu. Albo taka historia: młoda siksa, lat dwadzieścia sześć, zostaje nagle *team leaderem*. I zatrudnia brata swojego chłopaka. A gość miał taką kulturę pracy, że mówił: „Rany, Karolinka, nie uwierzysz, ale sobie osiem godzin przekimałem w *relax roomie*". Są też dziewczyny krążowniki, grasujące po *open spasie* z kubkami kawy w dłoniach. Udają, że czegoś szukają. I ta niesprawiedliwość Karolinę załamywała. Druga sprawa: Karolina wiedziała na pewno, że klient z USA za jej usługi płaci pięć tysięcy dolarów. Jej w kieszeni, po podwyżkach, zostawało z tego trzy tysiące pięćset złotych. Gdzie była reszta? W kieszeniach menadżerów.

Z jej firmy ludzie odchodzili falami. Bo na przykład otworzyło się konkurencyjne korpo, więc uciekali naraz wszyscy. Wtedy Karolina zostawała sama z *procesami* i latała urobiona po łokcie. Niby międzynarodowa korporacja, a zarządzanie zasobami ludzkimi na poziomie Januszów biznesu.

Zmieniła firmę, ale niewiele to dało, bo nadal zarabia trzy pięćset na rękę. I fajnie, że ma masażystę raz w miesiącu w pakiecie, karnet na siłownię, ale wolałaby pięćset złotych podwyżki. Dobijają ją kredyty z czasów studenckich. Nie chce wyjeżdżać do Warszawy, bo nie ma tam żadnych przyjaciół i sama by się nie utrzymała. W Łodzi może wynająć mieszkanie z siostrą.

Męczy ją praca dla korporacji, które odpowiadają za zniszczenie naszej planety, kryzys finansowy, generują całe zło świata. A ona tego zła jest drobnym trybikiem, a więc jakby współsprawcą. Marzenie to pensjonat nad jeziorem. Uwielbia przyjmować gości. I wie też, że marzenie się nigdy nie spełni, bo nigdy takich pieniędzy nie uzbiera. Dlatego Karolina nie ma złudzeń: tak jak pracuje w tym korpo, tak w korpo umrze.

Klik! I gotowe

Pamięć Haliny została w palcach. Jakby dziś dostała części, to jeszcze wiedziałaby, co robić. Haczyk trzeba oprawić w plastikową obudowę, na haczyk włożyć sprężynkę. I bolec, który trzymał mechanizm. Razem ścisnąć i gotowe! Mamy zamek do pralki. Halina jeden robiła w minutę. Stawka – cztery grosze od zamka.

Wcześniej z mężem prowadzili lakiernię samochodów. Rzucili biznes po męża trzecim wylewie. Karol przeniósł się do ochrony, pilnował dźwigów na budowie w Łodzi. Przynosił do domu tysiąc dwieście złotych. Trochę mało, więc Halina wzięła te zamki.

Sami musieli przywozić pudełka z częściami do montażu i zmontowane odwozić. Jedna paczka bolców ważyła dziesięć kilo. Osobno paczki z plastikami, haczykami, sprężynkami. Z dwadzieścia pudeł naraz, i to lekko!

W tygodniu potrafiła zrobić kilkanaście tysięcy sztuk. Towar szedł na Polskę, do Niemiec, Włoch, Bułgarii, Belgii, gdzie tylko był zbyt.

W miesiącu zarabiała nawet tysiąc czterysta złotych. Wstawała o szóstej – i do roboty! Niedługo po niej wstawał mąż. W piecu napalił, zakupy zrobił, przygotował śniadanie, poszedł na ochronę, wrócił, a ona dalej te zamki składała. Sobota, niedziela. Od świtu do zmroku.

Do dzisiaj bolą ją palce od wciskania, choć zlecenia urwały się kilka lat temu. Nawet dobrze się stało, bo mąż dostał czwartego udaru i już nie byłoby komu ich odwieźć. Dwa lata przesiedziała z Karolem. Umyć, nakarmić, przewinąć – wszyściusieńko sama robiła. Pampersy, cewniki, leki. Bez tych zamków było pod górkę. Prawie ich wyrzucili z mieszkania komunalnego, bo nie płacili czynszu.

Wróciła do pracy po śmierci męża. Choć raczej trzeba powiedzieć, że próbowała wrócić. Tu pytała, tam pytała. Syn dał w internecie ogłoszenie i wieszał kartki po przystankach: uczciwa sześćdziesięciojednolatka, wdowa, podejmie się pracy przy prowadzeniu domu, sprzątaniu, myciu okien. Bez odpowiedzi.

W gazecie znalazła ogłoszenie – ekspedientka do sklepu. Dzwoni i słyszy na dzień dobry: „Ile pani ma lat? O nie, nie, to nawet mowy nie ma. My potrzebujemy osób młodych".

Koleżanka, która pracuje w opiece społecznej, wciągnęła ją na zastępstwo. Do opieki nad ludźmi starszymi. Dziesięć złotych na godzinę. Ta pani Zosia, emerytka, gorsza była niż Hanka Bielicka. Chodziła i nadawała, Matko Boska! Ale Halina wytrzymałaby jej gadanie, bo taki pieniądz piechotą nie chodzi. Niestety, musiała zrezygnować, bo koleżanka wróciła z wolnego.

Później trafiła na starego esbeka. Jaki despota! Morda od ucha do ucha.

– Weź to! Weź tamto! Chodź tutaj do mnie!

„Zaraz zaraz, kiedy my brudzia piliśmy" – myślała Halina, ale zaciskała zęby.

– Co mi tu zrobiłaś?!

– Obiad – odpowiedziała.

Rzuciła mu na stół talerz z białą kiełbasą i barszczem. Trzasnęła drzwiami i więcej gnoja nie oglądała.

W końcu z polecenia koleżanki dostała zlecenie. Do posprzątania dwa pokoiki z kuchnią. Dwadzieścia pięć złotych na godzinę! Czterysta w miesiącu. Właściciele: państwo doktorostwo, przesympatyczni ludzie. Na święta dali jej w kopercie dwieście złotych. W końcu trafiła na normalnych ludzi!

No i proszę, jak tu nie wierzyć w happy endy.

Kwiecień 2018 – sierpień 2019

Wzlot i upadek

Likwidatorzy

Tomek wieczorem wypił dwa żubry, ale zarzekał się, że do pracy poszedł trzeźwy. Dopiero po tym, co się stało, to i owszem – kupił małpkę w Żabce. Wypił od razu przed sklepem, z nerwów.

Tomek od czterech tygodni dłubał na tym parterze. Mieli wzmocnić strop, wylać beton wokół filarów. Wcześniejsza ekipa wywaliła wielką dziurę w ścianie, wysoką na dwa metry. Chłopaki wywoziły przez nią gruz i śmieci.

Przy Sienkiewicza remontowali kamienicę z 1880 roku, dawną własność Juliusza Heinzla. Budynek miał kształt litery L. Front przeznaczono na mieszkania, w skrzydle działały fabryka tasiemek i tkalnia. Komuniści to skrzydło przebudowali, w ścianie od strony Tuwima wybili okna. Po latach front to wciąż stylowa kamienica, a skrzydło wyglądało jak PRL-owski biurowiec. Z Żabką na parterze.

W listopadowy poniedziałek 2015 roku chłopaki robiły ostatnie spawy na parterze. Po godzinie czternastej Tomek usłyszał trzaski. Dał znać kolegom – zjeżdżamy, chyba coś pęka! Ledwo wyszli, zobaczył na elewacji wielką rysę.

Andrzej tego dnia głównie sprzątał. Usłyszał, jak Tomek woła, że coś się dzieje ze ścianą. Każdy wybiegł na własną rękę. Andrzej ledwo zdążył uciec.

Michał już zbierał narzędzia po pracy, gdy usłyszał trzask i zobaczył, że ściana pęka. Wybiegając, zdążył jeszcze krzyknąć do ochroniarza.

Ochroniarz Jerzy tego dnia zaczął zmianę o szóstej rano. Wydał klucze budowlańcom i paru osobom z biur na górze. Koło drugiej zagadał się z pracownikiem Żabki. Nagle zobaczył chłopaka z budowy, jak biegnie i woła: „Wyprowadzaj ludzi, kamienica pęka!". Jerzy widział, że większość osób już powychodziła, ale brakowało mu dwóch kluczy. Wbiegł na pierwsze piętro. Usłyszał huk. Zrobiło się ciemno. Nie zatrzymał się, wbiegł na drugie. Krzyknął do trzech kobiet, żeby wyszły. Zbiegał po belkach, po gruzach. Nie mógł już wrócić na drugie piętro, nawet gdyby chciał. Piętnastometrowa ściana z cegły, tynku i drewna runęła na szeroki trawnik. Budowlaniec Michał zdążył jeszcze pomyśleć o plecaku, gdzie trzymał wszystkie dokumenty. Przepadł w rumowisku. Szczęścia nie miał też volkswagen transporter, którym przyjechali do pracy. Przysypał go gruz.

Ochroniarz Jerzy przypomniał sobie, że w środku został jeszcze jeden mężczyzna. Nie miał jak wyjść, bo drogę zagrodziła mu zwalona belka. Jerzy pobiegł na drugą stronę kamienicy. Na szczęście na miejsce błyskawicznie dojechali strażacy. Facetowi nic się nie stało. Zszedł po drabinie.

23 listopada o czternastej pięćdziesiąt pięć policyjny komisarz stwierdził osunięcie ściany frontowej na całej wysokości budynku przy Sienkiewicza 47. Policjanci zamknęli ruch na Sienkiewicza. Przyjechało siedem jednostek straży pożarnej, pogotowie, dwudziestu czterech policjantów prewencji. Nadzór budowlany, zarządzanie kryzysowe, inspekcja pracy, chmara dziennikarzy. Obrazki do telewizji idealne. W budynku dziura jak po wybuchu bomby. Rumowisko przeczesywali strażacy, biegały po nim psy tropiące, krążyli policjanci z georadarem. Nie znaleźli rannych.

Następnego dnia śledczy zajechali pod siedzibę firmy Central Fund of Immovables – CFI, właściciela kamienicy przy Sienkiewicza. Odebrali dokumenty, między innymi polisę ubezpieczeniową. Członków zarządu nie zastali. Rozpoczęli śledztwo w sprawie katastrofy budowlanej.

Zarząd musiał wiedzieć

Policjanci przesłuchali najemców pechowej kamienicy.

Magda z biura księgowego wiedziała, że właściciel wypowiedział umowy wszystkim najemcom z dołu. Nikt z CFI nie potrafił jej powiedzieć, jakie są plany na aranżację parteru. Krążyły plotki, że ma tam powstać galeria handlowa. Faktycznie – budowlańcy wyburzyli wszystkie ściany działowe na dole.

Magda wspomina, że budynek był w fatalnym stanie. Odpadający tynk, zacieki na ścianach, brak ciepłej wody. Ekipy remontowe zostawiały dziury w tynku jak po strzelaninie.

Było tak źle, że rozwiązała umowę natychmiast, nie czekając, aż skończy się trzymiesięczny okres wypowiedzenia. Właściciel do dziś ciąga ją po sądach.

Adwokatka Małgorzata zgłaszała właścicielowi problemy z ogrzewaniem i ciepłą wodą. Telefonowała do biura CFI. Za każdym razem obiecywali, że awarię usuną w kilka dni. Nigdy tego nie robili.

Inga, ajentka Żabki, opowiadała, że ogromne dziury w ścianach na parterze nie były w żaden sposób zabezpieczone.

Śledczy przesłuchali pracowników firmy. W protokołach notują zeznania Agaty, która była jedynym architektem w holdingu CFI. Holdingu, bo CFI to mgławica firm o wspólnym rodowodzie i tych samych właścicielach. W sierpniu 2014 roku Agata wykonała na polecenie zarządu dokumentację do prac budowlanych. Dyrekcja planowała wymienić okna w kamienicy na Sienkiewicza. Agata mówiła zarządowi, że zakres prac jest duży i wymaga pozwolenia na budowę, a nie samego zgłoszenia do urzędu. Szefowie wiedzieli, że budynek jest wpisany do ewidencji zabytków, opiekuje się nim miejski konserwator. Wiedzieli, bo Agata osobiście im to powiedziała. Zarząd CFI miał też świadomość, że nie wolno przystąpić do żadnych prac bez pozwolenia budowlanego i zgody konserwatora.

Mimo to firma zgłosiła do Wydziału Architektury i Urbanistyki plan swojego remontu. Urzędnicy zgody nie wydali. Odpowiedź z magistratu przyszła do sekretariatu CFI. Według Agaty na pewno zapoznał się z nią ktoś z zarządu. Szefowie obiecywali, że w takim razie firma nie będzie prowadziła żadnych prac na Sienkiewicza. Dlatego Agata nie przygotowywała odpowiednich projektów. Nie miała pojęcia, że ekipy budowlane harcują po kamienicy w najlepsze.

Radosław pracował dla CFI pół roku. Nie miał żadnego etatu, tylko ustną umowę z Jakubem B., dyrektorem z CFI. Praca Radka była prosta. Miał odbierać telefon od B., jeździć we wskazane miejsca i sprawdzać, w jakim stanie są nieruchomości. Czy nie ma dziurawych dachów, pękniętych rur. Nadzorem budowlanym nie można było tego nazwać, bo Radosław nie ma żadnych uprawnień. W kamienicy na Sienkiewicza był ze trzy razy. Zobaczył spękane ściany. Poprosił znajomego architekta, żeby się temu przyjrzał. Prace budowlane nie były z nim konsultowane. Na pewno robotnicy powinni je zgłosić do nadzoru, ale czy to zrobili – tego Radosław nie wie.

Wojciech, znajomy architekt, na prośbę Radka obejrzał kamienicę. Zobaczył dziurę w ścianie nośnej, strop obniżony o metr, wyburzone ścianki działowe. Przygotował schemat wzmocnienia stropu. Żadną tam dokumentację, zwykły szkic. Wykonał go ręcznie i przekazał Radkowi. CFI nie powinno prowadzić żadnych prac na podstawie takich rysunków. Śledczy pytają Wojtka, czy wie coś o pozwoleniach, o kierowniku budowy, ale Wojtek wyprowadza ich z błędu. Tam nie było żadnej dokumentacji ani zezwoleń, więc tym bardziej nie mogło być kierownika.

Jakub B., dyrektor z CFI, przyznaje: to on podjął decyzję, żeby remontować parter. Wybrał nawet wykonawcę, ale nie miał pojęcia, czy zdobył on pozwolenie na budowę. Ale to już nie jego sprawa, bo on miał tylko wynajmować pokoje. Prace powinna nadzorować koleżanka z CFI, a o pozwolenia zadbać architekt Agata. Ale w sumie nie wiadomo, bo w CFI nie ma konkretnego podziału, kto za co odpowiada.

Jakub B. ma już na koncie jeden wyrok za samowolę budowlaną. Za zlecenie robót na innym obiekcie CFI sąd skazał go na trzydzieści tysięcy złotych grzywny.

Samowola to przestępstwo?

Policjanci przesłuchali wykonawców.

W policyjnych notatkach czytamy, że Leszek K., właściciel firmy remontowej, dla CFI pracował od osiemnastu lat. Z firmą nie podpisywał nigdy umów. Wszelkie prace na Sienkiewicza zlecał mu ustnie Jakub B.

Na te roboty nie otrzymał żadnej dokumentacji budowlanej. Opierał się na swoim wieloletnim doświadczeniu. Choć nie ma studiów kierunkowych, to w branży pracuje od trzydziestu pięciu lat, firmę zakładał jego ojciec. Ruszył z robotami pod koniec 2014 roku. Zaczęli od wyburzania ścianek działowych. Potem wyburzyli drewniany strop dzielący piwnicę od parteru. Zbudowali nowy, z betonu.

Na obiekt wrócili po paru miesiącach. Zastali już wielkie dziury w ścianach. Leszek podejrzewa, że wcześniejsze firmy przestraszyły się, iż budynek może się zawalić, dlatego CFI zadzwoniło do niego. Leszek miał wzmocnić belki stropowe. Ze względu na operację nogi nie zawsze stawiał się na budowie osobiście. Przez telefon instruował pracowników, co mają robić. I tak nie był kierownikiem tej budowy, bo na kierownika to on nie ma uprawnień. To inwestor powinien się tym zająć. Teraz CFI zwala winę na niego, a Leszek ma tylko nadzieję, że nie pójdą z nim do sądu. Jego firma nie ma ubezpieczenia na takie rzeczy. Policjantom wyznaje, że nie czytał nigdy prawa budowlanego. Dopiero po katastrofie dowiedział się, że samowola budowlana to przestępstwo.

Łukasz B. prowadzi własną działalność, od trzech lat pracuje dla CFI. Miał wstawić szklane witryny na poziomie zero, wywieźć gruz. Zapytał w CFI, czy może wykuć dziurę w ścianie, żeby swobodnie przechodzić z taczką. Nie było problemu. No to Łukasz chwycił młot i wybił dwie dziury pod oknami, wysokie na dwa metry. Na żadne prace nie miał od CFI planów ani projektów.

Zabytek? Kto by pomyślał

W końcu policjanci przesłuchują szefów. Wierchuszka CFI najpierw odmawia składania zeznań. Pismami od adwokatów tłumaczy, że nie chce sobie zaszkodzić w śledztwie. Ostatecznie jednak cała rodzinka stawia się na posterunku: dyrektor Adam Kawczyński, do tego prezes zarządu, czyli jego żona Joanna Feder--Kawczyńska oraz wiceprezes Michał, czyli brat Adama. Nie mają wiele do powiedzenia.

Dyrektor Adam nie wie, kto zlecił remont na Sienkiewicza. Pewnie ktoś z działu nieruchomości. On się takimi rzeczami nie zajmuje. Czy kamienica to zabytek? No kto by pomyślał. O tym to on się dowiedział dopiero po katastrofie.

Śledczy pokazują Adamowi pismo z Urzędu Miasta, które kategorycznie zabraniało jakichkolwiek prac. Dyrektor nic o tym nie wie. Cała korespondencja przechodzi przez sekretariat, trafia od razu do działu nieruchomości.

Policjanci notują w protokole: prezes Joanna nie pamięta, kiedy i od kogo firma kupiła budynek przy Sienkiewicza. Czy CFI miało zgodę na budowę? Nie wie. A co z pismem od Urzędu Miasta? Pod zgłoszeniem do wydziału architektury widnieje jej podpis. Prezes Joanna odpowiada: podpisuję wiele pism przygotowanych przez dział nieruchomości. Pisma zwrotne dekretowane są na konkretne działy i to ich pracownicy zajmują się odpowiedziami do urzędów.

Wiceprezes Michał też nie ma pojęcia, kto zlecał prace na Sienkiewicza. Nie wie, że budynek jest zabytkiem. Nie wie, kto za niego odpowiadał.

Dla Kawczyńskich takie zeznania to musi być bułka z masłem. Rozmowy z policją, nadzorem, konserwatorem mają już przećwiczone.

Model biznesowy

CFI rozpoczęło działalność w 2001 roku. Firma od początku reprezentuje ciekawy model biznesowy. Skupuje nieruchomości, zwłaszcza te zabytkowe, z całego miasta. Ma w swoim posiadaniu ponad dziewięćdziesiąt budowli, w tym ponad dwadzieścia zabytkowych kompleksów.

Michał Gruda, społecznik i wielbiciel historii Łodzi, chętnie o CFI opowie. Najpierw odpali internetową „mapę destrukcji CFI".

Czego tu nie ma! Są najlepsze łódzkie adresy: Piotrkowska, Zachodnia, Sienkiewicza, Piłsudskiego. Jest kamienica na rogu Zielonej i Piotrkowskiej. Spółka córka CFI odkupiła ją od miasta za prezydentury Hanny Zdanowskiej. Dziś straszy pustymi oknami. Jest przędzalnia bawełny Grohmana na Tymienieckiego. Tu z kolei okna nie są puste, tylko wybite, a ze środka wyrastają drzewa. Jest bogato zdobiona kamienica przy Zachodniej, projekt Gustawa Landau-Gutentegera, słynnego łódzkiego architekta. Stoi pusta, a zdobienia ledwo widać spod szarej elewacji.

„Jeśli budynek jest w fatalnym stanie technicznym, wisi na nim paskudny, brudny baner lub olbrzymia szmata reklamowa, a na działce jest bałagan, to możesz być pewny/a, że należy do CFI" – głosi podpis pod internetową mapą.

Według Michała, CFI i podległe jej spółki lubią prowadzić prace bez zgód i pozwoleń. Na przykład w weekend, by urzędy nie zdążyły zareagować.

Jarosław Ogrodowski przyglądał się CFI wraz z Towarzystwem Opieki nad Zabytkami. Informacji szukali w Krajowym Rejestrze Sądowym, prosili o dostęp do informacji publicznych. Mieli też przecieki od urzędników walczących z samowolą firmy.

– Za czasów prezydentury Kropiwnickiego ziemia była tania, miasto wyprzedawało budynki od ręki. Do tego syndycy zbywali wielkie tereny po zakładach przemysłowych. W tamtym okresie CFI skupowało nieruchomości, z których korzysta do dzisiaj.

Firma ma nieruchomości, które da się gospodarczo wykorzystać. To na przykład budynek przy Rewolucji 1905, gdzie działa hostel Boutique. Ale CFI ma też takie budynki, których wykorzystać się nie da, bo są już zbyt zniszczone. Wystarczy spojrzeć na ogromną – i zrujnowaną – przędzalnię Grohmana przy Tymienieckiego. Nic się jednak nie zmarnuje. Taka nieruchomość to wciąż jest majątek, na który można się zadłużyć, wziąć pożyczkę na hipotekę. Działka to jest zawsze lokata kapitału.

Dzwonię do Michała Kawczyńskiego i Joanny Feder-Kawczyńskiej. Chcę wiedzieć, skąd taki model biznesowy. Kawczyński obiecuje porozmawiać, potem przestaje odbierać telefon. Bratowa nie oddzwania. Nie odpowiadają na sms-y.

O Central Fund of Immovables pisała „Gazeta Wyborcza". Wojciech Szygendowski, ówczesny wojewódzki konserwator zabytków, opowiadał, że interwencje jego i innych instytucji kończą się karami finansowymi, którymi firma się nie przejmuje, a samowola wstrzymana jednego dnia nazajutrz jest wznawiana. Jeśli sprawa trafia do sądu, ciągnie się latami. Firma zatrudnia najlepszych prawników. Odwołuje się od każdej grzywny, każdej decyzji i każdego wyroku. Prawomocne pozwolenia na remonty wydane dla CFI można policzyć na palcach jednej ręki. A przecież w ich budynkach cały czas toczą się jakieś prace.

Splot nieszczęśliwych okoliczności

CFI nieobce są też katastrofy budowlane. Włącznie z takimi, w których giną ludzie.

W maju 2005 roku zawaliła się trzypiętrowa fabryka Scheiblera, jednego z największych dziewiętnastowiecznych fabrykantów. W środku mieściły się biura i w momencie katastrofy pracowało tam kilkadziesiąt osób. Większości udało się uciec, ale pod gruzami zginęły dwie kobiety: pracownica PZU i brokerka ubezpieczeniowa. Pięć osób zostało rannych. Jeden mężczyzna doznał uszkodzenia kręgosłupa i do dziś ma problemy z chodzeniem.

Budynek przy placu Zwycięstwa to własność CFI. Kiedy się walił, na parterze prowadzono remont. Koparka zgarniająca gruz kilka razy uderzyła w ścianę. Zarzuty usłyszeli operator koparki Jerzy D. oraz znany nam już prezes Adam Kawczyński.

Prokuratura próbowała dowieść, że za katastrofę odpowiadała zarówno praca koparki, jak i nonszalancja administratora.

Firma Kawczyńskiego zaniedbywała okresowe kontrole stanu technicznego gmachu. Zignorowała ekspertyzę, która nakazywała wzmocnienie ścian nośnych. Po trwającym trzynaście lat śledztwie panowie zostali prawomocnie oczyszczeni z zarzutów. Sędzia stwierdził, że tragedii winny był splot nieszczęśliwych okoliczności.

Firma do dzisiaj mieści się w sąsiedztwie zawalonego budynku, w dalszej części Scheiblerowskiej siedziby. Parę lat temu robotnicy szlifowali i skuwali tam zabytkową cegłę z fasady, choć nie mieli na to zgody konserwatora zabytków.

W sprawie kamienicy przy Sienkiewicza prokuratura stawia zarzuty trzem osobom: Jakubowi B., czyli dyrektorowi z CFI, oraz szefom firm remontowych, Lesławowi K. i Łukaszowi B. Śledczy oskarżają ich o doprowadzenie do zdarzenia, które zagrażało życiu lub zdrowiu wielu osób.

Na ławie oskarżonych nie zasiada nikt z rodziny Kawczyńskich.

Proces przed sądem pierwszej instancji zakończył się w listopadzie 2019 roku. Jakub B. został skazany na półtora roku bezwzględnego więzienia. Leszek K. i Łukasz B. dostali karę ośmiu miesięcy pozbawienia wolności w zawieszeniu na dwa lata. Wyrok nie jest prawomocny.

PS Imiona niektórych osób zostały zmienione.

Sierpień–listopad 2019

Wzlot i upadek senatora

– Zasiada pan w niezliczonej liczbie rad nadzorczych, decyduje o losach kilku potężnych firm, inwestuje w przemysł, prasę, sport. Czy nie dość panu pieniędzy i władzy?
– Tego nie da się zatrzymać. Zawsze chce się, żeby firma rosła, nigdy nie jest dość dobra ani dość duża. Człowiek lubi górować nad innymi. Myślę, że świadomą decyzją prawie nie można powiedzieć sobie *Stop*. Nie to, że interesy panują nad człowiekiem, ale sam człowiek i jego interesy wzajemnie się napędzają. Sukcesy i koszty rosną równolegle.

Janusz Baranowski w rozmowie z Krzysztofem Krubskim, „Bestseller" 1992, nr 4

Pięćdziesięcioletni Baranowski zna życie. Jest typem self-made mana, który wszystko, co osiągnął, zawdzięcza sobie. Zanim został przedsiębiorcą, zajmował się jako doktor chemii pracą naukowo-dydaktyczną na Politechnice Łódzkiej. Od lat sześćdziesiątych równolegle prowadził zakład rzemieślniczy specjalizujący się w mechanice precyzyjnej. Dało mu to – jak twierdził – nieocenioną wiedzę ekonomiczną i prawną. W roku 1988 założył Spółdzielczy Zakład Ubezpieczeń Westa, łamiąc monopol PZU na ubezpieczenia krajowe.

Firma rozwijała się burzliwie i zaskakiwała klientów coraz to nowymi pomysłami. Po ubezpieczeniach zagranicznych (złamanie monopolu Warty) i komunikacyjnych (nietypowe zniżki dla właścicieli samochodów w kolorach „ochronnych", czyli bardziej rzucających się w oczy) wprowadziła jako pierwsza w Polsce ubezpieczenie od skutków inflacji, a jako pierwsza na świecie – ubezpieczenie od zachorowania na AIDS.

Baranowski szedł za ciosem – powołał dwie specjalistyczne spółdzielnie ubezpieczeniowe: Westę-Polonię i Westę-Life, założył lombard i biuro detektywistyczne (jedno z pierwszych w kraju), stworzył giełdę towarową i firmę zajmującą się leasingiem.

„Ma ciąg do pieniędzy", komentowali dziennikarze i koledzy biznesmeni.
Na początku roku 1991 zainteresował się prywatyzowanym właśnie Próchnikiem. Ministerstwo Przekształceń Własnościowych proponowało mu trzy procent akcji w każdym z pięciu prywatyzowanych wówczas zakładów, Baranowski żądał dwudziestu procent. Decyzja zapadła w ostatnim dniu sprzedaży – prezes Westy dostał tyle, ile chciał. „Baranowski lubi mieć dużo lub nic", napisał „Przegląd Tygodniowy".
Latem 1991 roku Baranowski był już w Łodzi bardzo, bardzo mocny. Prowadził interesy z łódzkimi przedsiębiorstwami państwowymi, polegające głównie na udzielaniu im pożyczek. Największymi dłużnikami były: jeden z dawnych oddziałów PKS-u, Polmatex-Majed, Fonica i zakłady bawełniane Eskimo. Baranowski czekał na stosowny moment. Gdy dowiedział się o kłopotach Eskimo, zaproponował firmie, że odkupi od niej hale produkcyjne. W fabryce zacierano z zadowoleniem ręce, ale wojewoda Waldemar Bohdanowicz nie wyraził na tę transakcję zgody. Była to pierwsza większa porażka prezesa Westy.

„Polityka" ogłosiła Baranowskiego „archetypem kapitalisty", reprezentującym kapitalizm agresywny i bezwzględny. Świadczyć o tym miały autorytarne rządy w Weście i Próchniku – pracownicy pierwszej z firm, zwierzający się anonimowo rozmaitym gazetom, twierdzili, że prezes potrafi być nerwowy i nieprzyjemny, jest bardzo wymagający i wzbudza u podwładnych strach. Psuło to nieco *image* Westy, która w kreowanym przez marketing wizerunku miała stanowić „jedną wielką rodzinę" i wzór „firmy troskliwej". Fachowcy od *public relations* zaczęli więc „sprzedawać" nieco inne oblicze Baranowskiego: twardy w interesach, ale miękki dla ludzi, szef ojciec, u którego wszystko można wypłakać, który, jeśli już musi kogoś zwolnić, interesuje się jego losem.
Wkrótce przy ważniejszych rozmowach zaczął Baranowskiemu towarzyszyć syn, a w „Bestsellerze" prezes Westy ogłosił, że

najważniejsze są dla niego rodzina i wartości chrześcijańskie: „Wychowano mnie w duchu katolickim i dla mnie dziesięcioro przykazań naprawdę wiele znaczy. A przecież dekalog to prawie jak komunizm. Mam wielkie kłopoty, żeby pogodzić moją wiarę z moją wiedzą o życiu, która to wiedza mówi mi, że świat jest pełen walki, a ten, kto nie walczy – przegrywa".

Do końca 1991 roku i przez pierwsze dziewięć miesięcy roku 1992 Baranowski był na fali. Został wydawcą dwóch dzienników („Wiadomości Dnia" i rzeszowskich „Nowin") oraz jednego tygodnika (sieradzkiego „Nad Wartą"), kupił udziały w klubie Widzew SA, otworzył w centrum Łodzi restaurację Winners. Finansował, pospołu z łódzką Akademią Medyczną, największą inwestycję polskiej służby zdrowia: Centrum Kliniczno-Dydaktyczne. Na liście najbogatszych Polaków tygodnika „Wprost" awansował w 1992 roku na szesnaste miejsce.

Wcześniej, w październiku 1991 roku, po brawurowej kampanii wyborczej, został senatorem, bijąc na głowę innych łódzkich kandydatów.

Marzyło mu się wydawanie własnego ogólnopolskiego dziennika katolickiego: rozmawiał w tej sprawie z lokalnymi hierarchami (bardzo lubił fotografować się w towarzystwie łódzkiego ordynariusza Władysława Ziółka). Co kilka tygodni powracała plotka o kolejnym terminie ukazania się pierwszego numeru. Żaden nie został dotrzymany – pomysł upadł, a zaraz po nim upadła Westa.

W styczniu 1991 roku Westa, zgodnie z nowym prawem ubezpieczeniowym, przekształciła się w spółkę akcyjną. Walne Zgromadzenie Członków Spółdzielni Westa przyjęło przy tej okazji nowy statut, w którym obniżono wartość jednej akcji ze stu milionów do stu tysięcy złotych. Udziały po tak „preferencyjnej" cenie wykupiło dwudziestu dwóch nowych pracowników Westy i Janusz Baranowski, prezes Rady Nadzorczej, który wszedł w posiadanie dwudziestu procent akcji. W ten prosty i tani sposób stał się właścicielem pakietu kontrolnego. 27 października 1992 roku, po wielomiesięcznym procesie, Sąd Apelacyjny w Łodzi unieważnił statut, uznając obniżenie ceny akcji za „świadomą manipulację".

Wcześniej, w sierpniu 1992 roku, do Sądu Rejonowego w Łodzi wpłynął pierwszy wniosek o ogłoszenie upadłości Westy. Zgłosił go poznański Bank Staropolski – Westa ubezpieczyła kredyty zaciągnięte w tym banku przez Przedsiębiorstwo Produkcyjno--Handlowe Sajar z Łodzi i spółkę wydawniczą Svaro z Poznania. Kiedy nadszedł czas spłaty kredytów, okazało się, że ani Sajar, winny dwadzieścia miliardów złotych, ani Svaro, winne dziesięć miliardów, nie zamierzają tego uczynić. Bank Staropolski zwrócił się więc o trzydzieści sześć miliardów (dług plus odsetki) do Westy. Ta broniła się, twierdząc, że nie ogłoszono upadłości Sajaru ani Svaro, nie postawiono ich również w stan likwidacji. Argumentacja przekonała sąd, wniosek Banku Staropolskiego został oddalony, ale jak skomentował całe zdarzenie tygodnik „Wprost": „Westa stała się firmą gorącą".

Kolejnym sygnałem, że z pierwszym prywatnym ubezpieczycielem dzieje się coś niedobrego, było zamknięcie w sierpniu 1992 roku kasy jej warszawskiego oddziału. Kontrola z Ministerstwa Finansów stwierdziła „utratę płynności finansowej". Rozeszły się pogłoski, że firmie Baranowskiego grozi cofnięcie licencji na działalność ubezpieczeniową.

W tym samym czasie Prokuratura Wojewódzka w Łodzi wszczęła przeciwko Weście kilka postępowań. Pierwsze dotyczyło działalności niezgodnej z zezwoleniem Ministerstwa Finansów, drugie – ubezpieczeń od kosztów leczenia dokonywanych przez Westę-Life niezgodnie z obowiązującą ustawą. Trzecie postępowanie było związane z ubezpieczeniem kredytu dewizowego, zaciągniętego przez Krzysztofa Dudę, właściciela firmy Kadex z Zamościa. I czwarte, najważniejsze – w sprawie działania na szkodę Westy SA.

14 października 1992 roku ministerstwo cofnęło Weście licencję ubezpieczeniową.

Pytani przez dziennikarkę „Sztandaru Młodych" o przyczynę końca firmy, akcjonariusze wskazywali na nierozważną politykę Zarządu – kupowanie obligacji, weksli bez pokrycia.

1 czerwca 1993 roku, jedenaście godzin po wygaśnięciu senatorskiego immunitetu, policja, na wniosek prokuratora wojewódzkiego w Łodzi, zatrzymała Janusza Baranowskiego. Łódzcy biznesmeni, poproszeni o komentarz, odmawiają – znają za mało szczegółów.

Z kilkunastu rozmów do druku nadaje się kilka zdań:
– Baranowski nie wymiga się, litera prawa jest bezwzględna.
– Obawiam się, że prokuratura szykuje kolejną „pokazówkę", tymczasem jest jeszcze druga strona medalu: Ministerstwo Finansów. To ono udzielało licencji; musiało wiedzieć o nieprawidłowościach. Urzędników nic nie obchodzi los tysięcy oszukanych klientów Westy, którzy jeżeli kiedykolwiek odzyskają pieniądze, i tak będą stratni z powodu inflacji.
– Westa wyłożyła się na kredytach.
– Było jasne, że Baranowskiego wsadzą. Wszyscy wokoło umoczeni w sprawę już siedzą albo są „na poręczeniu".

Janusz Baranowski w rozmowie z Krzysztofem Krubskim:
– Co pan będzie robił za pięć lat?
– Pewnie to samo co teraz. Ale może kopał grządki?

Czerwiec 1993

Westa daje i zabiera

Kiedy Westa rosła w siłę, łódzkiej służbie zdrowia żyło się dostatniej. Młoda firma rozwijała się błyskawicznie, odbierając klientów dotychczasowym monopolistom. O sukcesie decydowały atrakcyjne propozycje ubezpieczeń i umiejętność zadbania o swój *image*: co rusz Westa coś sponsorowała, przekazywała pieniądze na szczytny cel, fundowała sprzęt biednym jednostkom budżetowym. Szczególną sympatią darzyła instytucje medyczne.

Przedostatniego dnia 1992 roku PAP opublikowała informację, że bankrutujący dziś ubezpieczyciel zażądał od kilku łódzkich szpitali i Wojewódzkiej Kolumny Transportu Sanitarnego zwrotu przekazanych im w pięciolatce 1986–1991 darów.

Szpital im. Jonschera użytkuje cztery urządzenia otrzymane od Westy – echokardiograf, artroskop, elektromiograf i spirograf. Pod koniec listopada 1992 roku ordynator otrzymał pismo z poleceniem przygotowania się do oddania aparatury.

– Umówiłem się z panem Władysławem Jaworskim, prezesem zarządu Westy, i z panią Wiesławą Wróbel, prezesem jej rady nadzorczej – opowiada Czesław Beda, administrator szpitala. – Chciałem wysondować sytuację i przekonać, żeby „odpuścili ten temat".

Rozmowy nie przyniosły rezultatu. Przed świętami listonosz przyniósł do Jonschera kolejne pismo: informowało, że na sprzęt odbędzie się przetarg publiczny i jeśli szpital chce wziąć w nim udział, powinien złożyć ofertę do końca grudnia. Beda oferty nie złożył. Udał się natomiast do Lekarza Wojewódzkiego Ewy Kralkowskiej. Pani doktor napisała piękną opinię: urządzenia powinny zostać tam, gdzie są. Podobne zdanie mieli ordynatorzy poszczególnych oddziałów.

„Posiadanie artroskopu pozwoliło również na prowadzenie pracy naukowej, która zaowocowała współuczestnictwem w badaniach nad polimerowymi wszczepami – autorstwem pierwszej polskiej protezy wiązadła krzyżowego stawu kolanowego, rozwój techniki operacyjnej i taktyki postępowania leczniczego przy ciężkiej niestabilności stawu kolanowego", napisał Zbigniew Kaczan, ordynator Oddziału Chirurgii Ortopedycznej i Urazowej.

Artroskop jest w Jonscherze prawie dwa lata. Wykorzystano go do czterystu zabiegów. Urządzenie skraca trzykrotnie czas pobytu pacjenta w szpitalu. Echokardiograf służy do szybkiego rozpoznania w stanach zagrożenia życia (pęknięcie serca, zawał). Uratował między innymi jednego z pracujących w szpitalu lekarzy, którego dopadły nagle silne bóle serca: okazało się, że było to rozwarstwienie aorty. Elektromiograf umożliwia szybkie diagnozowanie przy chorobach neurologicznych. Spirograf pozwala na precyzyjną ocenę oddychania zewnętrznego. Aparat służy zarówno chorym, jak i naukowcom – dzięki niemu powstało kilka dysertacji doktorskich.

16 grudnia 1992 roku Westa złożyła wniosek o ogłoszenie upadłości. „W związku z tym jesteśmy zmuszeni odzyskać cały majątek, aby zaspokoić roszczenia klientów i pracowników", napisano w kolejnym piśmie żądającym zwrotu sprzętu. Konieczne jest tu wyjaśnienie: otóż z punktu widzenia prawa aparatura nadal należy do firmy ubezpieczeniowej. Przekazanie jej szpitalom nie zostało potwierdzone notarialnym aktem własności.

– Gdyby człowiek wiedział, że się przewróci, toby się położył – tłumaczy się Czesław Beda. – Urządzenia przekazywano z wielką pompą, była telewizja, przemówienia, uściski dłoni. Westa kwitła: zakładała „Wiadomości Dnia", kupowała akcje Próchnika, tworzyła nowe firmy. Nawet do głowy mi nie przyszło, że kiedyś padnie. Gdybym wtedy poprosił pana Janusza Baranowskiego o akty własności, na pewno by nie odmówił. Nikt jednak o tym nie pomyślał. Byliśmy przekonani, że sprzęt jest darowizną.

Formalnie rzecz biorąc, aparatura została szpitalowi „przekazana w użytkowanie" lub „wydzierżawiona nieodpłatnie", nie istnieje jednak żaden dokument mówiący o zasadach tego użytkowania. Sprawy załatwiało się od ręki. Artroskop na przykład ordynator odbierał na granicy. Kilka dni później przyjechał serwis, urządzenie zmontowano i zostawiono. Nikt nie pytał o żaden papier.

Administrator jest dobrej myśli. Wierzy, że zdoła się dogadać z wierzycielami Westy. Może ci zrezygnują z pieniędzy, które jest im winna ubezpieczalnia, i pozostawią aparaturę w szpitalu. Jeśli dojdzie do przetargu, to – zdaniem Bedy – szansę na znalezienie nabywcy ma jedynie artroskop.

– ZOZ-y sprzętu nie kupią, koledzy mi tego nie zrobią. Mogą kupić spółki lekarzy, ale żadne urządzenie oprócz artroskopu nie nadaje się do gabinetu prywatnego. My leczymy za darmo, w spółce za zabieg z użyciem tej aparatury trzeba zapłacić do trzech milionów.

(Bedzie zabrakło wyobraźni. W Weście informują nieoficjalnie, że są już oferty na wszystkie urządzenia – złożyli je właściciele prywatnych gabinetów).

Kilka dni temu do Jonschera przyjechał niemiecki przedsiębiorca. Przywiózł w darze parę protez stawu kolanowego. Był bardzo zdziwiony, gdy zapytano o akt własności.

– Przecież daję wam te protezy, o co więc chodzi?

W innej niż Jonscher sytuacji jest Wojewódzka Kolumna Transportu Sanitarnego (WKTS). W marcu 1992 roku Westa przekazała WKTS pięć karetek (duże fiaty kombi) w użytkowanie na pięć lat. Umowę potwierdził Urząd Wojewódzki.

– Ubezpieczamy się w Weście od dwóch lat, nasza współpraca układała się bardzo dobrze – mówi Włodzimierz Chulewicz, dyrektor Kolumny. – We wrześniu 1992 roku firma przestała jednak płacić odszkodowania za wypadki: likwidowano szkodę, przeprowadzano oględziny, sporządzano protokół, ale pieniędzy nie wypłacano. Dowiedziałem się, że Zakład Ubezpieczeń Komunikacyjnych Westy zwrócił się w listopadzie do zarządu spółki, aby w ramach niewypłaconych kwot przekazać nam te pięć samochodów na własność. Byłaby to korzystna transakcja. Nowa karetka kosztuje pięćdziesiąt milionów. Amortyzację oblicza się na dziesięć procent w ciągu roku, więc wartość pięciu rocznych samochodów to dwieście dwadzieścia pięć milionów. Mniej więcej tyle samo wynosi dług Westy wobec nas.

Sytuacja prawna aut jest niejasna, tymczasem w nowym roku trzeba je ubezpieczyć. Kolumna nie może tego zrobić, bo nie jest ich właścicielem, Westa nie może tym bardziej, ponieważ ogłosiła upadłość. Na razie Westa nie wystąpiła o zwrot samochodów, ale na wniosek jednego z wierzycieli ubezpieczalni – Łódzkiego Banku Rozwoju – zajął je komornik. Tak czy owak, stoją w garażu.

– Gdyby zdecydowano się sprzedać je na przetargu – mówią w WKTS – straty ponieśliby wszyscy. Te samochody są przystosowane do transportu sanitarnego: mają otwory w dachu i specjalne instalacje. Aby używać ich do celów „cywilnych", trzeba dokonać przeróbek. Dlatego na przetargu zapłacono by za nie połowę ceny.

Kolumna sprzedaje od czasu do czasu kilkuletnie auta. Idą za sześć–siedem milionów. Gdyby sprzedano karetki przekazane przez Westę, państwo musiałoby w to miejsce kupić nowe. Za o wiele większe pieniądze.

W 1991 roku Centrum Zdrowia Matki Polki (CZMP) otrzymało od Westy ultrasonograf z kolorowym dopplerem amerykańskiej firmy Acuson. Supernowoczesne, unikalne w kraju urządzenie służy do badań perinatologicznych, czyli oceny stanu płodu. Ministerstwo Zdrowia, któremu CZMP podlega bezpośrednio, przyznało Matce Polce status krajowego ośrodka opieki nad kobietą z ciążą zagrożoną.

Łódzki szpital zajmuje się przypadkami najcięższymi. Trafiają tutaj z całej Polski ciężarne z cukrzycą, padaczką, wadami serca. Aparatem od Westy przebadano już dwadzieścia tysięcy kobiet. Ostatnio ministerstwo przyznało szpitalowi pieniądze na sprzęt komputerowy współpracujący z ultrasonografem. Być może nie będzie go do czego podłączyć: Westa żąda zwrotu swojej własności.

– Jeśli oddamy ten sprzęt, to nie będziemy mogli wykrywać wad rozwojowych płodu ani przeprowadzać operacji ratujących życie dziecku – mówi dyrektor CZMP Tomasz Pertyński. – Takie USG warte jest około trzech miliardów złotych. Dla nas to olbrzymie pieniądze, ale w morzu wielosetmiliardowych długów Westy to kropelka. Może lepiej „przycisnąć" autentycznych dłużników?

Władysław Jaworski, od października 1992 roku prezes zarządu Westy, chciałby, żeby cała aparatura została tam, gdzie się obecnie znajduje. Tłumaczy, że Westa zdecydowała się odebrać swoją własność, bo nie miała innego wyjścia.

– Nie tak dawno byliśmy silną firmą, która mogła sobie pozwolić na zakup nowoczesnego sprzętu medycznego. Nasza centrala mieści się w Łodzi, więc w pierwszym rzędzie myśleliśmy o placówkach łódzkich. Urządzenia cały czas należały do nas, my ich tylko bezpłatnie użyczaliśmy.

– Cieszyliśmy się – ciągnie prezes – że możemy służyć społeczeństwu. Dzięki Weście uratowano ileś ludzkich istnień, przeprowadzono setki operacji, przebadano tysiące pacjentów. Teraz firma pada, nie mamy środków na wypłaty odszkodowań. Spotkałem się z zarzutem, że zabieramy sprzęt potrzebny chorym, nieszczęśliwym pacjentom. Ale nasi klienci to też ludzie nieszczęśliwi: pogorzelcy, dzieci, którym zginęli rodzice, emeryci tracący dorobek życia.

Jaworski mówi, że zarząd egzekwuje wszystkie zobowiązania od wszystkich dłużników. I dużych, i małych. Do dziś wypłacane są niektóre drobne szkody, choć Westa już od trzech miesięcy

nie ma prawa inkasować składek ubezpieczeniowych. Pieniądze pochodzą właśnie z tych odzyskanych środków.
Janusz Rychlewski, p.o. dyrektora zarządzającego Łódzkim Bankiem Rozwoju, uspokaja, że przy egzekucji długów Westy zostanie zachowany tak zwany interes społeczny.
– Majątek Westy jest zabezpieczeniem należności naszego banku. Musimy pilnować swoich interesów, ale zajęcie przez komornika karetek WKTS było tylko formalnością. Karetki jeżdżą i nie będą zabrane.

Styczeń 1993

Bez grubej kreski

„Mnie interesuje, co jest dziś…"

Michał Szymaniak przyszedł do XXX Liceum Ogólnokształcącego na Bałutach krótko przed stanem wojennym. Zrobił dobre wrażenie: był młody, energiczny, umiał rozmawiać i z Solidarnością, i ze Związkiem Nauczycielstwa Polskiego (ZNP). 14 grudnia zamknął się w swoim gabinecie z funkcjonariuszami Służby Bezpieczeństwa (SB) i długo z nimi konferował. Następnie przystąpił do działania.

Wyśledził, że polonistka Krystyna Kowalczyk mówiła na lekcji o Katyniu, i napisał w jej aktach, że praca nauczycielki nie służy kształtowaniu wśród młodzieży należytych postaw. „Obowiązkiem nauczyciela – dodał – jest kształtowanie postaw zgodnych z pryncypiami ideowymi ustroju socjalistycznego".

Z inicjatywy dyrektora szkolna organizacja Polskiej Zjednoczonej Partii Robotniczej (PZPR) potępiła pięcioro nauczycieli, którzy prowadzili swoje zajęcia niezgodnie z „założeniami polityki oświatowej państwa", i zobowiązała kuratorium do „odsunięcia kolegów od wpływu na młodzież". Uchwałę tę podpisało jedenastu nauczycieli.

Ogółem w okresie stanu wojennego wyrzucono z liceum dziewięciu nauczycieli, dwoje było internowanych. Krystynę Kowalczyk zabrali z matur. Dyrektor wyszedł na chwilę z sali, sekretarka słyszała, jak mówił przez telefon: „Możecie przyjeżdżać!". Ryszarda Miedziankę zabrali dzień wcześniej z domu.

Barbara Parniewska zaproponowała radzie pedagogicznej wysłanie do kuratora petycji w obronie internowanych kolegów. Dyrektor skrytykował projekt i przypomniał o planowanej weryfikacji nauczycieli: na ocenę złożą się nie tylko umiejętności, ale i poglądy. Dodał, że nie będzie bronił tych, którzy nie pozwalają się bronić, i popatrzył znacząco na Parniewską. Nauczycielka wręczyła mu podanie o przeniesienie do innej szkoły i wyszła. Petycję w obronie kolegów podpisało siedem osób spośród trzydziestu członków rady.

Po usunięciu niewygodnych nauczycieli resztę rady pedagogicznej dyrektor kupił. Cena nie była wygórowana. Kupić radę pedagogiczną jest łatwo, wystarczy stworzyć możliwość dodatkowych zarobków. Wystarczy nie przeprowadzać hospitacji, nie sprawdzać wyników nauczania. Słowem – nie czepiać się.

Z kolei rozwiązał samorząd uczniowski, a jego członkom zagroził usunięciem ze szkoły. Kilku najaktywniejszych otrzymało wezwanie do SB. Mimo to uczniowie napisali petycję z prośbą o zwolnienie internowanych nauczycieli. Dyrektor otrzymał egzemplarz petycji z rąk najgrzeczniejszych i niepodpadniętych dziewczynek, które i tak musiały wytłumaczyć się przed funkcjonariuszami. Opublikował artykuł w łódzkim dzienniku partyjnym „Głos Robotniczy". Tekst nosił tytuł: *Po obradach KŁ PZPR* [Komitetu Łódzkiego Polskiej Zjednoczonej Partii Robotniczej – W.G.] *na temat oświaty i wychowania. Przede wszystkim interes młodzieży.* Szymaniak podpisał się jako dyrektor XXX LO i Przewodniczący Komisji Młodzieżowej przy Komitecie Dzielnicowym PZPR Łódź-Bałuty.

Umarł Jurij Andropow, następca Breżniewa. Dyrektor pojechał z całą rodziną do radzieckiej ambasady i wpisał się do księgi kondolencyjnej.

Delegacje młodzieży z trzydziestki jeździły do nauczycieli do więzień, kilkoro uczniów miało kontakty z podziemiem Solidarności. Czas aktywności się jednak kończył. Szkołę opuściły roczniki pamiętające Sierpień, po nich odeszli ci, co pamiętali kolegów, którzy pamiętali... Nauczycieli powracających z internowania przeniesiono do innych szkół. Wskutek nacisków dyrektora odeszli nauczyciele, którzy na lekcjach przemycali informacje o Katyniu i poezje Miłosza.

W grudniu 1989 roku kurator łódzkiej oświaty Iwona Bartosikowa zaczęła zapraszać do kuratorium niektórych nauczycieli: przyszło polecenie z ministerstwa, że należy wyszukać represjonowanych i ich przeprosić. Pani Bartosikowa, w stanie wojennym szefowa Wydziału Nauki i Oświaty KŁ PZPR, wzywała nauczycieli indywidualnie, niektórych zapraszała przy okazji załatwiania innych urzędowych spraw. Forma przeprosin dopełniła czary goryczy i Komisja Zakładowa nauczycielskiej Solidarności z Bałut uchwaliła wotum nieufności wobec kilku osób z władz oświatowych: wobec pani kurator, trzech inspektorów i dyrektora Michała Szymaniaka.

Nastąpił kontratak, oskarżono Komisję Zakładową o prywatne animozje. W rekordowym czasie kilku godzin zebrali się, połączeni wspólnym poczuciem zagrożenia, dyrektorzy wszystkich bałuckich szkół. Solidarność zaproponowała przeprowadzenie w każdej szkole głosowania nad wotum zaufania rad pedagogicznych do dyrektorów. Propozycja rozsierdziła dyrektorów, stwierdzili, że nie będą poddawać się ocenie rad, bo byłoby to upokarzające. Większość wolałaby podać się do dymisji, niż dać się upokorzyć. Dyrektor Szymaniak wybrał „upokorzenie". Rada pedagogiczna uchwaliła wotum zaufania szybko i sprawnie.

W lipcu 1990 roku konkurs na łódzkiego kuratora wygrał Wojciech Walczak z kręgów Zjednoczenia Chrześcijańsko-Narodowego. Postanowił zwolnić Michała Szymaniaka. W obronie dyrektora wystąpiły rada pedagogiczna i Związek Nauczycielstwa Polskiego, w Sejmie interpelowała poseł Halina Suskiewicz (nauczycielka z innego łódzkiego ogólniaka, wybrana w 1989 roku do Sejmu kontraktowanego z puli PZPR).

W trzydziestce ogłoszono konkurs na dyrektora, a były dyrektor odwołał się do sądu pracy. Czekając na wyrok, naprawia organy w kościołach.

Łódzka telewizja nadała audycję poświęconą sprawie Szymaniaka. Wypowiedziały się uczennice: „Przeżyłyśmy szok, kiedy usłyszałyśmy o decyzji kuratora", „Pan dyrektor Szymaniak jest wspaniałym profesorem, wspaniałym pod każdym względem", „Mnie nie interesuje, co działo się dziesięć lat temu i co było z tamtymi profesorami, mnie interesuje, co jest dziś, bo ja się teraz uczę".

Być może te wypowiedzi są najsmutniejsze w całej historii dyrektora Szymaniaka.

Styczeń 1991

Ślepa nienawiść

W łódzkim parku Poniatowskiego znajdują się dwa cmentarzyki żołnierzy radzieckich i obelisk zwieńczony pięcioramienną gwiazdą. Kilka razy w roku spędzano tu młodzież ze szkół: kazano składać kwiaty i słuchać przemówień o przyjaźni, pokoju i socjalizmie. Nie było powodów, żeby kochać to miejsce.
W 1989 roku park opuścili organizatorzy „akademii ku czci", a ich miejsce zajęli wandale. Akty profanacji były początkowo sporadyczne – przewrócono nagrobek, namalowano „ss" na innym. Pracownicy Łódzkiego Przedsiębiorstwa Ogrodniczego, opiekującego się terenem, usuwali szkody na bieżąco.
Łódzkie gazety milczały o dewastacjach. W Polsce zmienił się ustrój i Polacy musieli odreagować komunizm. Na bruk leciały pomniki Dzierżyńskiego i Lenina. Los dwóch radzieckich cmentarzy, nieliczących razem nawet stu mogił, mógł wydawać się mało istotny. Milicja (a potem policja) przyjeżdżała, fotografowała groby i odjeżdżała.
Od końca 1990 roku groby są profanowane coraz częściej. Brygadzista z Łódzkiego Przedsiębiorstwa Ogrodniczego Wiesław Sobczak mówi, że nie było tygodnia, w którym po drodze do pracy nie natknąłby się na przewrócony w nocy nagrobek. Wszystko notuje w swoim kajecie:
21 lutego – wywrócony jeden nagrobek na pierwszym cmentarzu i szesnaście nagrobków na drugim.

27 lutego – poodkręcane i poobijane płyty z nazwiskami oficerów.

6 marca – na pierwszym cmentarzu leżą cztery nagrobki, na drugim sześćdziesiąt.

7 marca – przewrócona sześćdziesiąta pierwsza płyta z drugiego cmentarza; nienaruszone pozostały tam tylko dwa groby.

8 marca – cokół pomnika oblany pianą z gaśnic. Gaśnice znaleziono w pobliżu. Treść tabliczek inwentarzowych: „Z.O.P.P.MS. w Łodzi nr inw. PN 0/114" oraz „G.Z.W.M.".

Dyrektor Łódzkiego Przedsiębiorstwa Ogrodniczego Stanisław Cholewiński uważa, że na cmentarzach działa zorganizowana grupa. Niemożliwe, żeby przypadkowi ludzie wywrócili przez jedną noc sześćdziesiąt kilkusetkilogramowych płyt.

– Zniszczenia naprawialiśmy systematycznie – mówi szefowa Działu Konserwacji Zieleni Maria Sulwińska – ale mamy ograniczone środki. Po ostatniej dewastacji dostaliśmy od miasta czterdzieści pięć milionów. Wystarczy na wmurowanie płyt. Zaczęliśmy ustawiać groby 27 marca, skończymy za tydzień.

Dyrektor Cholewiński sądzi, że teraz grobów nikt nie ruszy, ale mogą być malowane sprayem. Policja nie jest w stanie ochraniać parku, musiałaby wystawić całonocny posterunek.

Groby żołnierzy odwiedzane są przez rodziny ze Związku Radzieckiego. „Co im powiedzieć?", myśli brygadzista Sobczak.

Kwiecień 1991

Odkryć w rodzinie volksdeutscha to wielkie szczęście

W maju 1990 roku łódzka telewizja pokazała, jak Archiwum Państwowe w Łodzi przejmuje dawne akta Urzędu Bezpieczeństwa (UB). Dotyczyły czasów okupacji: gestapo, granatowej policji i volksdeutschów. Następnego dnia w archiwum rozdzwoniły się telefony. Ludzie pytali z nadzieją, czy w przejętych papierach nie ma przypadkiem ich nazwisk. Bo gdyby były, to chcieliby odpis.

Dziadek Brunona Schmidtkego otrzymał polski Krzyż Niepodległości z Mieczami za udział w walkach 1918 roku. W latach trzydziestych pracował w łódzkim magistracie, zwolnili go, podobno za niemiecką narodowość. Podczas wojny, chcąc zapewnić rodzinie bezpieczeństwo, przyjął wraz z żoną volkslistę. Podjął pracę w Policach przy produkcji części do rakiet V-1, V-2 („fał ajne, fał cwaj" – jak mówi Bruno). Zginął podczas bombardowania fabryki w lutym czterdziestego piątego.

Jego syn, ojciec Brunona, chodził do niemieckiego gimnazjum. Całą wojnę przepracował w Berlinie. Volkslisty nie przyjął przez przypadek. Po wojnie majster zaproponował mu pozostanie w Berlinie, ale ojciec Brunona wrócił do Łodzi: tu jest jego *heimat*. Marzył o karierze wojskowej. Zamiast do wojska wezwali go na UB i pokazali papiery rodziców.

– Skoro oni byli szwabami, to i ty jesteś szwab – zawyrokowali i posadzili na dwa lata.

Matka Brunona również pochodzi z niemieckiej rodziny. Zawsze czuła się Niemką; volkslisty nie podpisała, bo nie popierała faszyzmu.

Bruno, rocznik 1955, nigdy by się nie zastanawiał, czy jest Polakiem, czy Niemcem. W Łodzi urodził się, w Łodzi chodził do szkoły (w szkole usłyszał kiedyś: „Ty szwabie!"), dostał mieszkanie (przyszli sąsiedzi wołali, że to wstyd Niemcom dawać). Nawet lektor na kursie niemieckiego pytał go o pochodzenie. Dlatego Bruno zaczął się zastanawiać, kim jest. Doszedł do wniosku, że Niemcem, i postanowił emigrować.

Ewa Deutsch ma siedemdziesiąt lat, a jej mąż Manfred siedemdziesiąt dwa. Oboje są pochodzenia niemieckiego, oboje podpisali w czasie wojny volkslistę. Są zmęczeni życiem, w Polsce do niczego nie doszli, chcą emigrować, całą rodzinę mają na Zachodzie.

– Niemiecka krew zawsze się odezwie – mówi Ewa Deutsch. – I zawsze ją poznać. Ja nie prowadzę gospodarstwa jak Polka. U mnie jest zawsze czysto, zawsze robię świeże jedzenie. W naszym domu nikt nie upija się. Polacy uważają się za nie wiadomo kogo, a sami nie mają honoru. Byłam w tym roku u siostry w Holandii. Jechałam pociągiem i do Berlina bardzo się bałam, tyle było polskiej hołoty. Wszyscy na handel, wszyscy pijani, jakąś panią okradli, zanieczyścili wagon. Od Berlina było kulturalnie, ludzie mili, celnicy niemieccy sympatyczni, *bitte*, *danke*, a już holenderscy to wspaniali.

Odkryć w rodzinie volksdeutscha to wielkie szczęście, trzeba tylko odszukać dokumenty.

Takie dokumenty pomagają w staraniach o obywatelstwo Republiki Federalnej Niemiec (RFN).

Obywatelstwo RFN-u gwarantuje otrzymanie pozwolenia na pracę, stałego zasiłku i zapomogi.

Ludzi szukających dokumentów zgłasza się każdego roku do łódzkiego archiwum pięćdziesięciu. Nie jest to dużo – 1,6 procent wszystkich interesantów. Jeżeli ktoś jest zażenowany – albo przeciwnie: arogancki i bezczelny – dyrektor archiwum Jan Grzelczyk wie, że ten interesant potrzebuje zaświadczenia o wpisie na volkslistę.

26 października 1939 roku dekret Hitlera wcielił do Rzeszy część ziem polskich, które zostały podzielone na Okręg Rzeszy Gdańsk–Prusy Zachodnie i Okręg Rzeszy Kraj Warty, Górny Śląsk zaś dołączono do istniejącej już Provinz Oberschlesien. Z reszty ziem okupant utworzył Generalne Gubernatorstwo.

Na terytorium przedwojennego państwa polskiego żyło około miliona Niemców, będących obywatelami polskimi. Jeżeli ci ludzie przyjmowali w 1939 roku niemiecką przynależność państwową, był to wyraz nielojalności wobec Polski, ale nie zdrady narodowej. Oni po prostu byli i czuli się Niemcami. Inaczej było z Polakami, którzy przyjmowali niemiecką przynależność państwową.

Niemcy ustanowili cztery grupy narodowe. Pierwsza to Niemcy – obywatele polscy, którzy przed wojną zachowali i demonstrowali swoją niemieckość. Druga to ci, którzy swojej niemieckości nie demonstrowali. Do grupy trzeciej zaliczano osoby pochodzenia niemieckiego, na przykład z małżeństw mieszanych, oraz osoby zdatne do zniemczenia ze względów rasowych (między innymi Górnoślązacy, Kaszubi i Mazurzy). Czwarta grupa nie miała większego znaczenia – znalazły się w niej całkowicie spolonizowane osoby pochodzenia niemieckiego.

W Kraju Warty (Łódź i Poznań) wpisano do grupy trzeciej około sześćdziesięciu tysięcy osób, a w Okręgu Gdańsk–Prusy Zachodnie – siedemset dwadzieścia pięć tysięcy.

W Generalnym Gubernatorstwie nie było prawie zupełnie dwóch pierwszych grup, liczyła się trzecia. Z nią wiąże się, jak wówczas mówiono, folksdojczostwo. Było właściwie zupełnie dobrowolne i dotyczyło kilkunastu tysięcy osób.

Po wojnie, w myśl trzynastego artykułu układu poczdamskiego, przystąpiono do wysiedlania Niemców mieszkających na terytorium Polski. Powstał problem Polaków wpisanych na niemiecką listę narodową. Przygotowano akt prawny, ulegający potem licznym modyfikacjom, uznając, że wpis do trzeciej grupy podlega przebaczeniu, jeśli obywatel, który to uczynił, podpisze deklarację lojalności wobec państwa polskiego. Wpisani do grupy drugiej musieli rehabilitować się przed sądem. Jeśli nie zostali zrehabilitowani, podlegali, wraz z volksdeutschami z grupy pierwszej, wysiedleniu do Niemiec. Od 1955 roku w RFN-ie obowiązywał przepis, że ludzie wpisani na niemiecką listę narodową, ich rodziny i potomkowie mają szansę uzyskania niemieckiego obywatelstwa.

Problem volksdeutschów pojawił się w archiwach około 1981 roku. Łatwiej można było dostać paszport, mówiło się o prawach człowieka, a Solidarność sygnalizowała sprawę mniejszości narodowych. Do archiwów zaczęli coraz częściej zgłaszać się interesanci z prośbą o „zaświadczenie potwierdzające przynależność w okresie okupacji hitlerowskiej do narodowości niemieckiej". Problem wystąpił głównie na dawnych ziemiach wcielonych.

Dyrektor Jan Grzelczyk z Archiwum Państwowego w Łodzi miał trzynaście lat, kiedy wywieziono go na prace przymusowe. W fabryce lotniczej w Berlinie przepracował trzy lata i siedem miesięcy. Był głodny i zastraszony. Kiedy interesant prosi go o wiadome zaświadczenie, berliński obóz staje mu przed oczyma. Dyrektor twierdzi, że bardziej nieprzyjemne uczucia budzą klienci, którzy mówią o swojej prośbie z zażenowaniem, niż ci, którzy krzyczą: do krzyków przywykł w czasie wojny. Niewykluczone, że odgrywa rolę wiek interesantów. Spokojnie zachowują się sami volksdeutsche, krzyczą ich dzieci i wnukowie.

Gdy dyrektor Jan Grzelczyk odmawia wydania dokumentów, interesanci oburzają się, a nawet grożą: oni jeszcze pokażą, będą się odwoływać, jest Solidarność, jest nowy rząd, są prawa człowieka. Dyrektorowi trudno wtedy zachować kulturę obsługi petenta. Jako urzędnik państwowy musi być uprzejmy, z drugiej strony czuje niesmak.

Większość zgłaszających się to dzieci i wnuki volksdeutschów, mniej więcej jedna piąta to sami volksdeutsche. Przeważa inteligencja. Niewielu jest robotników, chłopów czy rzemieślników. Większość poczuła, że są Niemcami, całkiem niedawno. Są wśród nich ludzie, którzy najpierw podpisywali volkslistę, potem rehabilitowali się, a teraz będą się starać o obywatelstwo RFN-u. Z rozmów wynika, że potrzebują papierów dla władz niemieckich: w sprawach spadkowych, dla uzyskania zapomogi, pracy i mieszkania.

Dyrektorowi Janowi Grzelczykowi jest przykro, że decyduje ekonomia.

Najwięcej wniosków w sprawach volksdeutschów wpływało do archiwów w latach 1987–1989. Od zjednoczenia Niemiec fala zaczęła opadać. W 1990 roku było w Archiwum Państwowym w Łodzi dwadzieścia jeden zgłoszeń na piśmie i dziesięć ustnych.

Zainteresowani dokumentami volksdeutschów otrzymują w archiwum jedną z dwu odpowiedzi: „Papierów nie ma" albo „Papiery są, ale nie zostaną udostępnione". Przyjęto zasadę wynikającą z załącznika do czwartej konwencji haskiej (z 1907 roku), że okupant nie ma prawa zmieniać obywatelstwa mieszkańcom zajętego terytorium. Władze hitlerowskie obywatelstwo zmieniały, była to więc działalność bezprawna. Bezprawne działania z przeszłości nie mogą rodzić skutków prawnych dzisiaj. Takie właśnie wyjaśnienie wpisuje się na druczkach wysyłanych volksdeutschom.

Może i słusznie. Ale może też lepiej byłoby wypuścić ich wszystkich z kraju, wydać dokumenty i życzyć szczęścia.

PS Personalia volksdeutschów oraz dane umożliwiające identyfikację zostały zmienione.

Listopad 1990

Końcówka miasta

Końcówka miasta

Dlaczego do szpitala psychiatrycznego przylgnęła nazwa Kochanówka, łodzianie nie pamiętają. Przylgnęła na dobre i wszyscy wiedzą, o co chodzi. W najbliższej okolicy Kochanówki są dwa domy dziecka: Dom Opieki Społecznej dla Dzieci i Specjalny Ośrodek Szkolno-Wychowawczy nr 2. Na ten ośrodek mówi się w Łodzi Rejmontówka. Dlaczego? Łodzianie też nie pamiętają. Między Rejmontówką a Kochanówką jest gospodarstwo rolne. Na polu gospodarstwa znaleziono zwłoki dziesięcioletniej dziewczynki.

Osiedle przylegające do Kochanówki nazywa się Kały. Niby jeszcze miasto, tramwaj pod bokiem, a zabudowa już wiejska. Chałupy, krowy, płotki i gołębie. Ulice są oznakowane urzędowymi tabliczkami, a nazwy niemiejskie: Bruzdowa, Kompostowa, Glebowa, Hektarowa. Teren pograniczny, przejściowy. Miasto zmaga się ze wsią. Rozrasta się zakładami rzemieślniczymi i willami marmurkowo-dżinsowo-budowlanej arystokracji. Przyjeżdża kradzionymi samochodami, które porzuca się w lesie albo w okolicznych krzakach. Wieś się broni. Przy Rejmontówce są jeszcze całe uliczki niezmienione od przedwojny. Mnożą się meliny. Miejski raj, który nie całkiem jest rajem, walczy z piekłem, które nie jest piekłem do końca. Tworzy się olbrzymi czyściec.

Najbardziej „przejściowa" jest ulica Chochoła. Z jednej strony szpital i kawałek lasu, z drugiej, na przemian, chałupy z zagrodami i wille. Wałęsają się tu sfory psów, ale już po betonowej nawierzchni. Na Aleksandrowskiej przy Chochoła staje tramwaj linii 44.

Rejmontówka też jest trochę przejściowa. Trafiają tu dzieci „lekko upośledzone". Są chore psychicznie, przeważnie pochodzą z rodzin z marginesu. Już nie kwalifikują się do szkół specjalnych, ale jeszcze nie muszą być w zamkniętych zakładach. W Rejmontówce mają szkołę i internat. Siedmiohektarowy teren obejmuje kawał lasu.

Dziesięcioletnią dziewczynkę znalezioną na polu przyprowadziła w poniedziałek matka, której odebrano prawa rodzicielskie. Dyrektorka Rejmontówki, pani Pacholska, opowiada, że Małgosia miała zaburzone emocje. Wszędzie jej było pełno, chciała się bawić, ale niczym nie potrafiła zająć się dłużej. Szybko przystosowywała się do reguł ośrodka. Dzieci dziwiły się, że nie zna podstawowych rzeczy. Nie wiedziała na przykład, co znaczy słowo „kolacja". Nie spodziewała się, że po obiedzie będzie jeszcze coś do jedzenia.

W piątek miała przyjść matka, by zabrać ją na weekend. Dziewczynka ubrała się i co chwilę schodziła na portiernię.

– Bo te dzieci tęsknią za domem. Śmierdzącym, zimnym, niegościnnym... – powie dyrektorka.

Matka nie przyszła.

W sobotę Małgosia też czekała. Były zajęcia w świetlicy, ale nie mogła się skupić. Zeszła na parter, żeby porozmawiać z wychowawczynią. Później zapytała, czy może iść na portiernię. Wróciła po dziesięciu minutach. Potem było sprzątanie po podwieczorku. Zgłosiła się do wyrzucenia śmieci. Matka wciąż nie przychodziła. Wtedy zapytała, czy może pójść do WC. Wychowawca się zgodził. Dziewczynka wyszła i więcej nie wróciła.

Pierwsze skojarzenie dyrektorki było takie, że Małgosię ktoś uprowadził. Myślała o pacjencie z Kochanówki. Małe dzieci nie uciekają. One się boją. Zresztą Małgosia nie znała drogi przez gospodarstwo, bo przyszła od Spadkowej.

Matka pojawiła się dopiero na pogrzebie. Zachowywała się powściągliwie (w papierach Małgosi ktoś napisał: „Dziewczynka wyrzucana z domu w czasie imprez, libacji, sypia pod drzwiami").

W Rejmontówce zawsze bali się psychiatrycznych pacjentów Kochanówki. Płot jest niski i każdy, kto chce, może sobie przeskoczyć. Zeszłego lata facet w piżamie napadł dozorczynię. Wyskoczył zza krzaka i zaczął ją bić. Udało się jej uciec, dostała się do szpitala, półżywa i poraniona. Najpierw odmówiono jej pomocy, a potem odradzano obdukcję.

Dyrektorka Rejmontówki zauważyła na Bruzdowej, przy lasku, obnażonego zboczeńca.

Do wychowawcy Pieniążka bez przerwy zachodzą ludzie w piżamach. Wychowawca mieszka blisko, mają po drodze. Proszą o ubrania robocze, żeby mogli wyjść na miasto.

Potem dyrektorka przeczytała artykuł w „Expressie Ilustrowanym": „Dyrekcja szpitala potwierdziła, iż dokonywano nawet włamań do kostnicy w celach seksualnych". Nabrała pewności, że Małgosię ktoś uprowadził.

Pierwszy zobaczył zwłoki dozorca gospodarstwa rolnego. Przedtem zamknął bramę, a następnie nakarmił psy – wielkie owczarki niemieckie. Po pewnym czasie zorientował się, że psy, spuszczone wcześniej z uwięzi, gdzieś się zapodziały. Usłyszał szczekanie, poszedł w tamtym kierunku. Zobaczył je, stojące przy rozszarpanym ciele.

Prokurator twierdzi, że dziewczynkę zagryzły psy. Dyrektorka nie wierzy – coś innego musiało zdarzyć się wcześniej. Skąd się wzięła na tym polu? Dlaczego leżała wyprostowana?

Wicedyrektor Rejmontówki dziwi się, że śledztwo poszło jednym torem: uczepili się psów i dziury w płocie. Ich wątpliwości nikt nie chciał wysłuchać. Dyrektorka mówi z rezygnacją, że prawdy się pewnie nie dojdzie:

– Chyba że... – zaczyna i nie kończy.

Boi się. Małgosia została zabita, a morderca jest na wolności. Półtora miesiąca żyją tym wypadkiem. Mówią, że to musiało się wydarzyć. Otoczenie stawało się coraz bardziej agresywne.

Nawet portierka od dawna coś przeczuwała. Dyrektorka zaczęła zabezpieczać ogrodzenie, ale i tak ciągle ktoś kradnie przęsła od strony lasu.

W tym lesie, w małej chałupce, jest melina. Do meliny pracownicy gospodarstwa rolnego przechodzili na skróty, przez Rejmontówkę. Dyrektorka przeniosła sypialnie na piętra, żeby stukający w okno pijak nie budził dzieci. Zaczęli jej wynosić węgiel z zimowych zapasów. Nie było to takie straszne: nikomu się nic nie stanie, jak ktoś sobie wiadro węgla zabierze. Dopiero kiedy wynosili ten węgiel worami, kazała załatać płot. Któregoś dnia podpalono budynek szkoły. Sprawców nie wykryto. Wtedy dyrektorka poprosiła milicję o opiekę nad Rejmontówką. Obiecali zaopiekować się.

W prokuraturze Łódź-Bałuty toczy się postępowanie o „pozostawienie osoby poniżej lat 15 bez opieki przez osobę zobowiązaną do sprawowania pieczy, w następstwie czego doszło do zgonu". Dyrektorka marzy, żeby pani prokurator spędziła chociaż jedną noc z dziećmi, które w nocy śmieją się, płaczą i krzyczą ze strachu. Następnie – żeby wróciła do miasta Bruzdową i Chochoła. Wychowawcy zostaną. Wielu pracuje tu od dwudziestu lat. Nauczyli się mieszkać z dziećmi, które nocami krzyczą ze strachu.

Ostatnio dzieci zaczęły się bać jeszcze bardziej. Młodsze chcą spać po dwoje w łóżku, chociaż nie wiedzą o Małgosi. Starsze były na pogrzebie, ale nie pamiętają. Tutejsze dzieci zapominają z dnia na dzień.

W zeszłą niedzielę znowu chodził przed ośrodkiem człowiek w piżamie. Wicedyrektor zadzwonił do Kochanówki z pytaniem, czy nie brakuje im pacjenta. Brakowało. Zabrali go, a wicedyrektor żałuje, że nie kazał pokwitować odbioru.

Mają poczucie, że wszystko jeszcze może się zdarzyć. Taka końcówka miasta – mówią.

Kwiecień 1990

Dopisek z sierpnia 2019: Szpital psychiatryczny Kochanówka wciąż działa. Ale przez lata bardzo się zmienił. Dyrekcja zamontowała szlabany przed wjazdem, a Unia zafundowała termoizolację szpitalnych pawilonów i wyposażenie do sali elektrowstrząsów. Barbara, która mieszka po sąsiedzku, uważa, że zabezpieczenia też musieli poprawić. Od wielu lat żaden pacjent nie uciekł. Za to jak zmieniła się okolica! Wreszcie położyli im asfalt, a na końcu ulicy wyrosło nowe osiedle domków jednorodzinnych. Jedna rzecz się nie zmienia. Dojeżdża tam jeden tramwaj, a do najbliższego sklepu mają trzy przystanki. I to sąsiadów martwi o wiele bardziej niż sąsiedztwo szpitala.

Rejmontówkę miasto zamknęło pięć lat temu. W tym samym budynku otworzyło młodzieżowy ośrodek socjoterapii, czyli internat dla młodzieży, która ma tendencję do popadania w kłopoty. Na dwóch górnych piętrach mieszka sześćdziesięciu podopiecznych. Na dole są sale do zajęć. Jeżeli już coś spędza sen z powiek opiekunów, to ucieczki młodzieży z ośrodka, a nie pacjentów z pobliskiego szpitala.

Strzały na Starym Złotnie

Krajobraz jest sielankowy. Szeroka droga, z jednej strony chałupy i ogródki, z drugiej łany zboża, w oddali las. W ogródkach rosną truskawki, po obejściach chodzą krowy. Okoliczni twierdzą, że niedługo będzie tu centrum Łodzi, ale na razie mówią o Starym Złotnie jak zawsze: wieś.

Pobliskie ulice nazywają się Lontowa, Minerska, Czołgistów i Garnizonowa.

Na ulicach słychać strzały. Na Starym Złotnie jest strzelnica wojskowa.

Kanonada rozpoczyna się rano. Pociski ze świstem spadają w żyto. Czasem zabłąkana kula trafi w chałupę, przedziurawi papę, utkwi w ścianie. Okoliczni nie wychodzą wtedy w pole, a jeśli są w polu, chowają się za słupy. Na Starym Złotnie trwa wojna. Trudno powiedzieć, kiedy się zaczęła, bo nigdy jej nie wypowiedziano. Ot, pewnego dnia wybuchła strzelanina.

W czerwcu 1965 roku raniony został w lewą stopę Antoni Szefer. Później zabito czyjegoś konia. W maju 1981 roku postrzelono Stanisława Delągа. Pracował w pobliżu swoich zabudowań, przewoził obornik z obory za dom. Pochylił się nad wózkiem i w tej pozycji został trafiony.

Chałupa Delągów położona jest na przedłużeniu osi głównej strzelnicy, około tysiąca trzystu metrów od wału ziemnego, fachowo zwanego kulochwytem. Kulochwyt powinien gwarantować bezpieczeństwo.

Z postanowienia Wojskowej Prokuratury Rejonowej w Łodzi o umorzeniu śledztwa w sprawie Stanisława Deląga: „Kanał strzału rozpoczynał się otworem wlotowym w linii środkowo-obojczykowej prawej na wysokości VII międzyżebrza, pocisk zaś przebił skórę, tkankę podskórną, powięź i mięśnie tej okolicy, otrzewną, a następnie górną powierzchnię wątroby...".

Adwokat Herakliusz Żwirełło przypomina sobie, jak lekarze mówili, że Deląg doznał takich obrażeń jak papież. Nie pamięta tylko, który postrzał był groźniejszy.

Śledztwo umorzono 21 grudnia 1981 roku – osiem dni po wprowadzeniu stanu wojennego. Pod koniec 1983 roku Stanisław Deląg zmarł.

Po zranieniu Deląga sytuacja strzelnicy stała się co najmniej niejasna. Przedstawiciel władz wojskowych z Łodzi tłumaczył, że kiedy ćwiczą „mniej wprawni żołnierze", broń może podskakiwać. Komendant Garnizonu Łódzkiego pułkownik Ryszard Badylak zapewniał, że od dawna nikt z mieszkańców Starego Złotna nie zgłaszał pretensji. Komisja z łódzkiego garnizonu stwierdziła, że wszystkie elementy strzelnicy gwarantują pełne bezpieczeństwo. Prokurator Wojskowy Prokuratury Garnizonowej w Łodzi strzelać zabronił, ale po kilku dniach kula trafiła w kolejną ramę okienną.

A biegły z Pomorskiego Okręgu Wojskowego stwierdził, że strzelnica wojskowa Brus nie zapewnia bezpieczeństwa.

W czerwcu 1990 roku, dziewięć lat po opinii biegłego, na Starym Złotnie trwa ostre strzelanie. Ludzie kryją się po domach. Nigdzie nie jest bezpiecznie.

W chałupie Deląga mieszka jego córka Barbara Kopczyńska. Po sąsiedzku mieszka pani Kotrasowa, która ma sprytnego wnuka. Kilka dni temu Kotrasowa wybierała się po zakupy. Wnuczek wybiegł z domu, ale jeszcze szybciej wrócił.

– Babciu, nie idź, strzelają.

(Kopczyńska też ma wnuka. W osiemdziesiątym siódmym bawił się na podwórku, gdy rozległa się kanonada. Jeden z pocisków trafił w drzwi, centymetry od głowy małego, rykoszetował i wpadł do wiadra. Chłopiec wyciągnął go, obejrzał i powiedział, że to taki, jaki trafił dziadziusia. Kopczyńska owinęła pocisk w serwetkę i schowała do kredensu. Będzie na pamiątkę, bo tamten zabrała milicja. Kopczyński poszedł ze skargą do Wojewódzkiego Sztabu Wojskowego i do Komendy Garnizonu. Wyśmiali go i powiedzieli, że ktoś musi im z góry strzelać. „Może Pan Bóg", powiedzieli).

Kiedy Kopczyńska wraca z pracy i słyszy strzały, nie idzie do domu, tylko zachodzi do Kotrasowej. Tam też strzelają, ale mniej i można przeczekać.

16 czerwca 1990 roku pojechaliśmy z zięciem Stanisława Deląga na strzelnicę. Zostawiliśmy żuka pod tablicą informującą, że „teren wojskowy" i „przebywanie grozi śmiercią". Nie było patroli, nie wywieszono chorągiewki, która powinna być, kiedy strzelają. Zobaczyliśmy namioty, żołnierzy w pełnym umundurowaniu i dowództwo. Szeregowego z kałasznikowem zapytaliśmy o drogę. Wzruszył ramionami, on nietutejszy. Doszliśmy do kulochwytu: ma kilka metrów wysokości, a stanowiska strzelnicze znajdują się na podwyższeniu. Nawet laik widzi, że kule muszą przelatywać nad wałem. Kiedy zaczęło się strzelanie, wróciliśmy do żuka. Nadal żadnych ostrzeżeń. Wyjeżdżaliśmy wśród świstu kul. Uciekaliśmy sześćdziesiątką.

– Te grzmoty, wnuki Stalina, już nie będą wszechwładne – wygraża w stronę strzelnicy Barbara Kopczyńska, córka postrzelonego Stanisława Deląga.

Jeszcze raz wszystko opisze, zbierze podpisy sąsiadów i pójdzie do garnizonu. Podobno już jest prawo. Od początku czerwca strzelają dzień w dzień, pociski padają gęsto, ale już jest prawo...

Po ukazaniu się reportażu Wojciecha Góreckiego *Przestrzelona wieś* („Gazeta Wyborcza" 1990, nr 151) sprawą strzelnicy wojskowej Brus zainteresowała się Rada Miejska w Łodzi.

5 lipca 1990 roku przedstawiciele Komisji Ładu Społeczno- -Prawnego dokonali wizji lokalnej tej strzelnicy w obecności przedstawicieli Garnizonu Łódzkiego Wojska Polskiego, Do-

wództwa Pomorskiego Okręgu Wojskowego oraz Ministerstwa Obrony Narodowej i sporządzili następującą notatkę:
„Według oświadczenia dowódcy Wojewódzkiego Sztabu Wojskowego – gen. Wilczyńskiego i obecnych oficerów, w poniedziałek, 2 lipca br.»na terenie strzelnicy zostały wstrzymane strzelania«.

Dowództwo POW w Bydgoszczy powołało komisję celem zbadania stanu technicznego i bezpieczeństwa strzelnicy. Komisja zakończy prace do dnia 15 lipca br.

Według oświadczeń obecnych oficerów WP, przy przestrzeganiu regulaminu strzelania, strzelnica spełnia wszystkie wymogi bezpieczeństwa.

Komisja Ładu Społeczno-Prawnego składa podziękowanie Wojciechowi Góreckiemu za zwrócenie uwagi na zagadnienie bezpieczeństwa mieszkańców Starego Złotna".

Lipiec 1990

Dopisek z sierpnia 2019: Poligon wojskowy na Złotnie przestał istnieć w 2009 roku. Wraz z nim zakończyła swą działalność strzelnica. Wojsko sprzedało stutrzydziestohektarowy teren urzędowi miasta. W magistracie chcieli zbyć część terenu deweloperom, polityk PIS-u proponował budowę stoku narciarskiego i basenów termalnych. Mieszkańcy zadecydowali jednak, że teren pozostanie nietknięty. Dziś to ulubione miejsce biegaczy i rowerzystów.

Łódzki oddział IPN-u odnalazł tam siedem masowych mogił ofiar zamordowanych przez Urząd Bezpieczeństwa. Przypomina o tym pamiątkowa tablica.

Poligonu nie ma, ale militarny duch w narodzie nie ginie. W miejscu, gdzie kiedyś ćwiczyło wojsko, spotkamy dwóch panów w koszulkach i spodniach moro, obok dogasa ognisko i walają się rozrzucone opakowania po karkówce i schabie. Panowie leżą na pałatkach, z wartych dwa tysiące złotych karabinków na śrut celują w małe tarcze. Terenu nie ogrodzili. Po co? Kto im tu przebiegnie? To tylko śrut, poleci maksimum sto metrów.

A z tyłu i tak jest górka.

Ballada o bałuckim karle

Na imię ma Michał, ale znany jest jako Karzeł z Bałut. Albo Karzeł z Bazarowej. Bazarowa to krótka uliczka nieopodal Manufaktury. Ściany kamienic są tu ozdobione napisami „ŁKS Pany" tudzież wlepkami „Żydzew – kurwy".
Ojciec Michała do ŁKS-owej krainy przeprowadził się ze Śląska, za miłością do wiejskiej dziewczyny. Najlepszy zbrojarz w okolicy. Nie pili, sąsiedzi złego słowa o nich nie powiedzą. Dzieci wychowywali przykładnie. Siostra Michała zarabia na chleb we Francji, inaczej niż Michał, który się do roboty za bardzo nie palił. Po prostu – dzieciństwo, młodość i wiek średni wolał spędzać po bałuckich bramach.
Sąsiedzi w głowę zachodzą: jak z takiej dobrej rodziny wyszedł taki diabeł? Szepczą: zły to chłopak.
Bazarowa to rejon ulicy Limanowskiego, Limanki. Rzecz oczywista – królestwo ŁKS-u. Michał po tych bramach wystawał zawsze w klubowych barwach i symbolach. Ale te bluzy, te smyczki, te koszulki nosił tak jakoś na pokaz, nadprogramowo, żeby nikt przypadkiem nie mógł wątpić w Michałową lojalność. Koledzy jego karłowatość zaakceptowali, chyba nawet nie śmiali się z niego za bardzo. Powód prosty: Michałek nie tylko umiał się bić – on się jeszcze na sztuki walki zapisał, przezornie, żeby z siebie zrobić prawdziwego wojownika. Jego królestwo to miejsce, gdzie lata temu stały konie, wozy i stragany, a dziś jest

plac zabaw, ławeczki i stół do ping-ponga. I przy tym stole betonowym, pośrodku dawnego bałuckiego rynku, a dziś skweru na Bazarowej, karzeł Michał zbierał ekipę. Sąsiedzi się nie bali, bo sąsiadów chłopaki by w życiu nie ruszyły. Ale biada temu, kto zabłądził na skwerek przypadkiem. Michał na ławeczce wymachiwał kluczami na smyczce, piwem przepijał, papierosy ćmił, monitoring osiedlowy uprawiał. Idzie chłopak – a Michał buch mu między nogi, przewraca gościa, skacze po nim. Sąsiadka na własne oczy widziała.

Jak wpadała ekipa z Widzewa wielką ławą i z zaskoczenia brała ekipę z Bazarowej, to nieprzygotowani do boju ełkaesiacy uciekali, kryli się po bramach. Ale nie Michał. On pierwszy ruszał do boju, pierwszy się na wrogów rzucał, podobno dwóch powalał za jednym zamachem.

A potem przychodził czas rewanżu, Limanka zbierała się do walki, organizowała ekipę. Michał, choć najmniejszy, najchętniej kroczył na czele pochodu. Kijem bejsbolowym wymachiwał przed zdumionymi kierowcami, kiedy przekraczał odwieczną granicę: ulicę Zachodnią. Wyruszał z kolegami na Wojska Polskiego, polować na widzewskich żydków. Policjanci, którzy karła wrzucali do suki, trochę się podśmiewywali: proszę, tacy Michała przyjaciele, a jak trzeba przed psami spierdalać, to żaden kolegi nie weźmie pod ręce albo na barana.

Lubił też Michał ulicę Piotrkowską. To z akcji na Piotrkowskiej zasłynął na całą Polskę, cała Polska o karle z Bałut usłyszała i oglądała filmik, jak kulą ortopedyczną okłada po głowie menela, który nazwał jego matkę kurwą. To na Piotrkowskiej ponoć napadł na kobietę, groził jej pistoletem atrapą, obrabował, za co trafił do puszki po raz pierwszy. Rozbestwił się Michał, rozhulał.

Z tym szacunkiem do matki najwyraźniej nie przesadzał, bo już drugi wyrok właśnie za matkę dostał. Wersje są dwie: albo groził rodzicom nożem, albo po prostu pobił rodzicielkę. Ojciec ponoć w sądzie stwierdził tylko, że nic nie ma do dodania. I wyszedł. Z synem nie chce rozmawiać, nie chce syna wspominać.

Osiedlowa plotka głosi: Karzeł znowu siedzi, za tę matkę właśnie, a wśród kolegów stracił cały respekt. Na matkę się ręki nie podnosi. Nie ma już dla niego powrotu. Chłopaki już nie oblegają ławek wokół ping-pongowego stołu, rozeszła się ekipa, od kiedy zabrakło ich Michałka. Tak się kończy legenda o bałuckim karle. Ale wojna dwóch stron Zachodniej trwa. Ona akurat nie skończy się nigdy.

Wrzesień 2019

Piotrkowska i okolice

Piotrkowska street – mit i wstyd

> Piotrkowska street –
> mojego miasta mit.
> Piotrkowska street –
> mojego miasta wstyd.
>
> Z piosenki

Ryszard dogasza papierosa, poprawia czapkę, dopina dżinsową kurtkę. Wieje, ale musi jeździć w każdą pogodę. Jak nie wyjeździ, to nie wypije zimnego lecha, nie zje rybki nad morzem. Taki wyjazd to jest dwa tysiące lekko. Z nieba nie spadnie. Przyparkował na placu Wolności. Czeka na klientów.

Państwo życzą sobie przejazd rikszą? Siedem złotych kursik Piotrkowską, mile widziany napiwek. Ryszard poprawi brązowy koc, można się rozsiąść pod baldachimem z folii. W gratisie opowieść o ulicy, po której jeździ od osiemnastu lat. Gotowi? Ruszamy.

– To nie jest zwykła ulica, ale złożone zjawisko architektoniczne, kulturowe i obyczajowe – opowiadał dwadzieścia sześć lat temu Wojciech Walczak, były wojewódzki konserwator zabytków. – Piotrkowska skupia w sobie, jak w soczewce, wszystkie problemy dręczące dzisiejszą Łódź. Z kolei problemy samej Piotrkowskiej przerosły skalą problemy niejednego sporego miasta. Piotrkowska wrosła w Łódź i ją przerosła.

Piotrkowska, tak jak cała Łódź, wyszła z wojny bez szwanku. Trochę szkoda, później nie trzeba było jej odnawiać, restaurować – chyba dlatego w nowy, XXI wiek weszła ze starym makijażem. Upadek zaczął się jednak właśnie po wojnie, gdy do pięknych frontowych kamienic opuszczonych przez wielonarodową burżuazję wprowadzili się dawni mieszkańcy suteren. Duże mieszkania dzielono na kilka mniejszych – nierzadko pokoje były w nich wyższe niż szersze, a jedna toaleta i kuchnia przypadały na wiele rodzin. W latach pięćdziesiątych „zmodernizowano" partery: polegało to na usunięciu ozdobnych detali.

W końcu lat sześćdziesiątych uznano, że ulica jest nudna, bo leży w jednej linii, i rzucono pomysł utworzenia na każdym skrzyżowaniu ronda (wybudowany wówczas dom handlowy Magda cofnięto w głąb pierzei właśnie dlatego, by zrobić miejsce na rondo). Na szczęście na pomyśle się skończyło.

Pierwszy przystanek w bramie pod trójką, gdzie nastolatki robią zdjęcia – chłopak i dziewczyna z Anglii wykręcają głowy na wszystkie strony. Elewacja po dwóch stronach podwórka wyłożona jest rozbitym lustrem, od piwnicy po dach.

– No, ładnie – podsumowują i wychodzą, ale o co chodzi, do końca nie wiadomo.

Sprawczynią zamieszania jest ośmioletnia dziś Róża. Gdybyśmy mogli ją teraz podejrzeć, pewnie zobaczylibyśmy, jak spaceruje z psem Węgielkiem, a może ćwiczy akrobacje na linie? Joanna, czyli jej mama, zapewne dłubie w swojej pracowni. To ona zainstalowała palmę na rondzie De Gaulle'a. Prace Joanny podziwiali przechodnie w Berlinie, Londynie, Brasilii. I to ona wyłożyła rozbitym lustrem łódzkie podwórko.

W 2012 roku doktor informuje Joannę i jej męża: córka ma nowotwór oczu. Retinoblastomę.

Joannę zmroziło. Myśli: „Jak po dziesięciu latach choroby życie Róży ma się skończyć, to lepiej, żeby to się skończyło od razu".

Codzienność to są podziemia szpitala, odpadające linoleum, aparatura z czerwonym serduszkiem. Poczekalnie pełne matek straumatyzowanych jak po wojnie. Róża w łóżeczku, okablowana z każdej strony. Joanna tylko przekłada te kabelki pod nogami, pod rękami, żeby sobie nic nie wyrwała. To rzeczywistość z Dostojewskiego wypełniona rezonansami, transfuzjami, grzebaniem laserami w oczach. Lekarskimi gabinetami w Berlinie, Londynie i Warszawie.

Wracają do pracy, bo życie nie może się całkiem zatrzymać. Rok po diagnozie do Joanny dzwoni Zbyszek Brzoza, dyrektor Festiwalu Łódź Czterech Kultur.

– A może być coś dla nas zrobiła?

Ze Zbyszkiem szukają idealnego miejsca. Krążą po Wschodniej, Włókienniczej, wchodzą w podwórko przy Piotrkowskiej. Kanion wąskich ścian. „Strasznie ciemne" – myśli Joanna. Człowiek instynktownie szuka tu światła.

Czy my w ogóle wiemy, co to znaczy „widzieć"? Jak to światło tańczy w siatkówce, jak mózg je analizuje? Ile jest w niej komórek, ilu jeszcze nie wybili laserem, ilu nie wymrozili, co tam działa jeszcze w tym oku?

Rodzi się pomysł: pasaż wyłożony dziesiątkami tysięcy kawałków luster. Będzie nosił imię Róży.

Urząd się zgadza, bo to miejskie podwórko; i tak idzie do remontu.

Harmonogram robót jest taki: Najpierw budowlańcy przygotowują fragment elewacji, potem wchodzą Joanna i studentki ASP. Układają lustra na ziemi, w jakimś kącie na podwórzu, gruntują, tłuką na przypadkowe kawałki.

Kurz i hałas, nie ma gdzie zjeść, usiąść, przebrać się. Jedynie u Kasi, kierowniczki budowy, trochę miejsca. Studentki biegają z tym szkłem potłuczonym, Joanna woła: różnicuj wielkość lusterek, patrz na energię! Pan z wiadrem nakłada tynk, robi kwadrat. Joanna tłumaczy – nie kwadrat, koła, koła muszą być, proszę koło zrobić. Odwraca na chwilę głowę, wraca, a tam już tynk wyszlachtowany w kwadraty. Studentki same łapią więc za kielnie, robią kółka, biegają po rusztowaniach. Joanna staje na końcu deski, czuje, że nie ma poprzeczki. Krew odpływa jej z głowy. Cofa się, starając nie zachwiać.

– Słuchajcie, na drugim piętrze nie ma poprzeczki – mówi.

A majster odpowiada:

– No nie ma, trzeba uważać!

Majster Arek odkrywa w sobie duszę mozaikowego artysty. Lusterkami wypełnia wszystkie szczeliny, w które dziewczyny nie sięgają.

Tydzień pracy, potem fajrant – czasem bardzo długi, czekanie na następny skończony fragment elewacji oficyny, bo taki jest harmonogram budowy. Joanna wraca do Londynu, za miesiąc z powrotem, tak w kółko. Przylatuje na dwa dni, a w Łodzi leje. Mówi:
– Dziewczyny, robimy. Trudno.
Po dwóch latach projekt jest zrealizowany. Magistrat planuje wielkie otwarcie, z panią prezydent na scenie. Trzeba się pokazać, w końcu na jesień wybory. Joanna prosi:
– Żadnej sceny, reflektorów, to jakaś pomyłka!
Dzień otwarcia. Joanna w emocjach, niezbyt ciepłych. Zupełnie jak nie ona, idzie do knajpy na kielicha. Wraca, tłum na podwórku. Na scenie Zdanowska, prowadzący woła: „Chwyćmy się za ręce!". Artystka nie może wydusić słowa, wychodzi.

Dziś Róża uczy się w szkole razem ze zdrowymi dziećmi. Musi tylko siedzieć w pierwszej ławce. Ale czyta, biega, maluje, a kolorów rozpoznaje już chyba więcej niż mama.

Lekarze nigdy nie mówią: „Gratulacje! Teraz wszystko będzie dobrze". Raczej: „Jest stabilnie". I to jest najlepsza wiadomość, na jaką można liczyć.

Róża bardzo lubi odwiedzać lustrzany pasaż. Czuje się tam jak królowa.

Dwa razy próbowano pozbawić najważniejszą ulicę Łodzi historycznej nazwy. W 1928 roku komitet obchodów dziesięciolecia niepodległości zaproponował przemianowanie Pietryny dla uczczenia tej rocznicy (jak miałaby się nazywać – nie wiadomo). W początkach lat pięćdziesiątych władze Łodzi otrzymały polecenie zmiany nazwy głównej ulicy miasta na Józefa Stalina. Ta historia stała się z czasem klasyczną łódzką anegdotą: zmyślni rajcy zamiast głównej ulicy przechrzcili bowiem ulicę Główną. Piotrkowska wyszła z tej hecy bez szwanku.

Groźniejszy okazał się brak bieżącej konserwacji. Z nierestaurowanych kamienic zaczęły odpadać tynki i kawałki muru, trzeba było usuwać trzymające się na słowo honoru balkony. Niektóre domy wyburzono, wstawiając w ich miejsce mniej lub bardziej nieudane plomby. Ulicę kancerowały wzniesione za Gierka domy towarowe – masywne gmaszyska, pozbawione stylu i gustu, które czterdzieści lat później stały się zabytkami – oraz przebita w tym samym czasie Trasa W-Z.

Kiedy w latach siedemdziesiątych dzięki staraniom ówczesnego konserwatora Antoniego Szrama uznano Piotrkowską za zabytek, zaczęły masowo ginąć klamki, balustrady i latarnie, montowane później w blokach na Retkini czy Olechowie.

Tymczasem riksza Ryszarda mija numer osiem, zakłady sportowe. Panowie chętnie tam kursują, w dni meczów spieszą się strasznie, kreślą coś, rysują. W podwórku pod ósemką z górnego piętra odpadł kawał tynku. Spadł na faceta grzebiącego w śmietnikach. Przyjechała policja, straż pożarna, pogotowie. Faceta zabrali, ale czy przeżył, nie wiadomo. A czyja kamienica? „No jak to czyja? – dziwią się mieszkańcy. – Miasta, rzecz jasna!"

Zanim Ryszard zaczął pedałować po Piotrkowskiej, drukował pościelówkę do Niemiec. Marchlewski padł, koledzy na kuroniówkach siedzieli, robili kursy na wózki nie wózki, nie za bardzo im się to przydało. Ryszard poszedł w wykończenia, parkiety i boazerie, panele. Szło jako tako, dlatego w końcu zapukał do wypożyczalni riksz. Właściciel kazał przyjść następnego dnia z rana, tylko się nie spóźnić. Ryszard dorwał wózek i już go nie puścił. Na rikszy dwustu chłopa jeździło, bo wtedy to była pewna praca. Reszta czekała w kolejce. Jak ktoś dwa dni nie przychodził, to tracił pojazd i spadał na koniec listy.

Na skrzyżowaniu Rewolucji i Piotrkowskiej eklektyczna kamienica z neogotyckimi zdobieniami. Przed kamienicą na ławce panowie w dresach i polarach. W pobliskiej mecie na Rewolucji sprzedają im wódkę na butelki lub kieliszki.

Ryszardowi trafił się tu najlepszy w życiu kurs: za dwieście złotych. Południe, poniedziałek. Dwóch panów na delegacji, pijani po niedzieli. Kazali się wieźć po burdelach. Ryszard zna wszystkie adresy, za przywiezienie klientów dostaje napiwki, więc obwiózł panów po Rewolucji, Sienkiewicza, Traugutta. W jednym było zamknięte, w drugim dziewczyny odpoczywały po weekendzie, w trzecim pijanych nie obsługiwali. Zrezygnowani biznesmeni poprosili o kurs do Manufaktury.

Przejeżdżamy obok wąskiej bramy pod siedemnastką. Za nią wielkie podwórko z leżakami i huśtawkami. Licealiści dopijają piwo, pary flirtują, freelancerzy wpatrują się w laptopy z jabłuszkiem. Metalowe schody na taras i pierwsze piętro. W środku regały na książki, stoły poprzerabiane z drzwi, krzesła z rozciętych na pół wanien i wózków na zakupy. Przy barze Maciek nad komputerem. Dodaje zdjęcia na Facebooku, zaprasza na imprezę. Wieczorem na podwórku wybuchnie bałkański kocioł, kolejka do wódkowozu nie będzie się kończyć.

Parę lat temu Maciek jako „młody, dobrze zapowiadający się dziennikarz" biegał od artystycznej wystawy do kamienicy z dzieckiem w beczce. Superpraca, tylko ludzi do robienia gazety coraz mniej, a tekstów do pisania coraz więcej.

W końcu szefowa obwieściła: przyszedł rozkaz z Warszawy, redukcja etatów. Maciek zgłosił się na ochotnika. Oprócz pisania znał się na alkoholach i nocnym życiu. Z partnerką Agatą mieli marzenie: lokal, jakiego w Łodzi jeszcze nie było.

Magistrat właśnie ruszył z programem lokali kreatywnych. Tanie czynsze miały ściągnąć ludzi do centrum. Do wynajęcia proponowali adres pod siedemnastką, gdzie przez dwanaście lat łodzianie bawili się w klubie Jazzga.

Maciek pożyczył kasę od babci, Agata od rodziców. Przez trzy miesiące kładli tynk, malowali, wymieniali meble, z przyjaciółmi i rodziną. Na otwarcie ściągnęli dziennikarze, artyści, społecznicy. Zaskoczyło od razu. Już nigdy nie musieli dokładać do Niebostanu.

Pierwsze dwa miesiące pracowali z Agatą non stop, po czternaście godzin. Spali na zapleczu na kozetce. Dzisiaj zatrudniają dziesięć osób na umowę o pracę. Roboty i tak nie brakuje. Kiedyś próbował policzyć, ile tu się rzeczy wydarzyło. Dyskusyjny klub książki, wegańskie śniadania i giełda płyt winylowych. Nocami Funkostan, bałkański kocioł, polskie szlagiery do rana. Koncert Gaby Kulki, spotkania z Dorotą Masłowską, Mariuszem Szczygłem, dyskusje fundacji Fenomen o polityce miejskiej. Łódzki KOD radził, jak obalić dyktaturę. Adrian Zandberg zapraszał do partii Razem.

Maciek wie, że lokale na Piotrkowskiej umierają po paru latach. Może im udało się wyjść z tego zaklętego kręgu?

W latach osiemdziesiątych Łódź uchodziła za najlepiej zaopatrzone miasto w Polsce. Na parkingach przed Centralem i Uniwersalem zatrzymywały się samochody z krośnieńskiego, tarnowskiego, koszalińskiego. W Koninie przez szereg lat biuro podróży organizowało przed świętami wycieczki „Z Mikołajem do Łodzi". Pod koniec stanu wojennego milicja zatrzymała bandę nastolatków przebijających opony w autokarach z obcą rejestracją.

W latach dziewięćdziesiątych Piotrkowska była niefunkcjonalna, ciasna, miała wąskie chodniki. Później było tylko gorzej. Otwarcie Galerii Łódzkiej i Manufaktury pogrążyły handlową Piotrkowską. Puste witryny korespondowały ze stanem jezdni.

Jeszcze w 2012 roku nawierzchnia wyglądała jak szczęka pełna powybijanych zębów. Dziury po odpadającej kostce sprawiały, że spacer czy przejazd rowerem po Piotrkowskiej był traumatycznym doświadczeniem. To był czas, kiedy z gazet krzyczały nagłówki: *Pietryna umiera*, *Co dalej z Piotrkowską?*.

– Bez centrum miasto będzie wsiowe, byle jakie – myślał Marek Janiak, miejski architekt.

Janiak po poprzednikach odziedziczył kolejny już konkurs na przebudowę Pietryny. Czego tam nie było! Linie faliste, wielokolorowe kostki. A Piotrkowska to ulica, czyli jezdnia i dwa chodniki. Tym się różni od polnej drogi czy autostrady, że ma ściany, czyli pierzeje. I te pierzeje, zabytkowe kamienice, powinna eksponować.

Janiak wyrzucił konkurs do kosza, przeprojektował ulicę prosto i elegancko: szare marmurowe płyty, trwałe i eleganckie, łatwe do mycia.

Chodnik szeroki, by zmieściły się na nim dwa pasy: jeden do spacerów, drugi dla „przeszkadzaczy": ogródków piwnych, stacji rowerów miejskich, latarni, koszy, drzew i ławek, bo wcześniej takich luksusów jak ławka na ulicy nie było.

Remont ruszył pod koniec 2012. Restauratorzy załamywali ręce: jak my dwa lata w tych wykopach przetrwamy? Jakoś przetrwali, a w weekend po remoncie ulicę odwiedziło sto tysięcy osób. Łodzianie znów zaczęli chodzić na Piotrkowską. Co prawda społecznicy biadolili: zieleni za mało, betonu za dużo, latarnie za ciasno. A restauratorzy: parkingów za mało, klienci nie dojadą. Lecz nawet malkontenci przyznają: Piotrkowska zmartwychwstała.

Dowodem niech będą kolejki do sklepu Kapselek, który właśnie mijamy Ryszardową rikszą. Punkt zaopatrzeniowy tych, którzy wolą małpkę w bramie niż smoothie w Pop'n'Art.

Ryszard przyznaje: rikszarze lubili kielicha wypić. Jeden z drugim kursów narobił, zjeżdżał w spokojne miejsce, walił setkę, poprawiał piwem, odczekał dziesięć minut, jeździł dalej. Dzisiaj jak Ryszard lub reszta widzą kolegę po kielichu, to grzecznie proszą, żeby zdał wóz na garaż i dopił w spokoju: „Zrób sobie wolne kolego, bo zaraz jakiś artykuł głupi o rikszach znowu napiszą".

Ten biznes od początku działał na wariackich papierach. Facet z wypożyczalni do zwykłych rowerów przyczepiał drewniane ławki i przerabiał je na riksze. Żadnych przerzutek, liczyła się siła w nogach. Po dwóch miesiącach dżinsy Ryszarda były za ciasne w udach.

Zarobki bez umowy, bez podatków, na dziko. Skąd ubezpieczenie? Najprostsza sprawa – rejestrujesz się w urzędzie pracy, masz zdrowotne. Ewentualnie można otworzyć swoją działalność, ale z tym już jest większy problem, bo to praca sezonowa – zarobisz w pięć miesięcy, a co zresztą? Dlatego z własnej działalności chłopaki rezygnują po dwóch latach.

Ryszard nie zastanawiał się, czy będzie miał emeryturę, jeśli w ogóle jej dożyje. Interesowało go, jaką uzbiera dniówkę. Dziennie zarobił sto dwadzieścia złotych, dwadzieścia złotych oddawał wypożyczalni, papierosy kosztowały raptem piątkę: opłacało się jeździć. No i opłacały się kursy poza Piotrkowską. Jeden z drugim kazał się wieźć na osiedle, zajechać na podwórko, żeby wszyscy w kamienicy widzieli, czym to on się wozi.

Dzisiaj zarobki Ryszarda pozostają podobne, ale koszty życia wzrosły. Dzisiaj Ryszard jeździ już własną rikszą, za to wciąż na dziko.

W latach dziewięćdziesiątych czynsz na Piotrkowskiej uchodził za kolosalny. Na przykład właściciel sklepu muzycznego w podwórzu chciał wynająć lokal od frontu, ale czynsz był wyższy niż w Berlinie.

– Wiem, że wielki sklep City Music na Kudamie płaci mniej. W Łodzi umowy są bezterminowe i nie ma przepisów określających wysokość stawek.

Mimo to chętnych na posiadanie sklepu przy Piotrkowskiej nie brakowało. Może działała magia ulicy i przeświadczenie, że tutaj musi się udać. Niektórzy po krótkim czasie się zwijali, na kilkanaście lokali przetargi ogłaszano wiele razy. Inni sobie radzą.

– Znam podobne sklepy w Warszawie i we Wrocławiu – opowiadał właściciel butiku. – W Łodzi na Piotrkowskiej zarabia się najwięcej w Polsce. Mój sklep w podwórzu odwiedzają codziennie setki ludzi. W Warszawie na Rutkowskiego mogą o takim ruchu pomarzyć.

Na przełomie roku 1992 i 1993 przy Piotrkowskiej działało około sześciuset sklepów, dwa–trzy razy tyle ulokowało się w podwórkach.

Chytrość miasta polegająca na windowaniu czynszu obracała się przeciwko ulicy. Władze Łodzi traktowały Piotrkowską jak kurę znoszącą złote jaja: byle drogo sprzedać grunt, byle za jak najwyższą cenę wydzierżawić lokal i nie martwić się, co będzie dalej. Andrzej Terlecki, poseł Konfederacji Polski Niepodległej i przewodniczący Sejmiku Samorządowego, żałował, że z Piotrkowskiej wyniosły się placówki tworzące klimat: księgarnia muzyczna, Biuro Wystaw Artystycznych.

– Właściwe pieniądze dla miasta powinny pochodzić nie z czynszów, ale z obrotów. Przy takiej ulicy powinny być galerie, księgarnie specjalistyczne, kluby i niedrogie restauracje.

Ponad ćwierć wieku później ostały się jeszcze Żabki, księgarnie, sklepy typu „Wszystko za 2 złote". Ale wiele witryn na Piotrkowskiej jest pustych. Sklepowy charakter ulicy to przeszłość dawno miniona. Ryszard pamięta otwarcie Manufaktury – dla niego moment radosny, bo tam robi sporo kursów, i to dobrze płatnych; dla sklepikarzy zaś nie bardzo, bo zaczęli padać jak muchy. Już się nie podnieśli. Dziś nazwać Piotrkowską ulicą handlową to byłby jakiś żart. Ulica nie umarła, tylko zmieniła funkcję. Ulokowały się tu najmodniejsze dyskoteki, pijalnie wódki i piwa, restauracje z takimi daniami w menu, jak biodrówka jagnięca serwowana rosé za jedyne sześćdziesiąt dziewięć złotych. W piątkowo-sobotni wieczór na Piotrkowskiej spotkamy całe miasto.

Skrzyżowanie z Zieloną Ryszard dobrze wspomina. Tu rikszarze mieli trzy podcienie pod kamienicami, mogli więc schować się przed deszczem. Teraz wszystkie trzy zabudowane, zostało tylko jedno: w narożnej kamienicy, przy Korner Kebabie. Rizwan z Kornera przegląda komórkę, na razie ma spokój. Wieczorem będzie biegał od sztycy do sztycy, nakładał, dziękował klientom po polsku, bo dzięki dziewczynie poznał język.

Przyjechał z Kerali w Indiach. Ojciec produkuje elektronikę, matka zajmuje się domem. Rizwan chciał zerwać się ze smyczy rodziców. W Łodzi studiuje informatykę, w wakacje dorabia po dwanaście godzin, dzień w dzień. Polskę uwielbia, wszyscy go lubią. No, może wszyscy to przesada. Czasami prosi policję o pomoc z panami agresywnymi, nieprzyjaźnie do przyjezdnych nastawionymi, ale Rizwan wszystko przecież rozumie.

Swoją drogą, Ryszard pamięta, jak z mięsnej hurtowni do lokali z kebabami woził wiadra surówek, gruchy mięsa. Zawijali to w czarne worki, żeby nie rzucało się w oczy. I tak się chyba sanepid przyczepił, bo kursy się już skończyły.

Po drugiej stronie skrzyżowania neorenesansowa kamienica z 1880 roku. Przez lata straszyła, bo w magistracie brakowało pieniędzy na remont. Miasto sprzedało budynek firmie TK Development. Dziennikarze w zachwycie: nareszcie odnowią piękny zabytek. Konserwator obwieszczał: umowa z firmą jest tak przygotowana, że remont wkrótce ruszy. Tyle tylko, że TK Development to spółka córka łódzkiego CFI – Central Fund of Immovables, spółki znanej z „wyjątkowej" dbałości o architekturę.

Remont ruszył, ale nie szybko, w dodatku bez pozwolenia na budowę. Społeczniczka Ula Niziołek-Janiak, wtedy radna, złapała robotników na zbijaniu zabytkowych detali. Wezwała konserwatora. Prace wstrzymano, część detali udało się uratować i odtworzyć na ich podstawie resztę. Dziś elewacja rzeczywiście jest odnowiona, za to wnętrze świeci pustkami. W szybach wiszą szmaty i reklama kebabu. Ula ubolewa, że miasto sprzedało budynek w drodze przetargu, a nie konkursu, w wyniku czego nie ma żadnego wpływu na to, co się w środku dzieje.

Lata dziewięćdziesiąte upstrzyły Piotrkowską tandetnymi szyldami reklamującymi sklepy z bronią, salony komputerowe, budki z hot dogami. Marek Janiak, architekt i szef Fundacji Ulicy Piotrkowskiej, uważa, że koszmarki należy zostawić w spokoju, jako element rozwoju ulicy.

– Interwencjonizm miasta powinien być zakazowy, a nie nakazowy, nie wolno pozwalać na rzeczy ewidentnie szkodliwe, trzeba też chronić najcenniejsze.

Piotr Biliński, ówczesny architekt miasta, twierdzi, że trzeba bezwzględnie zachować dawny układ ulic i skrzyżowań, ale nie wszystkie budynki, bo część z nich jest bezwartościowa.
– Łódź jest uboga – wzdycha Biliński. – Za wszelką cenę szukamy sojuszników z pieniędzmi. W paru miejscach wymieniono kawałki chodnika przed sklepami: tak wyglądała dżentelmeńska kara nałożona na właścicieli za samowolne umieszczanie reklam. To nasze małe sukcesy.

Kamienica pod numerem 53 bije po oczach żółtą elewacją. Środkowa część fasady wysunięta do przodu, balkony podtrzymywane przez dwóch atlasów, męskie rzeźby po bokach. Pałac Konstadta, eklektyczna willa z elementami baroku. Front został odnowiony dwa lata temu, choć na parterze farba już odchodzi. Magistrat w ostatnich latach rzucił górę pieniędzy na Piotrkowską. Znów błyszczą stuletnie freski na siedzibie Krusche i Endera, smoki z kamienicy pod Gutenbergiem, kwiatowa ceramika pod numerem 113.

Wejdźmy w podwórko pałacu Konstadta, w wysprejowaną, odrapaną klatkę. Kiedyś magistrat wynajmował tu pokój pod kawiarenkę internetową. Pierwszą w mieście, złotówka za godzinę. Z całej Łodzi ciągnęła młodzież z piwami, petami.
– Cuda się działy! – wspomina Jerzy, emerytowany prawnik.

Sztukateria pozrywana, poręcz urwana, stopnie zarwane. Podwórko też obskurne, mieszkańcy specjalnie wpuszczają turystów na dziedziniec. Żeby zobaczyli, jak Łódź naprawdę wygląda. Wspólnota ciuła na remont klatki, ale w magistracie dofinansowują tylko naprawy elewacji. Na wnętrza kasy nie dają.

Przy Piotrkowskiej 58 oglądalibyśmy białą jak marmur kamienicę z bogatymi zdobieniami i mansardowym dachem. Oglądalibyśmy, gdyby Polska Grupa Energetyczna (PGE) dotrzymała słowa.

W 2007 roku Zakład Energetyczny (ZE) Łódź-Teren odkupił kamienicę od magistratu. Miały w niej powstać biura spółki. Ponieważ dziewiętnastowieczny majątek Izraela Dawida Freinda był w fatalnym stanie, energetycy chcieli go wyburzyć. Konserwator dał zgodę, pod jednym warunkiem: spółka kamienicę odbuduje w historycznym kształcie. Dom Freinda spółka energetyczna wyburza w 2009 roku i nie odbudowuje go do dzisiaj. ZE Łódź--Teren wchłonęła PGE Dystrybucja. Rządowy gigant stwierdził, że zajmuje się produkcją prądu, a nie deweloperką. A w ogóle to stare zobowiązania nowej spółki nie dotyczą. W ten sposób zamiast kamienicy oglądamy betonowy płot, samosiejkę na gruzach, wyrwę między kamienicami. Mieszkańcy wmurowali pamiątkową tablicę upamiętniającą budowlę.

Władze miasta krzyczały, groziły, nogą tupały, ogłaszały z całą stanowczością, że PGE ma odbudować gmach, a jak nie odbudować, to oddać teren miastu, a jak nie oddać, to chociaż sprzedać. Spółka gruntu nie pozbyła się do dzisiaj.

A tymczasem po Piotrkowskiej przechadza się Ewa z jamnikiem Fridą. Zagląda do śmietników na podwórku. Walają się tu aluminiowe folie po kebabach, małpki, pety, rzygi, Ewa nie może patrzeć. W co oni zamienili jej Piotrkowską?

Wypełnione obrazami mieszkanie Ewy to była idealna lokalizacja. Teraz już nie bardzo.

Z Bobby Burgera puszczali jej smrody przez wentylację. Frytura, spalenizna wchodziła przez okna, wsiąkała w stropy. Bobby przebudował wentylację, ale z drugiej strony po nozdrzach bije woń kebabu z Zahira. Czerpnie powietrza dudnią, echo niesie ich odgłos po podwórku studni.

Na stole Ewy leżą zatyczki do uszu. Żeby spać, zakłada je codziennie. Pracownicy z Zahira śmieci wyrzucali o drugiej w nocy. Przywozili palety z mięsem, wyładowywali, trzaskali drzwiami samochodu dostawczego. Wjeżdżały osobówki, zabierały pakowane mięsa, rozwoziły po mieście. Do otwartej bramy wchodzili pijacy, zostawiali te sreberka po kebabach.

Ewa nie jest rasistką, czyta felietony Tochmana, no ale jednak pracownicy z Bangladeszu to się nie asymilują, chodzą jacyś przestraszeni, dzień dobry nie mówią, porozwalane worki na śmieci zostawiają.

Młode małżeństwo pod Ewą już się wyprowadziło. Studentka, której całe życie marzyła się Piotrkowska, wytrzymała pół roku. Nocne hałasy nie przeszkadzają kancelariom prawniczym i warszawskim deweloperom, którzy tu wynajmują mieszkania. Ewie brakuje więc sojuszników.

Ewa, nauczycielka plastyki, trzydzieści lat temu dostała to mieszkanie z kwaterunku.

Na dole kwiaciarnia i sklep z ubraniami. Znajomi dzwonili, wołali spod okna: „Ewunia, jesteś?". Wpadali na herbatę i siku, zostawali cztery godziny. Chodzili do Honoratki wzdychać do muzyków z No To Co. Przy winie dyskutowali o wernisażach Garbolińskiego, Liberskiego, Wagnerów. Też pili, ale człowiek starał się, żeby innemu nie robić krzywdy.

A teraz mamy świat bez zasad, wódą zamroczony, w dresach, napakowany, żrący te kebaby owinięte w folię. Świat, z którym Ewa nie chce mieć nic wspólnego. Wychodzi więc do bułgarskiej knajpy na obiady. Do Kardamonu na sok z pietruszki. Do Anatewki i Manekina na naleśniki. Na kawę do Verte. Czemu cała Piotrkowska nie może być taka?

Syn przylatuje z Anglii co parę miesięcy, pyta: „Mama, po co ci to?".

Zrobi to, kupi domek za miastem, zrobi sobie ogrody Semiramidy. Będzie malować, Frida pobiega po nieskoszonej trawie, znajomi wpadną na kompot z gruszek, a Ewa nigdy za Piotrkowską nie zatęskni.

Kamil, dyrektor operacyjny w Zahir Kebabie, nigdzie nie miał tylu problemów, co w tej kamienicy na Piotrkowskiej. Na własny koszt ogrodzili śmietniki, ściszyli muzykę, ucięli nocne dostawy. Chcieli zrobić wentylację na dachu, ale na to zgody nie dostali – właśnie od wspólnoty mieszkańców. Bo ci woleliby, żeby tu w ogóle żadnej gastronomii nie było.

Zahir ma pięćdziesiąt barów w całej Polsce, a piętnaście w samej Łodzi. Firma na stałe się do Łodzi przeniosła – tu odkryła największy potencjał.

Kamil zaczynał w McDonaldzie od smażenia frytek, kierował pizzeriami z Biesiadowa, jeździł po całej Polsce. Wie, że klient w każdym lokalu i o każdej porze musi dostać to samo. I tę ideologię wprowadza w sieci kebabowej.

Do pracy sprowadzają Bengalczyków. W ten sposób szef, sam przyjezdny, spłaca dług wobec braci w wierze. Wiadomo, jaki tam jest poziom rozwoju. No i Polacy wolą jeść kebab od osoby o ciemnym kolorze skóry. Nieważne, czy faktycznie z Turcji, czy z innej części świata. Działał na Piotrkowskiej kebab obsługiwany przez Polaka i Kamil widział, jakie tam były pustki.

Na Piotrkowską mają pięciu kucharzy, dwie kasjerki i jedną osobę na zaplecze. Działają całą dobę.

Na uwagi, że kebaby trzeba z Piotrkowskiej usunąć, Kamil odpowie pytaniem, czy chcemy tu elitarną ulicę, czy dom dla wszystkich łodzian. Nie każdego stać na obiad w Anatewce. Kebab – to prawdziwie demokratyczna potrawa!

Ryszard pedałuje przez skrzyżowanie z 6 Sierpnia i Traugutta. A tam pas drzew przez środek jezdni, ławki, piesi i rowerzyści, stoliki restauracyjne. Samochody zygzakiem mijają drzewa. Oto miejskie podwórce, z niderlandzkiego zwane woonerfami. Strefa, gdzie samochód może wjechać, ale jako gość. Chluba Łodzi.

Ryszard z kolei pamięta to skrzyżowanie, bo tędy wiózł gościa do hotelu Centrum. Siada mu sztyfcik z neseserkiem, elegancik, Ryszard wiezie go pod drzwi hotelu. Zanim się obejrzał, facet ucieka biegiem, byle tylko dziesięciu złotych nie zapłacić. No bywa i tak.

Mijamy knajpę The Mexican, przed którą maturzysta Michał przyjął trzynaście ciosów wojskowym nożem. Zmarł na miejscu. Dwudziestoletni napastnik tłumaczył: „Byłem pijany".

Ryszard woził ze sobą już gaz łzawiący, paralizator, bejsbol, nogę od krzesła dębowego, tak było niebezpiecznie. Teraz miasto porobiło monitoring, policja obstawia w soboty każdy róg, trochę się uspokoiło.

Na Piotrkowskiej 71 bar Bistro, gdzie wódkę sprzedają do ostatniego klienta. Maks z żoną prowadzili firmę, mieszkali nad barem. Maks zobaczył wtedy najgorszy obraz cywilizacji. W Londynie o północy ludzie mają piętnaście minut na zrobienie zamówień, potem bary się zamyka. W Sopocie alkohol sprzedają do drugiej, potem prohibicja. Na Piotrkowskiej wóda leje się strumieniami do rana.

Właściciel Bistro to Piotr Dopierała, szef lokalu Łódź Kaliska. Ponadto znajomy urzędniczej wierchuszki. Wszystkie wieczory wyborcze Hanny Zdanowskiej odbywają się u niego. Maks i sąsiedzi zgłaszali, że nie powinien żulom wódki sprzedawać do piątej rano. Wspólnota nie dała zgody koniecznej do koncesji na alkohol. Ale Dopierała i tak sobie poradził.

Urzędnicy przez kilka miesięcy wydawali mu pozwolenia okolicznościowe. A to na imprezę halloweenową, a to na Festiwal Smaku. Dopierała pozwolenia dostawał jedno za drugim, codziennie. Urzędnicy tłumaczyli: przecież wszystko zgodnie z prawem, o co chodzi?

Maks nie zamierzał kopać się z koniem. Wyprowadził się z żoną do Zgierza. Nie wróci mieszkać do Łodzi i współczuje każdemu, kto jeszcze się ostał na Piotrkowskiej.

Śmigają młodzi na elektrycznych hulajnogach, toczy się wóz straży miejskiej, pod hotelem Grand ekipa filmowa zwija kable i pakuje wieszaki do ciężarówek. Na Piotrkowskiej co chwila coś kręcą.

A dostojny Grand w remoncie. Kupił go inwestor z Krakowa, odnawia na bogato. Ryszard czeka z niecierpliwością. Zagraniczni klienci chętnie płacili tu w euro.

Przy skrzyżowaniu z Moniuszki pojawiają się platany. Ile z tymi drzewami było przygód! Pierwsze drzewa po remoncie to były klony kuliste, ale sadzono je na klepisku, to uschły. Miasto posadziło więc platany, za które wszyscy trzymają kciuki.

A na pasażu Rubinsteina Norbert przerywa papierosa, górną połowę ładuje do lufki, dolną wypala od razu. Jednym papierosem obdzieli całą ławkę. Dzisiaj od pani dostał hot doga i zapiekankę z Żabki; przyniósł na ławkę – też dzielili po równo. Łatwo mówić: „Czemu siedzisz na ławce, wypierdalaj do schroniska". A tam robaki, mordę ci obiją, telefon skroją, skopią, nakrzyczą. Przecież Norbert i Tygrys to nie zajazdy. Zajazd to jest bezdomny brudny, zarośnięty, obsikany, obsrany. A Norbert codziennie ogolony, wykąpany w Caritasie. Tygrys sobie jeszcze zrobi falę na włosach. Ciuchy wyprane, siedzą na ławeczce grzecznie, nikomu nie przeszkadzają. Ludzie im jedzenie przyniosą. Straż miejska, policja – wszyscy ich znają.

Przechodzi sąsiadka, pani Ala, woła:

– Nie ciągnij, Saszka, przywitaj się z chłopakami.

Norbert głaszcze Saszkę, kłania się pani Ali, w końcu widzą się trzy razy dziennie.

Chłopaki lubią siedzieć na Rubiku, bo raz, że ławek dużo, dwa, że centrum, trzy, że hydrant obok, cztery, że jak ich przyciśnie, to mogą wysrać się na spokojnie w zawalonej pizzerii na końcu pasażu. Piąty powód jest taki, że dwie bramy od pasażu działa meta, wystarczy przyjść ze swoją butelką po coli. Dostaniesz wódkę za sześć złotych. Tygrys zaraz skoczy.

Norbert potrafi dziennie sto złotych uzbierać z puszek i złomu. Pieniądze leżą na ulicy, trzeba tylko chcieć je podnieść.

W kryminale miał ksywę „Małolacik", bo ma dopiero dwadzieścia osiem lat, z czego siedem przesiedział.

Ostatnia odsiadka to było tak: szedł po osiedlu jakiś ziomek, Norbert wyjebał mu pizdę na ryj, zawinął saszetkę, zwiewał, wpadł na suki. Na gorącym go złapali! Dziesiona. Żal chłopaka, że musiał mu wyjebać, no ale Norbert potrzebował na dopalacze.

Najgorszy jest hasan. Handlują tym chłopaki na Włókience. Walniesz bucha, spada ciśnienie, a za chwilę masz odcięcie na kwadrans. Budzisz się, znowu buch – i odcinka. Marihuana przy tym to jest zwykły papieros. Norbert potrafił sto złotych dziennie wydać na to gówno. I co hasan z niego zrobił? Za przeproszeniem, kurwa, szmatę. Dlatego odstawił, już czwarty tydzień nie pali i nie weźmie, choćby go telepało na tej ławce, nie weźmie.

Drugi rok czeka na mieszkanie od miasta. Jako brukarz ma fach w ręku, ale jak ma pracować po dwanaście godzin, skoro nie może zjeść, umyć się, wyspać po robocie? Jebać te kurwy w urzędzie i Zdanowską też!

Zaraz Tygrys się sprzeciwia:

– Ty, Zdanowska dla łodzian trochę zrobiła, nie powiesz, że nie.

Norbert się reflektuje:

– Nie no, w chuj zrobiła dla Łodzi. Wyremontowała ile ulic, rewitalizacji, parki odnawiała, stawy Jana.

Tygrys jest fajter, jak musi, to się odpala, ostatnio pobił kolesia, który szurał do jego siostry. Tylko jak kopał, to źle upadł. W trzech miejscach kość pierdykła. Śruby, gwoździe, prowadnice do kolana.

Na Rubiku trzeba uważać. Tygrys dwa dni temu spał na ławce, a ktoś mu kulę zwinął. Chłopaki z ławki biegały po Rubiku, po Piotrkowskiej. Koleżanka znalazła tę kulę na OFF-ie. Dziewczyna o złotym sercu.

A Norberta za to pobili w biały dzień. Pili razem, tamtym coś się odkleiło, chcieli mu buty zajebać, a jeden kazał Norbertowi laskę robić. Policja ich zawinęła, pytają zakrwawionego Norberta, jak to było. A Norbert się nie rozpruł i dlatego ma szacunek kolegów.

Jednym ze skaczących po głowie Norberta był Tygrys, to musi przyznać, po wódce coś mu się odkleiło. Teraz mu wstyd, teraz się przyjaźnią znowu i za tę przyjaźń z butelki po coli przepiją.

Riksza podskakuje na tablicach pomnika łodzian, mija bramę wychodzącą na szerokie podwórko, w głębi którego znajdziemy wejście do pubu. Jest dwadzieścia rodzajów piwa, są skórzane kanapy i czerwone oświetlenie. Za nalewakiem stoi Kamil, postać kultowa. Kamil ostatnie dwadzieścia lat spędził na Piotrkowskiej: na przemian jako barman lub klient. Wyjść z Kamilem na piwo to jest przygoda. Co chwilę ktoś podchodzi, przybija piątkę, dosiada się. Nie wszyscy pamiętają tylko, z której strony baru go kojarzą.

Młody Kamil z długimi włosami biegał po Pasku, czyli pasażu Schillera. Skini biegali po Rubiku, czasami wpadali w odwiedziny zrobić z punkami porządek. Dziś tym skinom Kamil wódkę nalewa.

Po rozstaniu z dziewczyną Kamil nie chciał w domu siedzieć, więc szedł na patrol na Piotrkowskiej. Przy barze zagadywał gościa: „Cześć, jestem Kamil". „A ja Andrzej". Lufa jedna, druga, poznawali kolejne osoby, tak tworzyła się ich mocna ekipa. O trzeciej w nocy zamykali Bibliotekę tańcem na stołach, stamtąd do Zapiecka na szanty, do Bohemy na dopitkę. O świcie siadali w ogródkach na Piotrkowskiej z własną wódką albo pod Kapselkiem dopijali poranne piwo. W lokalach mieli stałe zniżki. Chmielowa Dolina, hipsterski OFF, stary Irish Pub, ostatnio modne O To Chodzi – Piotrkowska to jest barów stolica! Nic dziwnego, że warszawiacy przyjeżdżali tu na melanż. Lokalsi robili im zawody. Wchodzili do każdego pubu po kolei. Wygrywał ten, kto doszedł najdalej.

Lata lecą, jedni się wykruszają, drudzy przychodzą, a Kamil z ekipą wciąż krąży po Piotrkowskiej. Przez te dwadzieścia lat w różnych lokalach był już klientem tak stałym, że wołali na niego „mebel". Wchodząc do baru, mogłeś być pewien, że Kamil już tam jest. Właściciele koniec końców mówili: „I tak tu cały czas siedzisz, nie chcesz popracować?".

Pamięta, jak w Bohemie w jednej sali siedzieli policjanci (bo komisariat blisko), dziwki (bo hotel Centrum blisko) i złodzieje (bo lubili). Przychodziła też mafia. Kamil i reszta załogi mieli przykazanie od szefa: jak wejdą, wszystko im z baru zdejmijcie, a sami ukradkiem tylnym wyjściem w nogi. Co wypiją, rozpierdolą, trudno – na koszt baru.

W kolejnej knajpie szef pytał, czy Kamil nie chciałby swojego lokalu prowadzić. Nawet się chwilę wahał, czy nie pożyczyć od ciotki pieniędzy, ale się nie zdecydował, wolał wrócić na studia. Koniec końców ani ze studiów, ani z własnego baru nic nie wyszło.

„Na zewnątrz uśmiech, a w sercu ból, to najtrudniejsza z życiowych ról" – taki wierszyk chodzi mu po głowie, bo do klientów zawsze trzeba z uśmiechem, nawet jak rzygają do umywalki. Chyba ludziom wydaje się, że do umywalki to bardziej elegancko, ale prawdę mówiąc, lepiej już na podłogę, łatwiej sprzątać.
Kumple pytają go: „Kamil – wolisz dzisiaj lufę czy napiwek?". Dziewczyna zarzuca mu, że pije codziennie, ale co to za picie, piwo i dwie lufy. Przecież to jego praca.
Znajomy załatwia mu pracę przy sortowaniu paczek. W wieku czterdziestu lat warto może dorosnąć. Tylko czy Kamila nie znudzi robota osiem godzin, pięć razy w tygodniu?
Czasami myśli: a jakby jednak otworzył własny bar i nie musiał się już szarpać za najniższą krajową? Ale nie ma co rozpamiętywać. Lepiej z przyjaciółmi walnąć kielicha, pogadać do rana. O to w życiu chodzi!

Pod Jerry's Burger taksówka zbiera klientów. Nie powinna tu wjeżdżać, chyba że na wezwanie, ale taksiarze nic sobie z tego nie robią. Walka z samochodami na Piotrkowskiej trwa od lat dziewięćdziesiątych. Polaka żaden zakaz nie zatrzyma.
Mijamy pałac Heinzla, dziś Urząd Miasta Łodzi. Oj, nie lubią urzędnicy rikszarzy. Wymyślili kiedyś przetarg na firmę, która miała obsługiwać riksze kursujące po Piotrkowskiej. Strażnicy miejscy i dziennikarze narzekali: riksze to szmelc na kółkach, folia i brudny koc, rikszarze jeżdżą w dresach i z odsłoniętym torsem.
Z przetargu nic nie wyszło, ale nadal miejska komisja decyduje, ile kosztują ich kursy Piotrkowską. Rikszarze walczyli o stawkę wyższą niż pięć złotych, wywalczyli siedem.
Ciężko zarobić przy takich stawkach. Piątek po dwanaście godzin, sobota piętnaście, niedziela sześć godzinek – i tak w weekend uda się tysiaka wyciągnąć. Cztery tysiące miesięcznie, ale to są szczyty, zwykle pogoda nie pozwala aż tak zaszaleć. Zimą zarobki spadają na najniższą krajową. Ostatnio Ryszard zaczepił

się na szkolenie i staż: pracownik biurowy. Niektórzy na tych stażach unijnych jakoś przebiedują zimę.

Za pomnikiem Schillera wyłożony czerwoną kostką pasaż. Na Pasku rikszarze robią siku, bo im przez lata nie postawili toi toiów. Na szczęście jest jeszcze bar Anna, gdzie pozwalają im z toalety skorzystać.

Ryszard ma swoje sposoby na cały dzień jazdy. Gorzka czekolada, banan, sok. Maślanka, kefir, kilogram jabłek, do tego banany. Rikszą próbują jeździć kolarze, którzy przechwalają się, ile to oni w sezonie kilometrów nie zrobią. A tu puchną, nie dają rady. Nie umieją wysiłku rozłożyć.

Ryszard na trasę bierze kanapki: ser żółty, wędlina, pomidory, przegryzie to kanapkami z bekonem, w Żabce za siedem złotych. Obiad zje w domu, wieczorem. Odeśpi w poniedziałek, czternaście godzin.

Zimą ratują go getry, wycieruchy, bluza termiczna, polar, sweter, kurtka pikowana. Da się jeździć nawet na mrozie! Do tego rutinoscorbin i neomaks skurcz, bo w lewej nodze łapały go takie skurcze, że mu się włosy prostowały.

Okolice Red Tower pamięta każdy. Tu stały plastikowe, odrapane budy ze słynną Jagodą na czele. Zapiekanki, papierosy, damskie torebki, wafelki Grześki za szybą.

Bud już nie ma, ostał się Chińczyk, ale w stylowym czarnym kontenerze. Pod numerem 138 zamiast bud są food trucki, minipizze, frytki belgijskie, a dalej piwo, leżaki, trawa, knajpy, kluby i bary w pofabrycznych wnętrzach, OFF Piotrkowska, łódzki towar eksportowy, ze słynnym klubem Dom na czele. W sobotnie wieczory w Domu dudni klubowa muzyka, młodzieży oczy się świecą, wychodzą z kibla wyraźnie podekscytowani. Ryszard często takich wozi, ale co robili, nie pyta.

Poeta Zdzisław Jaskuła, król łódzkiej cyganerii, już tych klimatów nie doczekał. Zmarł w 2015 roku. Trzydzieści lat temu marzył, że na całej Piotrkowskiej będą leżanki, rozstawiane w nocy, a zwijane na dzień. Tak, żeby można było kupić piwo i poleżeć sobie.

Wśród barmanów na OFF-ie panika – będą zamykali czy nie będą? Wstawili już stację trafo, ogromny metalowy kloc, zabrali część miejsca na leżaki. Następne będą bary i kluby. Gentryfikacja, panie! Kamil Wasiak, rzecznik OFF Piotrkowska Center, krzywi się na to słowo. Od frontu wyrośnie biurowiec, ale stylowy. Inwestor zmienił nawet projekt, usunął fragment trzech kondygnacji, żeby ludzie mogli bez problemu wejść na OFF i jeszcze podziwiać historyczną panoramę.

Właściciel od początku planował tu biurowce, ale przyszedł kryzys, więc zmienił strategię. Zamiast tego w pofabrycznych wnętrzach powstało klubowe i restauracyjne zagłębie, do tego barber, księgarnia, butik z ciuchami vintage, studia kulinarne.

Inwestor mógłby czynsz wywalić w powietrze, otworzyć salon H&M, ale tego nie robi. Nie z dobroci serca. Po prostu wartość OFF-u to właśnie jego klimat. Firmy inwestują grube pieniądze w biurowe strefy rozrywki, imprezy integracyjne. Na OFF-ie to wszystko dostają w pakiecie. Dlatego łodzianie nie muszą się martwić. OFF przetrwa.

Przynajmniej tak na dziś zakłada biznesplan.

I to już wszystko, dojechaliśmy do węzła przesiadkowego, czyli pod stajnię jednorożców. Siedem złotych się należy, napiwek mile widziany. Ryszard by pogadał jeszcze, ale pan w swetrze go zaczepia.

– Szefie, który dworzec najbliżej?
– Fabryczny, wiadomo.
– A czym dojadę?
– A ze mną. Piętnaście złotych.
– Zajebiście. Jedziemy!

Styczeń 1993 – sierpień 2019

Gaz story

Mówi Marek Maroszek:

— Wiem, że sąd musi zbadać sprawę dokładnie, uwzględnić wszystkie okoliczności, ale to ciągnie się już półtora roku. Nie chcemy nikogo zamykać, nie jesteśmy żądni krwi, chodzi tylko o uznanie tych ludzi za winnych. Wtedy będzie można rozpocząć cywilne procesy o odszkodowania.

Marek Maroszek pozaciągał długi, napożyczał pieniędzy, aby wyposażyć nowe mieszkanie i odkupić sprzęty, które stracił. W zeszłym roku nie był na urlopie — nie stać go było. On i Małgorzata Majewska mają zamiar procesować się o każdą złotówkę, którą stracili podczas wybuchu. Białkowie i Gierasowie uzyskali zgodę na rozpoczęcie spraw cywilnych jeszcze przed zakończeniem karnej. Białkowie wszczęli już taką sprawę. Gierasowie nie są w stanie wpłacić kilkudziesięciu tysięcy na konto zespołu adwokackiego*. Inni lokatorzy machnęli ręką. Za bardzo się to wlecze, a świadomość, że trzeba zgromadzić ileś tam podań, pieczątek, zaświadczeń i załączników, zniechęca. Ich sprawa dawno zeszła „z tapety" i wszyscy, od których coś zależało, uznali ją za zamkniętą.

— Bo mieliśmy pecha i podczas wybuchu nikt nie zginął — powie jeden z poszkodowanych.

---

* Było to jeszcze przed hiperinflacją, za dziesięć tysięcy złotych można było wynająć mały pokój.

Retrospekcja (1)

W piwnicy posesji przy ulicy Nawrot 13 w Łodzi gaz wyczuwalny był od 5 października 1987 roku. Kilkakrotne interwencje w gazowni nie przynoszą rezultatu. Firma spycha wszystko na administrację dysponującą własną brygadą (gazowni podporządkowane są instalacja miejska i liczniki w domach, instalacja domowa to już działka PGM-ów). Administracja też nie podejmuje żadnych kroków.

W piątek, 9 października, gaz czuć już bardzo wyraźnie. Nie można wejść do piwnicy. Maroszkowa otwiera drzwi, żeby się przewietrzyło. Tego dnia lokatorzy interweniują dwukrotnie. Za każdym razem „wszystko było w porządku".

W nocy z piątku na sobotę gaz poczuła Małgorzata Majewska. Gazownicy sprawdzili instalację w jej mieszkaniu. Do piwnicy już się nie pofatygowali, a na odchodnym poradzili, żeby gospodyni chłopa sobie na noc poszukała, a nie zawracała głowę.

W niedzielę, 11 października, o godzinie 13.00 silna detonacja demoluje w ciągu kilku sekund front i prawą oficynę.

Proces (1)

12 stycznia 1989 roku zapadł wyrok w sprawie pracowników pogotowia gazowego – Stanisława S., Henryka W., Grzegorza R. i Edwarda K. Sąd Rejonowy w Łodzi skazał gazowników na półtora roku więzienia w zawieszeniu na dwa lata, po siedemdziesiąt tysięcy złotych grzywny oraz podanie wyroku do publicznej wiadomości w miejscu pracy. W uzasadnieniu sąd podkreślił zbyt lekceważący stosunek monterów do sygnałów lokatorów o ulatniającym się gazie i niezbyt dokładne zbadanie przyczyn nieszczelności instalacji, a tym samym nieumyślne spowodowanie katastrofy.

Był to wyrok, który niczego nie zakończył. Nawet gdyby żadna ze stron nie wniosła apelacji, pozostawały cywilne sprawy lokatorów o odszkodowania.

Retrospekcja (2)

Marek Maroszek twierdzi, że zaraz po zdarzeniu zasadą działania urzędników były naciski na „wybuchowców". Chodziło o to, żeby się jak najszybciej wynieśli, złamali. Żeby po prostu całą sprawę wyciszyć. Trudno mu nie wierzyć. W kilka dni po wybuchu naczelnik dzielnicy Łódź-Śródmieście Jan Markiewicz stwierdza: „Panujemy nad sytuacją", „Wypłacono ponad siedemset tysięcy odszkodowań". W łódzkiej prasie pojawiają się informacje, że siedmiu rodzinom wydano już decyzje mieszkaniowe, a siedmiu kolejnym wskazano lokale do obejrzenia i że poszkodowani mieszkają w trzech łódzkich hotelach z wyżywieniem.

Tymczasem spośród dwudziestu sześciu rodzin ubezpieczone w PZU były... cztery. Pozostałe otrzymują jednorazowe zapomogi w wysokości od piętnastu do pięćdziesięciu tysięcy złotych. To „dużo" dla rodzin, które straciły dach nad głową, meble, odzież. Nie wszystko zresztą w czasie wybuchu. Część uratowanych sprzętów wyniesiono na podwórze, nocą jednak przyszedł deszcz – i wszystko zawilgło i zbutwiało.

A propozycje lokalowe? Białek na przykład miał przy Nawrot 13 piękne mieszkanie – sto pięć metrów kwadratowych. W zamian zasugerowano mu lokal przy Nawrot 44. Białek poszedł tam i doznał szoku: pomieszczenia zdemolowane po pożarze, ściany wypalone, brak zamków, wody, światła. Ubikacja w podwórzu. Odcięty gaz. Podłoga wyłożona glinianą polepą. Nocami urządzają sobie tam spanie okoliczne męty. Kiedy Białek odmówił przyjęcia go, ten sam lokal proponowano Majewskiej. Majewska wraz z Maroszkiem skontaktowała się z telewizją. Ekipa łódzkiej TV sumiennie przyłożyła się do roboty (światło musiała przeciągnąć od sąsiadów). Wtedy Wydział Spraw Lokalowych Urzędu Dzielnicowego dał sobie ostatecznie z adresem Nawrot 44 spokój.

Pani Łukowskiej, która miała sto dwanaście metrów, zaproponowano dwa pokoje, po szesnaście i siedemnaście metrów, tyle że... położone w różnych częściach miasta.

Maroszek mówi, że największą pomoc otrzymali z Kościoła. Następnego dnia po wybuchu odwiedził ich miejscowy proboszcz wraz z prawniczką. Prawniczka doradzała zrobić listę rzeczy zniszczonych, by na tej podstawie wszczynać sprawy o odszkodowania. Mówiła, żeby nie przyjmować mieszkań o niższym standardzie. Ci, którzy posłuchali, dobrze na tym wyszli. Inni uwierzyli, że nie ma lepszych lokali i jeśli odrzucą te propozycje, następne będą jeszcze gorsze.

Zakończyła pracę komisja badająca przyczyny eksplozji. Oto najważniejszy cytat: „ustalono, że w piwnicy budynku frontowego, pod bramą, przebiega przewód instalacji gazowej o średnicy 40 mm, który zasila część wschodnią budynku. Przewód ten w miejscu skrzyżowania z instalacją wodociągową był silnie skorodowany z ubytkiem ok. jednej trzeciej powierzchni rury, długości około 15 cm. W wyniku skorodowania instalacji gazowej nastąpił wypływ gazu do pomieszczeń piwnicznych, w konsekwencji powodujący powstanie mieszanki wybuchowej".

Proces (2)

Pierwsza rozprawa sądowa odbyła się w dniach 18–21 lipca 1988 roku. Odczytano akt oskarżenia. Odczytano też opinię biegłych – ekspertów z Instytutu Górnictwa Naftowego i Gazownictwa z Krakowa. Eksperci uważają, że popełniony został błąd w sztuce: gazownicy powinni byli przeprowadzić próbę szczelności instalacji, a nie uczynili tego (gdy 22 września jeden z ekspertów, Henryk Kalarus powie o najprostszym sposobie, polegającym na namydleniu rury, na ławie oskarżonych rozlegnie się śmiech...).

Na drugiej rozprawie, 7 września, przesłuchiwani byli kolejni świadkowie. Ani tego dnia, ani 22 września nie pojawia się inny świadek, powołany przez obronę. Jest nim gazownik Grzegorz W. Ma wnieść do sprawy nowe elementy.

Powołany przez obronę 6 października jako świadek Janusz B. występuje raczej w charakterze nowego eksperta. Jest właścicielem zakładu rzemieślniczego i opowiada o praktyce pracy gazowników. Wyjaśnia motywy działań oskarżonych, stwierdza, że nie mogli zrobić nic innego, niż zrobili. Pełnomocnicy oskarżycieli posiłkowych, Zenona Białka i Władysława Gierasa, kręcą się podejrzanie. Po chwili jeden z nich pyta świadka, czy ten zna akta sprawy.

– Tak – potwierdza Janusz B., podważając tym samym wartość swoich zeznań.

Na rozprawie 21 października pojawia się wreszcie oczekiwany Grzegorz W. Zeznania gazownika są powtórzeniem tego, co na tej sali padało już wielokrotnie. *Nihil novi...* A więc obrona gra na zwłokę. Dlaczego? Wyjaśnia się to wkrótce. Na prośbę obrony ekspert z Krakowa, jeden z kolegów Henryka Kalarusa, składa oświadczenie, w którym podważa poprzednią opinię biegłych. Twierdzi, że była błędna. Trzeba ponownie przesłuchać ekspertów. Okazuje się to bardzo trudne. Na kilku następnych rozprawach ani razu nie stawiają się w komplecie.

W 1988 roku odbywają się jeszcze dwie rozprawy, w 1989 jedna, 6 stycznia, na której zjawia się wreszcie komplet ekspertów. 12 stycznia sąd ogłasza wyrok.

Retrospekcja (3) – obsesja

Krótki przegląd tytułów tekstów, jakie po wybuchu ukazują się w prasie: *Gazowa obsesja*, *Łódź na gazie*, *Sto kilometrów strachu*, *Przewanianie sita*. Dwa ostatnie wymagają komentarza. Sto kilometrów liczy w Łodzi ta część sieci gazowej, która powinna być natychmiast wymieniona. Sieć jest stara, żeliwna, skorodowana (rury), w wielu przypadkach pamiętająca XIX wiek i czasy *Ziemi obiecanej*. Tylko w połowie tej sieci gaz się nie ulatnia. Każdy kilometr – to kilometr strachu, zwłaszcza że nie są znane miejsca, w których występują nieszczelności. Aby dokładnie je namierzyć, przeprowadzono akcję tak zwanego przewaniania. Polegała na wpuszczeniu do sieci substancji zapachowych, które ulatniając się z gazem, sygnalizować miały nieszczelność. Akcję rozpoczęto w 1987 roku. „Powiało gazem" w ponad trzech tysiącach domów. Odcięto tam jego dopływ i tak już zostało, bo gazownia jest w stanie wymienić rocznie tylko kilka kilometrów rur.

Szerzeniu się gazowej obsesji pomogły żółte barierki z czerwono-białymi szarfami i napisem „gaz", które upstrzyły miasto. Zabezpieczono w ten sposób otwarte studzienki. Chodziło o usunięcie z nich nagromadzonego gazu, aby nie dopuścić do jego kumulacji i wybuchu. Kiedyś jakiś przechodzień wrzucił do takiej studzienki niedopałek i wylądował w szpitalu z ciężkimi poparzeniami.

3 listopada 1987 roku kolejny wybuch. Na ulicy Żelaznej ginie lokator, ciężko poparzone jest małe dziecko. Znów sześć rodzin zostaje bez dachu nad głową.

Powoli szerzy się psychoza strachu, a pojawienie się gazika lub nyski z napisem „Pogotowie gazowe" witane jest histerycznie. Nie bez powodu. Jeszcze w 1983 roku nowym osiedlem mieszkaniowym, Retkinią, wstrząsnęły, w odstępie kilku miesięcy, dwie eksplozje. W pierwszej ginie pięćdziesięciokilkuletni lokator i jego matka. Druga była w historii Łodzi najtragiczniejsza – pociągnęła za sobą dziewięć ofiar. Zginęła prawie cała rodzina profesora Stanisława Gerstmanna – wybitnego psychologa z Uniwersytetu Łódzkiego. U Gerstmannów odbywał się właśnie rodzinny zjazd, na który przybyli między innymi krewni z Gdyni.

Wypadek przy Nawrot 13 nie pociągnął za sobą takich ofiar. Najbardziej ucierpiały rodziny Białków i Gierasów, które mieszkały w epicentrum wybuchu. Joanna Maroszek doznała wstrząśnienia mózgu.

Retrospekcja (4)
Maroszkowa, która pracuje w poradni wychowawczo-zawodowej, studia psychologiczne kończyła u profesora Gerstmanna.

Kwiecień 1989

Bat na czyścicieli

– Taka przykrość na stare lata – wzdycha Mirosław C. – Osiemdziesiąt pięć lat bez żadnej sprawy, nawet mandatu za szybką jazdę! A przez takich meneli na koniec żywota staję przed sądem. To boli.

Elegancki staruszek został właśnie skazany za odcięcie lokatorce wody. To pierwszy taki wyrok w Łodzi. Możliwe, że pierwszy w Polsce.

Na wojnę z nim poszła emerytka Maria Czarnecka, która wody nie miała od września. C. nie przewidział, że kobieta poleci do sądu.

– Bo w umowie najmu jest wszystko napisane: obowiązek terminowej płatności, zachowanie wobec społeczności. A ta pani się nie zachowywała. Ubliżała sąsiadom. Złożyli petycję, żebym się jej pozbył. Skróciłem okres wypowiedzenia z trzech miesięcy do miesiąca. A wodę zakręciłem, bo nie płaciła za czynsz. Co miałem zrobić, jak mnie okradano? Nie jestem instytucją charytatywną. Niestety, humanitaryzm nie zawsze popłaca. Dzisiaj to czuję. Przyjąłem tę panią, bo bidula taka samotna do mnie przyszła. Nie wziąłem kaucji. A tak to koszę od wszystkich. Zgodnie z prawem. Ale jej było mi żal. Najpierw dałem jej mieszkanie czternastometrowe. Po dwóch latach zamieniłem na dwadzieścia sześć metrów. I zaczęły się kłopoty. A to że jej leci, przecieka, a to że sąsiedzi hałasują. A czy przeciekało? A skąd! A i tak pisała donosy do nadzoru budowlanego. Żadnego zalecenia od nich nie dostałem. To jest pierwszy przypadek, że lokator tak ze mną walczy. I to ktoś, komu od początku szedłem na rękę.

– Dobrała sobie tych pomagierów, partyzantów. Ormowców; tak nazywam tych ze stowarzyszenia pomocy lokatorom. Chodzili po sąsiadach. Chcieli ich przekabacić, nastraszyć. Żeby zeznawali przeciwko mnie. Taka sama ekipa działa w Warszawie pod batutą bandziora Ikonowicza – złości się Mirosław C.

Budynek na Mielczarskiego odziedziczył po dziadkach. Jego rodzina straciła nieruchomość decyzją dzielnicowej Rady Narodowej w 1978 roku. Odzyskał ją w roku 2000. Przyjeżdża raz–dwa razy w tygodniu. Woli swój dom w Głownie, relaks na łonie natury.

Jego sprawa przed sądem Łódź-Śródmieście kończy się w marcu 2017 roku. Na ostatniej rozprawie obrończyni przekonuje, że jej klient żadnym czyścicielem nie jest. Chciał tylko, żeby Czarnecka spłaciła dług.

– Jakkolwiek moralnie można oceniać jego działanie, to penalizacji karnej to nie podlega – tłumaczy mecenas Justyna Tomczyk.

Ale sąd jest na te argumenty głuchy. Wyrok: pół roku więzienia w zawieszeniu na dwa lata.

– Zakręcenie wody czyni niemożliwym korzystanie z lokalu. A to niezgodne z prawem – wyjaśnia sędzia.

Pani Maria cała w skowronkach. Wychodząc z sali, rzuca się na szyję Marcinowi Wawrzyńczakowi ze Stowarzyszenia Bratnia Pomoc.

– To precedens. Teraz posypią się kolejne pozwy przeciwko C. i innym kamienicznikom. Czyściciele nie będą już bezkarni – emocjonuje się Wawrzyńczak.

Mirosław C. opuszcza sąd z pochyloną głową.

– Jak Bozia pozwoli, to dożyję, aż wyrok się zatrze – uśmiecha się smutno.

Bez „Dzień dobry"

Czteropiętrowa kamienica przy Mielczarskiego ma brązową elewację, z pomalowanym na biało parterem. Na klatce odpada tynk. Rury i kable wiszą pod sufitem. Słabe światło lampki. Lokatorzy i tak są za nią wdzięczni. Przez lata w ogóle nie było żarówek. Świecili sobie komórkami.

W gablotce na parterze ogłoszenie: „Skreślam z planów na bieżący rok remont i odmalowanie klatki schodowej. Powodem decyzji jest zamienienie jej w publiczny klozet przez właścicieli psów. Czy lokatorom odpowiada taki stan rzeczy, że nie reagują i nie wywierają presji na właścicieli psów? Pytania można mnożyć, ale to nie załatwia sprawy, może moje decyzje coś załatwią". Podpis: Mirosław C. Obok strony wycięte z lokalnych gazet. Na zdjęciach C. z czarnym paskiem na oczach. *Jesteśmy ofiarami kamienicznika* – krzyczą nagłówki. C. sam te wycinki zawiesił. Lokatorzy zachodzą w głowę dlaczego.

Mieszkanie Marii Czarneckiej to pokój z kuchnią odmalowane na jasne kolory. Na komodzie zdjęcia wnucząt, tabliczka „Tu rządzi babcia". Nowa lodówka, telewizor, kuchenka. Estetykę psują grzyb wokół okna, rysy na ścianie i płytki w łazience, które trzymają się na słowo honoru.

Maria pamięta, że na początku C. był bardzo grzeczny. Co prawda wziął bez pokwitowania osiem tysięcy odstępnego, ale poza tym – wzór dobrego wychowania.

Z czasem Maria coraz częściej zagląda do pokoiku administracji. Że grzyb, że ściana pęka, że sufit się zarywa. Że nie ma kratki wentylacyjnej w kuchni, więc jak gotuje, woda leje się po ścianach. Zanosi pisma. W odpowiedzi czyta, że C. przyjął do wiadomości. Na wiosnę zrobi. W końcu w ogóle przestaje odpisywać.

Czarnecka wzywa nadzór budowlany. Od inspektorów dostaje pismo: właściciel ma niezwłocznie poprawić dach nad jej mieszkaniem oraz wentylację w kuchni. C. najwyraźniej o zaleceniach zapomniał. Robót nie wykonał do dziś.

Latem Maria oddaje pole w wojnie z właścicielem. Brakło jej na leki. Nie płaci czynszu na czas. Zgłasza C., że ureguluje później.

– W porządku – mówi kamienicznik. Ale w porządku nie jest. Maria dorabia do emerytury, sprzątając biurowce. Akurat szykuje się do pracy na czternastą, gdy do drzwi puka hydraulik.

– Wie pani co, ja pani wodę wyłączam. Niech sobie pani na zapas nabierze – mówi.

– Chwila, moment. Pan wie, że nie może mi tak po prostu zakręcać? Wzywam policję – ripostuje Maria.

Mundurowi przytaknęli, że odcinać nie wolno. Fachowiec odpuścił. Ale nie na długo.

Dwa tygodnie później Maria wraca z pracy. Na klatce widzi, że jej licznika brakuje. W kranach sucho. Jedenasta w nocy, co robić? Do córki tak późno nie pójdzie. W lodówce ma jakąś mineralną, soki owocowe. Ale nie baniaki z wodą! Do córki biegnie rano. Zabiera do domu butelki z kranówą. Zagląda też do kanciapy C.

– Nie jest już pani lokatorką, nie mamy o czym rozmawiać – słyszy.

Baniaki wozi jej córka, zięć, wnuczek. Do córki jeździ też na pranie, mycie, obiad. Dobrze, że to na Legionów, tylko kilometr od domu.

Czarnecka zgłasza się do Stowarzyszenia Bratnia Pomoc, które wspiera lokatorów.

– Trzeba iść na prokuraturę – doradzają wolontariusze.

Bo w styczniu 2016 roku weszło nowe prawo. Dotąd mieszkaniec z odciętą wodą czy ogrzewaniem walczył o sprawiedliwość przed sądem cywilnym. A teraz zmienia się kodeks karny. Właściciel za takie praktyki może trafić na trzy lata za kratki.

Po kamienicy zaczyna krążyć petycja mieszkańców, którzy chcą się jej pozbyć. Dziś sąsiedzi wspominają: podpisali, bo administratorka od C. chodziła i podtykała jakieś pismo. Myśleli, że to o te psy na klatce chodzi. Ludzie ze Stowarzyszenia też chodzili. Pytali, czy Maria jest konfliktowa, bo to ważne przy jej rozprawie. Ale żadnych pogróżek ze strony pytających nie było!

O Marii robi się głośno. Poseł Waldemar Buda w blasku fleszy przywozi jej pięćdziesiąt baniaków. Obrońcy praw lokatorów trzymają kciuki. Wyrok skazujący dla C. oznacza nowy oręż w walce z czyścicielami.

Czarnecka z wyroku się cieszy. Choć jej sytuacji to nie poprawia. C. założył jej sprawę o eksmisję. Maria czeka na wyrok i mieszkanie od miasta.

Z Mirosławem C. mijają się na podwórku. Nie mówią sobie „Dzień dobry".

Czekanie na deszcz

Jak tylko niebo szarzało, Zofia Bitner chwytała za wiaderko i biegła do rynny przed klatką. Na dole spotykała sąsiadki. Też z wiadrami. Łapały deszczówkę, żeby mieć czym spłukać ubikację. Zofia ładowała pranie na dwukołowy wózek i tramwajem zawoziła do siostry. Baniaki od koleżanki codziennie nosiła przez podwórko.

Mirosław C. stawał przy bramie i patrzył, jak dźwiga. Mawiał, że zrobi jej w mieszkaniu Saharę. Baniaki kazał uzupełniać w ulicznej studzience. Ale tam woda była żółta.

Mąż Edward pracował przy azbeście dwadzieścia osiem lat. Zofia była szwaczką. Jak się zsumuje ich renty i emerytury, to wychodzi tysiąc sześćset złotych. Jak zapłacą za leki i media, to brakuje na czynsz. Żeby oszczędzić, Zofia zatrudnia się u C. do sprzątania klatki. Ale ten po dwóch latach ją zwalnia. I budżet Zofii już się nie spina.

Jej krany wysychają w maju. Akurat wychodziła z Balbiną na spacer. Na dole hydraulik coś majstruje.

– Nie będzie pani miała wody. Odcinamy – przyznaje zmartwiony.

Broni jej przed właścicielem:

– Szefie, to wypada?

Zofia też prosi:

– Panie C., mąż ma choroby takie, astmę, jak pan może odłączać nam wodę?

– Obcinać! Obcinać! – krzyczy C. na hydraulika.

Kilka dni później Zofia ma imieniny. Gości nie zaprasza. Ani herbaty, ani kawy im nie zrobi. Zachodzi do sąsiada. Prosi:

– Dziadziuś, daj wodę.

Dał. Ale jak C. się o tym dowiaduje, sąsiadowi też zakręca. Woda w budynku staje się towarem deficytowym. Odcięci pielgrzymują do szczęściarzy, którzy jeszcze ją mają.

– C. zagląda do mnie pewnego dnia i pyta, czemu mam takie wysokie zużycie. Czy sąsiadce wodę użyczam? Odpowiadam: „Jest płacone regularnie, więc o co chodzi?" – mówi lokator z Mielczarskiego.

– Mówię sąsiadowi: „Raz cię poczęstuję, ale zawsze nie będę dawała". Też mam licznik. A jak C. zobaczy? Tu każdy się boi. Lokatorzy wypadają stąd jak z procy – dodaje inna.

Ale bez wody da się żyć. Zofia kupuje plastikową wanienkę. Ustawia na środku pokoju. Co dzień grzeje wodę w garnku i wlewa do środka. Wsadza i myje męża, bo Edward ledwo chodzi.

Od noszenia baniaków zrywa ścięgno w prawej ręce. Do dzisiaj jej puchnie wieczorami. Musi smarować amolem. Jak to rwie, Jezu! Teraz dopiero człowiek odczuwa.

Co miesiąc pisze do mieszkaniówki. Edwarda zabiera na dyżur do prezydent Zdanowskiej. Po dwóch latach się udaje! Z magistratu dostają mieszkanie w innej kamienicy. Na parterze, z ogrodem. Najważniejsze jest to, że nie muszą oglądać C.

– Dostał wyrok? Brawo! Klaszczemy z radości – cieszą się państwo Bitner. Bez wody wytrzymali rok i dziewięć miesięcy.

Nie jestem dobrym wujem!

Mirosława Bator z czwartego piętra miała więcej szczęścia. Jej krany wyschły tylko na jedenaście miesięcy.

Na recepcji w lokalnej gazecie uśmiechem witała gości, którzy mieli sprawę do pana redaktora. Ale pewnego dnia zabiera ją pogotowie. Cukier ma na poziomie pięćset, chore stawy, nadciśnienie. Do pracy nie wraca.

A rachunki nie maleją. Grzejniki ma elektryczne, tak samo maszynkę do podgrzewania jedzenia. W jej domu nie ma gazu, a C. nie pozwala korzystać z butli. Bo grozi wybuchem. Mirosława gotuje zupę na trzy dni, by jak najrzadziej włączać maszynkę. Tłumaczy C., że nie ma na czynsz. Skąd ma mieć, jak renty dostaje sześćset trzydzieści złotych, a za prąd płaci siedemset? Poza tym dała C. dziewiętnaście tysięcy kaucji bez pokwitowania. To chyba może jej trochę odpuścić? Obiecuje, że chociaż za wodę będzie płacić.

– Nie jestem dobrym wujem! – wykrzykuje w odpowiedzi C.

Przyjaciel co drugi dzień nosi jej wodę od koleżanki z ulicy obok. Do materiałowych toreb pakuje pojemniki po płynie do mycia naczyń, w nie nalewa wodę. Dobre są też baniaki z Biedronki. Bez Wiesia Mirosława by się chyba zabiła, tak mówiąc szczerze. Kto by jej tę wodę nosił?

Myje się w misce na środku pokoju. Zużytą wodą spłukuje ubikację. Oszczędza każdą kroplę. Przypomina jej się młodość. Wtedy też myła się w miednicy. Jak wpada do koleżanki, to przy okazji bierze prysznic. A głowę myje, zaglądając do fryzjera.

Polowe warunki szarpią jej nerwy. Z depresją trafia do szpitala. Jak wraca – taka niespodzianka! C. wojuje już z Czarnecką. Chyba ze strachu przed sądem odkręca wodę z powrotem. Mirosława długo płacze ze szczęścia.

Maria i Mirosława chciałyby się już z Mielczarskiego wynieść. Zaniosły dokumenty do mieszkaniówki. Ale cudów nie ma. Kilka lat w kolejce mają jak w banku.

Tymczasem Mirosława oswaja rzeczywistość. Na ścianach powiesiła pejzaże. Na szafkach ustawiła porcelanowe laleczki. Wchodzi na OLX, patrzy na meble i marzy. Ostatnio widziała Ludwika XVII na takich zakręconych nóżkach. Piękna, biała komoda, szyby kryształowe.

A co do mieszkania, to nie jest wymagająca. Jeśli będzie na parterze, weźmie cokolwiek. Bo bardzo niemiło jest jej wciąż patrzeć na pana C.

*

Mirosław C. został prawomocnie skazany na dwa lata więzienia w zawieszeniu na trzy, wraz z obowiązkiem regularnego sprawozdawania sądowi, jak traktuje lokatorów. W łódzkim sądzie toczy się obecnie kolejna sprawa przeciwko C. Tym razem lokatorzy złożyli pozew zbiorowy.

Maj 2017

Kamienica

Niewysoka: dwa piętra i poddasze. Nie za ładna, nawet jak na tutejsze niewygórowane standardy. Nie chodzi nawet o poszarzały front, odpadający tynk i napis „Jebać RTS". Po prostu – żadnych detali, ozdobnych wykuszy, tylko gładka elewacja i drewniane okna, to wszystko.

Rok powstania: 1890. Dwadzieścia lat młodsza niż sama ulica, która wtedy nazywała się Kamienna. Właściciele: ród Orbachów: Ojzer, Izlama, Szlum i Rinling. Mendel, Ida, Chaja, Fajga. Rodzina drukarza? Na Wschodniej, czyli po sąsiedzku, drukarnię prowadził niejaki Orbach. Ale to mógł być przypadek. W przedwojennej Łodzi Orbach to popularne nazwisko.

Dziś okna zabite deskami, wejście zamknięte metalową bramą. Tablica: „Teren budowy". Wszyscy lokatorzy dostali nowe mieszkania, a kamienica przechodzi remont, jakiego jeszcze nie widziała.

Pod czwórką mieszkał Tomek

Przyjdź do Tomka w tygodniu, zobaczysz go w spodniach ogrodniczkach, na drabinie, jak zamalowuje liszaje na pomarańczowo. Jeszcze parę dni temu ze starą ekipą z Włókienniczej przepijał wódkę piwem. Dziś zaciągnął hamulec i do pracy. Remontuje nowe mieszkanie. Rury, zlew, kibel za ścianką działową – wszystko sam zrobił.

Tatuś Tomka zarabiał w kapeli weselnej. Mama sprzątała. Babcia pracowała w Marchlewskim, a po godzinach handlowała wódką. Dzieciństwo wesołe, z bratem grali na tatusia instrumentach. Potem zrobiło się mniej wesoło, bo tata odszedł, babcia zmarła, mama się rozpiła, a Tomek poszedł w tango. Jak już wrócił z więzienia, kazał matce spadać do schroniska Brata Alberta. Szybko odkrył, że narobiła długu na sto dziewięć tysięcy. Teraz to był Tomka dług. Nie płacił dalej czynszu, bo i po co? Siedział za takie szybkie wyskoki, głupoty. Jakiegoś frajera z łokcia pociągnął, te sprawy. Ostatnia akcja: wyszedł na ulicę z piwem i kuchennym nożem. Po co go wziął? Dziś nie umie powiedzieć. Na Włókienniczą wjechała furgonetka, wypadli panowie w kominiarkach, z giwerami. Kogoś szukali, padło na Tomka. „Stać! – wołają. – Co masz w ręce?" Zdążył jeszcze wrzasnąć: „Jebać policję!". Uciekł na podwórko, rzucił nóż, wbiegł do klatki. Sąsiadka z parteru wołała: „Tomeczek, nie daj się!". Drzwi wywalili do klatki, kładą go na ziemię. Kolega filmuje, tłum wrzeszczy, żeby spierdalali, ktoś skacze w obronie Tomka, policjanci kładą go na glebę. Jest z tego filmik na YouTubie.

Z przerwami na więzienie Tomek od dwudziestu lat dźwiga palety. Zarabia dwa tysiące miesięcznie. Ostatnio mu przepuklina wyszła. Za ten miesiąc szef zapłacił sto złotych. Tomek za bardzo nie mógł się kłócić, bo ma jedną czwartą umowy. Resztę kasy dostaje pod stołem, bo nie chce alimentów płacić. Powinien zarabiać ze trzy tysiące, na jego gust, ale szef go w konia robi, nic nie podniesie.

Przepuklina czy nie, Tomek dziś wyskoczy do piekarni na nocną zmianę. Za noszenie tacek z pączkami w tydzień dorobi cztery stówy.

W Bracie Albercie poznał dziewczyny. Mówi: chodźcie, napijemy się. Zaprosił do siebie, Monika już została. Urodziła córkę, a od Tomka tylko wołała kasę. Jak Tomek wrócił z zakładu, to usłyszał, że szlaufiara pod jego nieobecność puszczała się. Jakby tego było mało, jednego dnia wzięła córkę i uciekła do ośrodka pomocy dla kobiet. Pod Tomkiem kolana się ugięły. A że sama była tego dnia pijana, to im córkę zabrali do rodziny zastępczej. A nie miała źle, kurwa jedna. Tomka trochę to rozstroiło, poszedł lekko w gaz. Teraz lepiej mu bez dziewczyny, najwyżej sąsiadkę zaprosi od czasu do czasu. Dwóch synów wychowuje poprzednia żona. Tomek ma z nimi kontakt taki sobie. Teraz jeszcze kurator mówi, że Oliwii też nie odzyska, bo się nie stara. A przecież maluje tę ruderę od miasta, żeby mała mogła tu mieszkać! Jak pierwszy raz zobaczył to nowe lokum, to aż huknął w mieszkaniówce: kurwy, co wy mi dajecie! Ochrona go musiała wyprowadzać. Bo może Tomek siedział, ale to nie znaczy, że jest psem i można go do budy wcisnąć. W tym nowym mieszkaniu płaci, pokaże nawet wydruki, sto dwadzieścia dwa złote, miesiąc w miesiąc. Nie chce długów narobić jak matka. A Włókienniczej szkoda, wróciłby w każdej chwili.

– Kamienna, czyli dzisiejsza ulica Włókiennicza, powstała z myślą o czynszowych kamienicach. Mieszkali tu Żydzi i sporo Polaków. Robotnicy, którzy zarabiali na tyle dobrze, że było ich stać na wynajęcie mieszkania. Pracownicy zakładów rzemieślniczych, drobni sklepikarze. Średnio zamożne mieszczaństwo. Poza kamienicą Majewskiego nie było tu inteligencji – opowiada Kamil Śmiechowski, historyk z Uniwersytetu Łódzkiego.
Udziały w naszej kamienicy przed wojną krążyły od Orbachów do Fiszmanów, Morgensternów i Lenkowskich. Co się stało dalej, wszyscy wiemy.
– Wojna wymiata właścicieli i większość mieszkańców. Najbiedniejsi Polacy, do tej pory żyjący w suterenach, w okropnych warunkach, zajmują lokale opuszczone przez Żydów. Okupanci nie mieli z tym problemu. Po wojnie znacząca grupa tych mieszkańców, tworzących określoną strukturę społeczną, przetrwała na Włókienniczej
Ostatni właściciele Orbachowej kamienicy to Izrael i Chaja Lenkowscy, ich syn Jakub i synowa, również Chaja. Starsi państwo zginęli w 1941, młodsi rok później. Wojnę przeżył tylko brat

Jakuba, Dawid. Wyjechał z kraju w 1950 roku, a dziesięć lat później kamienica przeszła na własność skarbu państwa. W międzyczasie ulica zmieniła nazwę na Włókienniczą, a do kamienic sprowadzili się nowi lokatorzy ze wsi.

Śmiechowski:
– Władza ludowa mówiła: ma pan za duży metraż, dzielimy mieszkanie na trzy mniejsze. Rewolucja w praktyce.

„Większość zlokalizowanych tu (w łódzkich enklawach biedy) budynków jest nieremontowana od dawna. W latach 60. i 70. znaczna część znajdujących się w nich mieszkań została przekształcona na lokale kwaterunkowe, o czynszach niższych niż opłaty za mieszkania spółdzielcze. Niskie koszty utrzymania mieszkania sprzyjały pozostawaniu tutaj biedniejszych mieszkańców, podczas gdy lepiej sytuowani przeprowadzali się do nowego, atrakcyjnego wówczas budownictwa wielkoblokowego" – pisze profesor Wielisława Warzywoda-Kruszyńska, łódzka socjolog.

Wszyscy w mieście już wtedy wiedzieli, że na Włókienniczej znajdą całodobowo wódkę i papierosy, a przy dobrych wiatrach także prostytutki.

Od końca wojny do Łodzi ciągną masy ludności ze wsi. Odpowiedzią PRL-owskich władz jest wielka płyta. Łatwiej zbudować coś nowego w szczerym polu, niż remontować stare kamienice.

Śmiechowski:
– Urbaniści w PRL-u uważali, że śródmiejska zabudowa jest obrzydliwa. Dostrzegali tylko kiczowate fasady, ciemnotę i wilgoć. To myślenie widać nawet na planach zagospodarowania śródmieścia. Piotrkowska miała przetrwać jako symbol historii, ale reszta śródmieścia mogła spokojnie zostać zastąpiona przez bloki. Podejście zaczęło się zmieniać w latach osiemdziesiątych, lecz wtedy zabrakło już pieniędzy na jakiekolwiek remonty.

Budynek, który miał średni standard przed wojną, w wolnej Polsce jest już ruiną. W 1994 roku dawna kamienica Orbachów przechodzi na własność samorządu. Żadnego miasta nie stać na kompleksowy remont wszystkich swoich mieszkań. Łodzi, największego kamienicznika w Polsce, nie stać na to tym bardziej.

A co zobaczylibyśmy, zaglądając wtedy do środka, na podwórka? Oj, średni byłby to widok. Kto pracował w Marchlewskim albo innej fabryce, ten właśnie pracę stracił. Potomstwo włókniarek nie miało żadnych zasobów, by utrzymać się na powierzchni w wolnorynkowej gospodarce. W wielu rodzinach jedyną żywicielką jest babcia z jej emeryturą.

Wśród takich dekoracji na scenie pojawia się Rewitalizacja.

Pod ósemką mieszkała Dorota

Pamięta starą Włókienniczą. Bruk na ulicach. Wozy z sianem do sienników. Żydów, którzy przyjeżdżali wspominać i oglądać kamienicę. Dwa warzywniaki, skup butelek, bar Golonka. Handel wódką też pamięta. Ale spokojny. Jak panowie już popili, to grzecznie szli do domów. A jak sąsiadka ich obsobaczyła, to jeszcze dziękowali i kłaniali się w pas.

A ilu umarło? Dorota wspominała ostatnio – Boże, tego nie ma, tego nie ma, ten też umarł.

Jej rok po roku zmarli dziadek, babcia i w końcu mama, jeszcze przed pięćdziesiątką. Dorota została sama. Mając dziewiętnaście lat, wypatrywała już w zakładach 1 maja, czy się nici nie zrywają.

Amant spoza Łodzi zostawił ją z dwójką dzieci. Dorota szła do fabryki na noc, a trzyletni syn i czteroletnia córka zostawali sami. Córka zawsze grzeczna, syn kawał cholery. Ze szkoły wracał bez plecaka, bez kurtki.

Jak fabrykę zamknęli, dla Doroty w pośredniaku nie mieli żadnej oferty. Zbierała truskawki, sprzątała na czarno, szyła worki na ziemniaki albo chusty pod szyję dla kobiet. Musiała na tych chustach malować grochy, aż się zatruła farbą.

Człowiek kombinuje: dać dzieciom jeść czy czynsz opłacić? Spać nie mogła, śnił jej się ten dług. Do dzisiaj się budzi. Wie, że długu do śmierci się nie pozbędzie.

Dorota opowiada, dopijając wojaka na nowym podwórku. Wpadli starzy sąsiedzi z Włókienniczej, wpadł też syn, który niedługo ma wyjechać za granicę. Warczy do matki:

– Za to, co zrobiłaś, nie chcę cię znać. Rozumiesz? – Ładuje się na górę, po chwili wychodzi obładowany torbami z Biedronki. Syn jej się nie udał. Dwa lata przesiedział. Niech sobie teraz sam radzi.

Spodnie, a raczej portfel, ona w domu nosi. Córka zostaje w domu z wnukami albo pracuje społecznie, żeby odrobić dług. A Dorota od pięciu lat dzień w dzień melduje się o piątej rano w urzędniczym biurowcu. Za najniższą krajową całą klatkę sprząta sama. Czternaście pięter! Jak zejdzie z góry na dół, to już nie pamięta, jak się nazywa. Niedługo idzie do drugiej pracy. Też sprzątanie, ale na popołudnie. Robotę skończy o dwudziestej pierwszej. Zobaczy, ile tak wytrzyma od świtu do nocy.

W ostatnich latach źle się zrobiło na Włókienniczej. Przez dopalacze. Dorota pierwszy raz bała się swojej ulicy. Z radością przyjęła wyprowadzkę, choć wyrzucili ją na Górną, a córka tramwajem woziła dzieciaki godzinę do szkoły.

Jak w urzędzie Dorota mówiła, że jest z Włókienniczej, to się na nią patrzyli jak na gorszy sort. Teraz się nie boi mówić, gdzie mieszka. Nowe mieszkanie ładne, z zielenią za oknem, więc same plusy. Tylko jak czasami człowiek przejdzie Włókienniczą, to aż serducho boli.

– Naszym celem jest uchronienie przed ostateczną degradacją centrów miast – mówi Donald Tusk w hali łódzkiego EC1. Łódź jest według premiera „najbardziej dramatycznym przykładem tego problemu".

Dlatego rząd sięgnie po dwadzieścia pięć miliardów z Unii na rewitalizację.

Jest wrzesień 2013 roku, a Łódź walczy o organizację międzynarodowej wystawy Expo. Tematem tej edycji imprezy ma być właśnie Rewitalizacja.

Do tej pory słowo na „R" oznaczało w Polsce betonowanie za pieniądze z Unii Europejskiej jakichś ryneczków. Teraz ma stać się tym, czym być powinno – zmianą społeczną. Unijne dyrektywy stawiają sprawę jasno: chcesz pieniędzy – zainwestuj w ludzi.

Hanna Gill-Piątek, łódzka społeczniczka, na rewitalizacji zjadła zęby.

– Do świetlicy Krytyki Politycznej przywoziliśmy Andreasa Billerata i Wojciecha Kłosowskiego, ekspertów od rewitalizacji. Urzędnicy przychodzili posłuchać. Po pracy, prywatnie. Gill-Piątek dostaje z biura prezydenta miasta zaproszenie na urzędniczy pokład.

– Powiedziałam im: OK, tylko że będę z wami do pierwszej eksmisji z powodu rewitalizacji.

Zaproszenie dostaje też społecznik Jarosław Ogrodowski, który ma już doświadczenie przy rewitalizacji Księżego Młyna – dzielnicy dziewiętnastowiecznych famułów.

Hanna Gill-Piątek:
– Jak przyszliśmy do urzędu, to nasz kierownik sprawdzał, co to jest rewitalizacja, na Wikipedii.

Magistrat wyznacza dwadzieścia zdegradowanych obszarów, na które ma spłynąć deszcz pieniędzy. Osiem jest priorytetowych, w tym Włókiennicza. Zadanie Hanny Gill-Piątek i Jarosława Ogrodowskiego: przygotować pilotaż, czyli wytyczne, które pozwolą poprowadzić rewitalizację. Piszą jedenaście analiz, inwentaryzują kamienice, przygotowują programy edukacyjne dla dzieciaków i mikrogranty dla dorosłych. Organizują dwieście osiemdziesiąt spotkań sąsiedzkich. Niech mieszkańcy wiedzą, o co chodzi w tej rewitalizacji.

Jarosław Ogrodowski:
– Pierwsza rzecz na Włókienniczej. Idziemy po bramach, zagadujemy do staruszków wyglądających z okna, prosimy dzieciaki: pokażecie nam podwórko? Trzydzieści razy bardziej wolałem rozmawiać z mieszkańcami, niż iść na kolejne spotkanie u architekta miasta.

Tymczasem okazuje się, że Expo jednak nie odbędzie się w Łodzi, a z dwudziestu pięciu unijnych miliardów zostaje sześćset pięćdziesiąt milionów. Drugie tyle Łódź dołoży sama. Ustawa o rewitalizacji przechodzi w Sejmie, a w Łodzi zaczynają się wyprowadzki z odnawianych terenów. Nie wszyscy wrócą. Powrotu nie mają wieloletni dłużnicy. Na Włókienniczej to prawie połowa.

Ogrodowski:

– Ile my bojów stoczyliśmy z mieszkaniówką na temat tego, kto może wrócić do tych odnowionych kamienic.

Hanna Gill-Piątek:

– Niby były jakieś konsultacje, komisje, a i tak wszystkie decyzje podejmował komitet sterujący. Czyli prawa ręka pani prezydent do spółki z architektem miejskim i dyrektorem od inwestycji. Ludzie od remontów, nie znają miasta. Przykład: rozmawiamy o pasażu Schillera. Tłumaczę, że tego a tego nie można zrobić, bo przecież tam jest murek. Murek przy Orlenie, kultowe miejsce, każdy łodzianin pił tam raz w życiu wino. Ci goście nie mieli pojęcia, o czym mówię.

Komitet decyduje na przykład o przyszłości robotniczych kamienic przy Ogrodowej, naprzeciwko Manufaktury.

Hanna Gill-Piątek:

– Staraliśmy się zachęcić mieszkańców famuł, żeby przyszli na konsultacje. Byli bardzo zainteresowani. Jak dostali już nowe mieszkania, to jedna urzędnicza decyzja przesądziła o tym, że na Ogrodową nie wrócą. Robotnicze kwatery zamienią się w hostel i biura.

Jarosław Ogrodowski:

– Jak tylko miasto dostało pieniądze z Unii, straciło nami zainteresowanie.

Hanna Gill-Piątek dotrzymała słowa. Zwolniła się, kiedy miasto eksmitowało mieszkańców z kamienicy przy ulicy Składowej.

– Starsza kobieta, niepełnosprawna intelektualnie. Komornik w asyście policji przyszedł, przeczytał jej prawa, zapytał, czy ma gdzie pójść, wystawił ją na klatkę. Sąsiedzi polecieli do prasy i oprotestowali decyzję. A ja poczułam, że to nie ma sensu.

Urzędnicy tłumaczą:

– Społecznicy nie rozumieją urzędu. Zamiast pracować, uprawiali politykę, bo planują start w wyborach (Gill-Piątek parę lat później zostanie posłanką lewicy). Chcieli awansować, nie wiadomo ile zarabiać, a nawet nie mieli studiów wyższych.

Ten ostatni argument Ogrodowskiego śmieszy, bo najbliższym współpracownikom pani prezydent brak studiów w awansie nie przeszkadzał.

Hanna Gill-Piątek inaczej tłumaczy swoje odejście:
– To nie jest rewitalizacja. To jest pomieszanie skansenu z Disneylandem. Zostaje ładna skorupa, scena do festiwalu światła.

Pod dziesiątką mieszkała Jadwiga

Na Włókienniczej była ciałem obcym. Dziesięć lat to na tej ulicy nie jest długo. Drzwi jej podpalili, klamkę ukradli, wyskoczyli do niej z łapami, prawie pobili. Na podwórku picie, wycie, awantury. Po wódkę nie musieli latać, melinę mieli na klatce. Prąd płaciły może ze dwie rodziny. Jak przyjeżdżali z elektrowni, to cała klatka schodziła patrzeć: kogo tam dzisiaj wytną? Nie minął tydzień i znów wszyscy mieli prąd podłączony na lewo.

Jak wejdziesz między wrony, musisz krakać jak one. Jadwiga, zwykle spokojna bibliotekarka, poprosiła kogo trzeba, żeby porozmawiał z sąsiadami. Kogo? Dość powiedzieć, że ma trzy córki i trzech zięciów, którzy też się wychowywali w okolicy. Zięć przytakuje:
– Jak była stara gwardia, to wychodził jeden, drugi, dali sobie po mordzie i koniec. A teraz dziesięciu na jednego napada.

W nowym mieszkaniu Jadwiga ma łazienkę i centralne. I ogrodzone podwórko. Za żadne skarby by nie wróciła.

Na Włókienniczej do remontu przeznaczono trzynaście kamienic. Wszystkie dostaną centralne ogrzewanie, kanalizację i wodę. Ulica zamieni się w woonerf – pasażo-jezdnię o spowolnionym ruchu pojazdów, wybrukowaną kolorową kostką, która ułoży się w artystyczną kompozycję. Do tego mnóstwo zieleni, plac zabaw, stojaki rowerowe i fontanna. Tylko mieszkańcy nie wrócą. Prawie nikt nie zamieszka z powrotem w swojej okolicy. Przynajmniej nikt z obszaru pierwszego, czyli z Włókienniczej i przyległości. Na innych obszarach ma być lepiej.

Ci, którzy przez lata płacili czynsz, mieli drogę otwartą, ale wrócić nie chcieli. Dostali świeżo wyremontowane mieszkania komunalne. Pierwszy raz mają centralne i bieżącą wodę. Nie chcą się przeprowadzać drugi raz w ciągu paru lat. Marcin Obijalski, przez lata dyrektor biura rewitalizacji, mówi, że trudno się lokatorom dziwić. Przecież siłą ich nie zmuszą do powrotu.

A ci, którzy nie płacili, nie wrócą wcale. Dlaczego? Katarzyna Dyzio z magistratu wyjaśnia:

– Zgodnie z ustawą o rewitalizacji mieszkańcy wracają do swoich mieszkań na podstawie „istniejącego stosunku prawnego". A długotrwali dłużnicy albo osoby, które zajęły mieszkanie na dziko, nie mają żadnego „stosunku prawnego" do lokalu.

– Hola, hola – wołają społecznicy. – To nie takie proste.

– Dla części prawników dłużnicy bez umowy są jednak lokatorami. Wystarczy, że zamieszkują dany obszar. Urząd Miasta interpretuje przepisy inaczej – mówi Hanna Gill-Piątek.

Ale nawet jeśli przyjąć argumentację urzędników, nadal nie wiadomo, dlaczego starzy mieszkańcy nie mogą na Włókienniczą wrócić. Przecież część wyremontowanych mieszkań miasto mogłoby przeznaczyć na lokale do najmu socjalnego.

Jaka jest różnica? Osoba z niskimi dochodami ma prawo do komunalnego mieszkania od miasta. Ale jeśli długo nie płaci czynszu, miasto może ją tego mieszkania pozbawić. Przed eksmisją na bruk chroni prawo. Sąd może przyznać dłużnikom lokal do najmu socjalnego, o mniejszym metrażu i czynszu, i zwykle też o obniżonym standardzie. Takie lokale z automatu należą się matkom z dziećmi, emerytom, osobom z niepełnosprawnościami czy bezrobotnym. Wszyscy dłużnicy z Włókienki dostali mieszkania socjalne, tyle tylko, że rozrzucone po całym mieście. Czemu nie można było ich ulokować w strefie rewitalizacji?

Urzędnicy mówią:

– Włożyliśmy masę pieniędzy w remont, teraz są to lepsze mieszkania, z normalnym czynszem, a więc dłużników i tak nie stać na nie.

– To wymówka. Magistrat mógłby stosować choćby czynsz kroczący, czyli stopniowe podnoszenie opłaty przez lata. Dotujemy komunikację; nie rozumiem, dlaczego nie możemy dokładać do mieszkalnictwa? – zastanawia się Jarosław Ogrodowski.

Dlaczego? Odpowiedzi poszukajmy między wierszami.

Już w 2012 roku w polityce mieszkaniowej Łodzi zapisano, by lokale socjalne zostały umieszczone poza centrum miasta.

Hanna Zdanowska wyjaśnia, że na Włókienniczej będą mieszkania dla najbardziej potrzebujących. Urzędnikom zależy, żeby ludzie o różnej zasobności portfela mieszkali razem w centrum. Ale poprzedni lokatorzy nie mają na Włókienniczej miejsca. Nie można pozwolić, by do odnowionych mieszkań wrócili ci, którzy nie będą płacić, powyrywają krany, wszystko poniszczą.

Jarosław Ogrodowski:

– Architekt miasta, Marek Janiak, wprost mówił, że chodzi o to, by do centrum przeprowadzili się „luminarze i faceci z grubymi portfelami".

Katarzyna Dyzio:

– Nie mamy podstaw przyznawać mieszkania o podwyższonym standardzie osobie, która bezprawnie zajmowała lokal przez dziesięć lat i nigdy nie płaciła czynszu. Zadłużenie na Włókienniczej było ogromne. Tam była cała kultura niepłacenia. Nie umiałabym logicznie wytłumaczyć osobie, która całe życie płaci sumiennie czynsz, dlaczego notoryczny dłużnik wraca do odnowionego mieszkania. Dłużnicy, którzy mają wysoki standard życia i mimo to nie płacą, zabierają pieniądze z naszych podatków. Oszukują. Mnie to boli.

Pod trzynastką mieszkała Marta

Jej mama zaliczyła ćwierć wieku w fabryce. Zmarła, jak Marta miała osiemnaście lat. Została sama z siostrami i młodszym bratem. I długiem na pięćdziesiąt tysięcy.

Ojciec nawet nie to, że był pijący, po prostu taki życiowo niezaradny. I wyprowadził się do drugiej rodziny.

Pierwszy partner Marty poszedł w wódkę, drugi też. Próbowała zarabiać na sprzątaniu, w sklepie, w piekarni, ale z córką i synem to nie takie proste.

Pamięta, jak dostała pracę w sklepie. Wypełnia papiery, szczęśliwa, a tu szefowa patrzy na jej adres i woła:

– O nie, to dziękujemy, my jeszcze oddzwonimy.

Nie oddzwonili. A jak robiła w piekarni, to koleżanki żartowały:

– Myślałyśmy, że nam po tygodniu pół sklepu wyniesiesz! Ty z Włókienniczej, a taka normalna. I jeszcze trzeźwa!

Marta ripostowała:

– Ja to tylko w weekend piję.

Chciałaby się obudzić bez długu! Ale to niemożliwe. Co spłacili z rodzeństwem, to im odsetki zżarły. Teraz sprząta cztery godziny dziennie. Powiedziała szefowi, że nie chce umowy, bo co zarobi, to jej komornik zabierze. Szef ma umowę podpisaną i trzyma w biurku. Jak przyjdzie kontrola, szybko wyciągnie i podstawi urzędnikom pod nos. Łącznie z alimentami Marta ma trzy tysiące czterysta złotych na miesiąc. Dzięki Bogu za to 500 plus.

Jej brat Wojtek to jest agent. Zaczął wagarować w wieku piętnastu lat. Podobali mu się koledzy z Włókienki, bo tacy niby bogaci. Ciekawe, myślała Marta, bo ona ich widziała w podartych spodniach i zdartych butach, jak pytali o dwa złote albo pojareczkę.

Wojtek z chłopakami robił nocne rajdy. Kroili ludzi z telefonów i portfeli. Ale co z tego mogą być za pieniądze? Obłowią się, bo sprzedadzą telefon za sto złotych? Już lombardy nie chciały od nich brać tych telefonów, bo wiedzieli, że to trefny towar.

Najgorzej na ulicy zrobiło się wtedy, gdy likwidowali punkt ksero, czyli sklep z dopalaczami. Sprzedawcy pozbywali się towaru, sprzedawali tabletki po dwa złote. Wojtek z kolegami chodzili nawaleni przez dwa tygodnie. Do dzisiaj Wojtek na Włókienniczą wraca, chociaż mieszka już zupełnie gdzie indziej.

A poza tym, to Marta ma miłe wspomnienia. Ktoś nie miał butów dla dziecka, to zaraz sąsiad wołał: „A ja mam, pożyczę ci". Ktoś gotował gar zupy, dzieciaki z całego podwórka przybiegały z talerzami. Komuś chleb został, rozdał sąsiadom. Taki klimat już nie wróci.

Od miasta dostała lokal bez toalety, z grzybem na ścianach. Urzędniczka mówi: „To jest mieszkanie socjalne, nie może mieć luksusów". Czy urzędnicy sprawdzają, jak im się żyje w nowym miejscu? Teoretycznie tak. W ciągu trzech lat jeden raz zajrzał jakiś facet zapytać, jak im się wiedzie.

Urzędnicy prześcigają się w zapewnieniach: rewitalizacja to nie tylko remonty. Na programy społeczne jest trzysta milionów. Szkolenia zawodowe, kasa dla organizacji społecznych. W odnowionych budynkach znajdą się centra aktywności lokalnej, dom samopomocy, mieszkania chronione dla bezdomnych. A poza tym mieszkania komunalne – miasto nic nie sprzedaje na wolnym rynku.

Zgodnie z ustawą magistrat ma obowiązek monitorować losy osób po przeprowadzce. Stąd Urząd Miejski wymyślił latarników społecznych i gospodarzy obszaru. Latarnik ma zajmować się problemami społecznymi mieszkańców, gospodarz – lokalowymi. Na ich zatrudnienie Łódź dostała pieniądze z Unii. Pomagają wypełnić dokumenty, zgłosić wizytę u lekarza, znaleźć szkolenie zawodowe czy uzyskać zasiłek. Ułatwiają przeprowadzkę i monitorują dalsze losy mieszkańców. To takie dodatkowe wsparcie dla tych ostatnich. Urząd zapewnia, że z dłużnikami nie traci kontaktu.

Pod numerem 21 mieszkał Paweł

Pochodzi z dzielnicy Polesie, ale jego siostra miała chłopaka na Włókience. Jeździł razem z nią, tak poznał Karolinę. Opowiadano mu, że na Włókienkę to radiowóz nigdy nie zapuszcza się w pojedynkę. Ale jego nikt nie ruszał, bo wszyscy wiedzieli, że jest mężem Karoliny. Ulica dbała o swoich – wszyscy wspierali się nawzajem. Jak szedł do sklepu, dzieci podrzucał sąsiadom. Jak spacerował z synem, zabierał ze sobą dwudziestkę drobnicy. Paweł zaczynał od sprzątania, skończył na stanowisku szefa brygady. Dziesięć lat przepracował w jednej ekipie. Jeździli po Polsce kłaść tynki. Na kasę nie narzekał.

Sąsiadce z dołu się zmarło, jej mieszkanie stało latami puste. Ponieważ drzwi były otwarte, zrobili tam magazyn, żeby krzeseł, stołów, wózków nie nosić co chwilę z góry. Pawłowi ciasno żyło się z teściową, szwagrami i dziećmi w jednym mieszkaniu. Dziesięć lat czekali na mieszkanie od miasta. Zgłosili do administracji, że zajmują lokal po zmarłej sąsiadce. Na dziko co prawda, ale będą płacić. Facet w administracji mówił, że on to by im pozwolił, ale jednak nie wolno. Trudno: po prostu znieśli rzeczy i się wprowadzili. Prąd u sąsiadki na szczęście działał cały czas, podłączony na lewo.

Teraz Karolina zarabia na sprzątaniu, mają też pomoc społeczną i 500 plus. A Paweł pierze, gotuje, sprząta. Od siódmej rozwozi dzieci po szkołach i do przedszkola. To jest runda na dwie godziny. Do obowiązków domowych może dopisać sobie odbiór porodu. Jak Mela się rodziła, Karolina była już spakowana do szpitala i nagle stanęła w przedpokoju: wody odeszły. Teść ze szwagrem w majtkach uciekli na podwórko, teściowa w panice krążyła wokół stołu, a Paweł zakasał rękawy, odebrał poród, obracał małą, oklepywał, bo się dławiła wodami. Wołali za nim potem: „Pan doktor idzie!".

W nowym mieszkaniu podoba mu się tak sobie. Przykład: chcieli zrobić basen dmuchany, jak kiedyś na Włókienniczej. Paweł nalewa wodę, a sąsiadka straszy: zaraz na administrację zadzwoni, bo marnują wodę. Zamontowała przed drzwiami kamerę, jakby mieli się do niej włamać. Nie chciała dać klucza do ubikacji na korytarzu. Brak toalety przy ósemce dzieci to nie jest łatwa sprawa. Biegali z wiaderkiem, wylewali to na podwórko, innej rady nie było.

Mają jedenastometrowy pokój dla czterech córek i drugi, taki sam, dla synów. Paweł sam mieszkanie remontował. Szkoda, że jak napadało, to im te nowo odmalowane ściany zalała woda. Na Włókience nie mieszkali w pałacu, no ale jednak warunki były lepsze.

Natalia, latarniczka, zaczynała cała w skowronkach: dwa osiemset na rękę to są niebotyczne pieniądze! Przynajmniej w porównaniu z pomocą społeczną.

Nigdy nie wiedziała, jak się jej dzień potoczy. Jak mieszkaniec się przeprowadzał, meldowała się pod kamienicą o szóstej trzydzieści. Jak miał problemy, to jechała do szpitala i wychodziła o dwudziestej pierwszej. Pracę utrudniało to, że zabrakło dla nich biletów miesięcznych na tramwaj. Bilety musiała więc kupować za prywatne pieniądze. Oczywiście o samochodach służbowych nikt nawet nie myślał.

Szybko przestała z koleżankami używać nazwy: latarnik społeczny. Inni urzędnicy się z nich śmiali: „O, latarnice idą". Mieszkańcom tłumaczyła, że jest z biura rewitalizacji. Kamienica idzie do remontu, chciałaby powiedzieć, jakie będą ich losy.

Na początku w ogóle nie otwierali. Urzędnik oznaczał, że lokator ma przechlapane. Zostawiała wizytówkę w drzwiach. Taką własnoręcznie robioną, bo nie dostała prawdziwej. Nie dało się wrzucać pism do skrzynek, bo skrzynek nie było.

Ponieważ mieszkańców zwykle nie stać na wykonanie telefonu, więc mówiła, żeby puścić sygnał, to oddzwoni.

Historie miała na przykład takie: rodzina jedenaście osób, ostatnia pracująca to babka. Jak zakłady Marchlewskiego upadły, nie znalazła nic nowego. Mąż się powiesił, dwóch synów w zakładach karnych, córki pracowały przy zbiorach owoców albo w Żabkach, na czarno. W Manufakturze kradły ubrania i sprzedawały na rynku. A wnuki kradły słodycze. Myśleli, że jak się wyprowadzą, to ich dług zniknie. Musiała niestety tłumaczyć, że zadłużenie przechodzi za nimi.

Inną rodzinę zapamiętała, bo jak się wyprowadzali, syn wyciągał z dziury w ścianie worki dopalaczy. Nic dziwnego. Papierosy co prawda schodziły szybciej, ale na dragach było większe przebicie. W ofercie oprócz dopalaczy amfetamina i kokaina, ale z tych gorszych, z mieszanką gruzu.

Alina chciała przejść na ty, Magda próbowała się przytulić. Nie pozwoliła. Nie mogła dać sobie wejść na głowę. Potem poszłoby lawinowo: Natalia, popilnujesz dzieci? Załatwisz mieszkanie? Pożyczysz pieniądze?

W pewnym momencie z szesnastu osób w ich zespole zrobiło się osiem. Odchodzili, bo umowy niepewne, na pół roku, rok. Nie wiadomo, czy przedłużą. Natalia się w sumie nie dziwi. Średnia to przyjemność jechać tramwajem, czując na sobie zapach gówna. Właśnie skończyła przewijać emerytkę Mariolę, pędziła na urzędnicze zebranie. Umyć się nie miała jak, bo przecież u Marioli nie ma wody.

Na początku odwiedzała mieszkańców w ich nowych domach. Ale pojawiały się już nowe kamienice, przybywali nowi lokatorzy, więc tych starych trzeba było odpuścić. Zostało dwóch latarników monitorujących losy mieszkańców, którzy się wyprowadzili. Ale co oni zrobią, jak są sami na cztery tysiące przeniesionych? Telefon albo kawa, dwa pytania, odhaczone, do widzenia. A przecież po przeprowadzce problemy lokatorów nie znikają.

Co poniedziałek zebrania. Lokalówka, inwestycje, gospodarka mieszkaniowa i one. Tematy: Jak przesiedlić ludzi, jak szybciej zacząć remonty. Jak pomagać, to akurat był temat najmniej ważny.

Zapamiętała dziewczynę, która dostała lokal z ogrzewaniem na prąd. Tyle że bez prądu. Wróciła na ulicę, do ćpunów. Albo emerytkę Marysię, która wystawała przed nowym blokiem. Pytała tylko: „Dziecko, gdzie ja jestem?". Żal patrzeć. I inną Marysię, żonę Wojtka, który ją bił. Miał zakaz zbliżania się. Co z tego, jak mieszkanie dostali razem.

Natalia, odchodząc, zapytała, kto weźmie jej starych mieszkańców. Nikt się nie zgłosił.

Pod trzydziestką mieszkała Danuta

Rzadko widuje synów i wnuków. Nowi sąsiedzi powiedzieli jej:
– Wiemy, że twoja rodzina jest za ŁKS-em. Powiedz, że jak się tu pojawią, to ich rozpierdolimy.

Raz przyjechał najstarszy wnuczek, to go ganiali po całym parku.

Danuta z nadciśnieniem, na rencie, powinna dostać mieszkanie z ubikacją. A guzik! Obskurna klatka, tramwaje za oknem, karetki non stop, bo pogotowie po sąsiedzku. Tyle ma z życia, co do parku pójdzie z Haliną. To stara sąsiadka, z Włókienniczej. Sześćdziesiąt lat mieszkały razem, teraz muszą do siebie dojeżdżać tramwajem przez pół miasta. Prosiły w urzędzie, żeby mogły dostać lokale obok siebie. Nie posłuchali.

Zawodowo Danuta najpierw sprzątała, potem opiekowała się dziećmi. Mąż dorabiał w Caritasie, zmarł na raka. Z rodziną żyli z jej renty, pomocy społecznej, pensji zięcia.

Starszy syn pierwszy raz upił się, jak miał dziewięć lat. Policja znalazła go pod sklepem. Rozboje zaczął przed osiemnastką. W więzieniu przesiedział dziewięć lat z przerwani. Ostatnio jak wyszedł, to powtarzał: „Mama, ja już więcej tam nie pójdę". A gdzie tam! Nie minął miesiąc, wrócił na Włókienniczą, a potem znowu do kryminału.

Drugi syn Danuty wynajął mieszkanie z dziewuchą, ma dziecko. Już się uspokoił, pracuje na budowie. Przechery z nim miała straszne: krasnoludki widział, agenci mu zdjęcia robili z dachu. Wszystko z mieszkania wynosił, żeby mieć na dopalacze. Piłę elektryczną, tablet, ciuchy, piżamę, meble, odtwarzacz. Z czwartego piętra chciał skakać, wieszał się w ogródku. Danuta wiedziała, skąd on to bierze, ale przecież policji nie powie.

Teraz została sama. Córki czasami przyjadą, ale mają swoje dzieci, nie mogą codziennie wpadać. Dobrze, że Halina jeszcze przyjedzie. Danuta nie wie, ile w tym nowym mieszkaniu wytrzyma.

Latarnicy mogliby jeszcze opowiedzieć, jak dzwonili na policję, bo z okna kamienicy widzieli handel dopalaczami. Mundurowi przyjeżdżali, a jakże, tyle że na bombach. Zanim dotarli pod bramę, chłopaki dawno pouciekały. Urzędnicy pokazywali: o, tu jest pustostan, panie władzo, możecie zrobić sobie punkt obserwacyjny, cykać zdjęcia, co chcecie. Mundurowi nie byli zainteresowani. Policjanta Andrzeja śmieszą takie sugestie. No i co z tego, że oni przyjadą, zrobią pokazówkę, uja-buja, zwiną gości w bramie? Dilerów łapali codziennie. Tego samego dnia wieczorem stali już nowi. Jest popyt, będzie podaż.

Sprzedawcy mają czujki na ulicy. Zanim policjanci zajadą, zdążą pochować towar. Nawet jeśli znajdziesz przy nim białą kulkę, to co z tego? Za mało na skazanie dilera. Tu trzeba zebrać solidny materiał dowodowy. A tego się nie robi w godzinę, tylko w parę lat.

Sprzedawcy to są płotki, dostają towar w leasing. Z policyjnych ustaleń wynika, że miejscowi dogadali się z chłopakami z Limanowskiego. Pozwolili im handlować w zamian za niewielką ilość dopalaczy. Dilerzy kupują BMW warte dwa tysiące złotych, wydają na ciuchy. Co mądrzejszy wchodzi w legal: odkłada kasę, kupuje sklep monopolowy.

Dopalaczowy biznes trzymają kluby. Podzieliły się terytorium. Włókiennicza to oczywiście domena ŁKS-u. Klientela: ogólnołódzka. Tak jak kiedyś wszyscy wiedzieli, że na Włókienniczej kupi się wódkę i fajki, tak dzisiaj wiadomo, gdzie znaleźć dopalacze. Zresztą i z Warszawy klienci przyjeżdżają. Aktor, prawnik, wojskowy – kogo on tam nie spotkał!

Stare zbóje patrzą na to z przerażeniem. Przecież ich dzieciaki też to biorą. Kiedyś ulica sama zrobiłaby z handlarzami porządek. Ale większość starej gwardii poumierała, siedzi albo już się wyprowadziła. A tych, którzy zostali, trudno namówić na współpracę z policją.

Ale spokojnie. To nie gangsterskie kino. Andrzej zapewnia: przyjdzie kolej i na dostawców.

Pod trzydziestką mieszkała też Magda

Tak naprawdę to mieszkała w innej kamienicy, u niby-teściowej. Zameldowana była jednak u mamy.

Magda wie, że Włókiennicza miała renomę, jaką miała, ale tak źle nie było. Z dzieciństwa pamięta kredę na asfalcie i grę w klasy, akrobacje rowerowe na dachach garaży. Starsi chłopcy pokazywali, jak przechodzić po komórkach i dachach na sąsiednie podwórka. Mieli wprawę w uciekaniu. Włókienka była za ŁKS-em, więc jak Widzew przychodził bez ostrzeżenia i złapał ulicę z opuszczoną gardą, to chłopaki zwiewały po tych komórkach i dachach. Widzewiacy musieli prać dziesięciolatków po mordach. Innym razem chłopaki dostawały cynk, już czekały na widzewiaków. I wtedy to Pomorska dostawała wpierdol.

Z nowszych czasów Magda wspomina imprezy podwórkowe. Każdy się zrzucał po dziesięć złotych na grilla, krzesła i stoły plastikowe. Sąsiedzi na papierosie wołali do mamy: „Pani Danusiu, pani zejdzie". Ktoś jej zrobił zakupy, ktoś inny wniósł węgiel. Nie siedziała sama.

Bolało ich, jak Linda powiedział o Łodzi: „Miasto meneli". Oj, nie miał życia na Włókience. Jak Wajda kręcił tu *Powidoki* i krzyczał „Akcja!", to z balkonu na cały regulator waliło disco polo.

Z domu Magda wyszła po siedemnastych urodzinach. Wojtka poznała, jak naprawiał motor na podwórku. Pisał karteczki, listy podawał przez siostrę, kradł jej gumkę do włosów. Typowe końskie zaloty. Przychodził do sklepu, gdzie miała praktyki. Zabierał motorem nad jezioro, do Magdy i Riff Raffu na dyskotekę. Wychodził ją sobie.

Pracowała w kiosku na placu Wolności. Od rana do pierwszej w nocy. Spożywka, chemia, papierosy. Utargu mieli i sześć tysięcy dziennie, z czego Magdzie przypadało dziewięćset miesięcznie. Siedem złotych za godzinę. Na trzy zmiany siedziały, codziennie. Wolny weekend wypadał co trzeci tydzień. Urlopów nie brała, bo i po co. I tak nie miałaby gdzie pojechać. Najgorzej, jak dziewczyny się zwolniły i została sama z szefem. Codziennie od czwartej na nogach, bez dnia wolnego, przez dwa miesiące. Po tym maratonie trochę jej kręgosłup wysiadł. Teraz nie pracuje, siedzi w domu i odbiera syna ze szkoły. W Żabce już lepiej, raptem dziewięć godzin, też codziennie, bez premii na weekendy. Na czarno jasna sprawa. Mieli nadzieję, że ich przeniosą w jedno miejsce. Ale latarniczka nieoficjalnie powiedziała im, jakie są wytyczne w urzędzie: Włókienniczą porozrzucać po całym mieście, żeby nie robić drugiej patologii. I rozrzucili ich: od Górnej po Bałuty. Magda liczyła na nieco lepsze warunki, bo mały ma astmę, a w nowym mieszkaniu zimno, piec elektryczny, więc płaci za prąd trzysta złotych miesięcznie. Do tego grzyb i pluskwy.

Mama mieszka daleko od niej. Jak upadła w parku, obcy facet zabrał ją do mieszkania. Na Włókience zająłby się nią każdy.

Ale właściwie co w tym złego, że notoryczni dłużnicy pomieszkają sobie poza centrum?

– Po pierwsze, może nie wrzucajmy wszystkich do jednego worka – zwróci nam uwagę Hanna Gill-Piątek. To, że ktoś nie płaci za mieszkanie, nie znaczy, że żeruje na zasiłku. Ludziom na różnym etapie życia może powinąć się noga.

– Po drugie – doda Jarek Ogrodowski – przeprowadzając ludzi, rozwalamy społeczność. Na Włókienniczej staruszce ktoś wniósł zakupy, ktoś drewno porąbał, ktoś pamiętał, żeby podać leki albo sąsiada przypilnować, żeby nie pił za dużo. Niszczymy system wsparcia, za który później i tak zapłacimy: w pomocy społecznej i opiece medycznej.

Ale najważniejszy argument jest taki, że bez powrotu mieszkańców rewitalizacja nie ma po prostu sensu. Przecież te mieszkania właśnie dla nich remontujemy. Na to dostaliśmy kasę z Unii.

Jeszcze Ogrodowski:
— Dłużnicy to było czterdzieści procent mieszkańców. Wyrzucając ich, zmieniamy przekrój społeczny dzielnicy. Może i przy rewitalizacji robimy wiele potrzebnych projektów, ale na dzień dobry wyrzucamy najbiedniejszych. Czyli tych najbardziej potrzebujących pomocy. W ustawie rewitalizacyjnej czytamy, że gmina ma obowiązek działać tak, aby mieszkańcy odnawianych obszarów mogli korzystać z efektów procesu. Przede wszystkim z odnowionych mieszkań.

Rajmund Ryś, były pracownik ministerstwa i współtwórca ustawy:
— Magistrat ma trochę racji. Ustawa nie uwzględnia mieszkańców bez tytułu prawnego do lokali. Ale z drugiej strony, nic nie stoi na przeszkodzie, by mieszkania socjalne umieścić w centrum. To kwestia wyboru, nie ustawy. Problemem jest chora społeczność, a nie odrapana kamienica. Jeśli ci ludzie nie wracają, to podważa sens całego programu. Łódź łamie ustawę.

Pod numerem 32 mieszkała Halina

W nowej kamienicy poprosiła sąsiadów:
— Jakbym długo nie wychodziła, zajrzyjcie. Może nie żyję. Specjalnie drzwi zostawiam otwarte.

Jednak złapać Halinę to nie jest łatwa sprawa, bo nawet jak jest w domu, to ze smutków lubi wypić i nie otwiera.

Halina dostała wszystkiego czternaście metrów. Chodzi i od ścian się odbija. Ubikacja na korytarzu. W mieszkaniu siedzi po ciemku, nie ma prądu. Na Włókienniczej też co prawda nie płaciła, ale tam inaczej się prąd załatwiało.

Na Włókienniczą wprowadziła się, jak Niemcy zrobili getto na Bałutach.

U nich w bramie działały trzy mety. I każdy zarobił. Ile to razy Halina widziała, jak podjeżdżała milicja do handlujących: dajcie no dwa litry i macie spokój.

Za komuny to szła robota, sto szwaczek na jednej sali. Wspominała, jak w wolnej Polsce trafiała do małych klitek z sześcioma szwaczkami. Jak jej zakład sprywatyzowali, pracowały nie po osiem, a po dwanaście godzin. Dyrektor obiecał odprawy z kasy zapomogowo-pożyczkowej. A skończyło się tak, że zwolnił ją na trzy miesiące przed dwudziestoleciem pracy. Specjalnie, żeby jej zapłacić mniejszą odprawę. Halina nie ma nawet tysiąca emerytury.

W pośredniaku mówiła:

– Przyszedł menel z Włókienniczej się odhaczyć!

Urzędniczki się z niej śmiały:

– Pani już wszędzie chyba pracowała, po całej Łodzi!

Halina zawsze ostrzega młodych: nie pracujcie na czarno. Zdarzało się, że szyła trzy tygodnie, przychodzi i bach, nie ma pieniędzy. Przez kręgosłup poszła na rentę. Gdyby nie Caritas, toby chyba nie przeżyła.

Jak się o rewitalizacji dowiedziała, to dostała takiej chandry, że przez tydzień nie wychodziła z domu. Sąsiadka Danuta pukała, a ona nic. Jednego dnia słyszy walenie w drzwi. Otwiera: strażak z siekierą.

– Co pani robi? Sąsiedzi myśleli, że się pani zabiła!

Ona i Danuta jako ostatnie opuszczały kamienicę. W całym budynku złomiarze już wyrywali, co popadnie. Halina widzi: rura w przedpokoju lata. Zeszła na dół, mówi do faceta:

– Panie, zostaw, ja jeszcze tu mieszkam.

Halina, jak ma siłę, jedzie do Danuty. Posiedzą w parku, wspomną starą gwardię.

Stara się nie przechodzić koło Włókienniczej, bo dostaje dreszczy. Taka ekipa już się nie powtórzy!

PS Imiona niektórych bohaterów zostały zmienione. Natalia nie istnieje. Jej historia to połączone opowieści pracowników urzędu, którzy rozmawiali z autorem.

Sierpień 2019

W kolejce po lepsze życie

Elizie śnią się buty. Na obcasie, półbuty, trampki. Czerwone, niebieskie, żółte. Sprawdziła w senniku: podobno to symbol podróży. Czyli jednak wyprowadzka! Albo pozna kogoś nowego. Wolałaby to drugie. Wyprowadzek miała aż nadto.

Strych
Liczy sobie czterdzieści jeden lat, nosi ciemne włosy zrobione na trwałą i bluzkę z lumpeksu, widać u niej lekką nadwagę. Z powodu chorego kręgosłupa mało się rusza.

Ma mieszkanie na Włókienniczej w Łodzi. Dwa pokoje. Łóżko piętrowe, stół, telewizor, ubrania upchane w pudłach. Na szafce drewniany szkielet dinozaura, kucyki Pony, lampka z abażurem. Telewizor, komputer. Niby niedużo, ale to wszystko, co ma. I z tego jest dumna.

„Ma mieszkanie" to jednak przesada. Weszli tutaj dzięki dziadkowi. To stary włamywacz. Tu też wyłamał zamki, bo lokal był opuszczony. Wprowadzili się razem: Eliza, jej mama, dwójka dzieci i dziadek, czyli Elizy teść.

Na siedem lat urzędnicy o nich zapomnieli, teraz piszą, że mają się natychmiast wyprowadzić. Na Włókienniczą idzie rewitalizacja. Stuletnie kamienice wreszcie wypiękniają. Mieszkańcy może i by się cieszyli, ale za długo tam nie pomieszkają, to w większości dłużnicy. Dostaną nowe lokale.

Dla Elizy przewidziano kawalerkę na strychu. Skośny dach, nie ma jak stanąć. Okna przy podłodze. Trzeba przykucnąć, żeby wyjrzeć. Nie oczekuje apartamentów jak u komisarza Alexa, o którym serial ogląda z dziećmi. Ale to jednak warunki gorsze niż w więzieniu. W sumie dziadek mógł nie wychodzić, za kratami miałby lepiej. Może i są dłużnikami, ale chyba też jeszcze ludźmi? Lekarz dziadka mówi, że w takich warunkach to on długo nie pożyje. Rzecznik osób niepełnosprawnych pisze w ich imieniu prośbę o lokal na parterze. Co na to urzędnicy? Nie wiadomo. Nie odpisali.

Elizę najbardziej martwi, że zgodnie z sądowym wyrokiem nie należy jej się nawet mieszkanie socjalne, jedynie tymczasowe, czyli takie na pół roku. Później dziadków powinna oddać do przytułku, a sama z dziećmi iść do schroniska.

– Nie pójdę. Jaki wstyd! Jak ja się w szkole pokażę! – wtrąca dwunastoletni Maciek, który słucha naszej rozmowy.

– Synek, nie wiadomo jeszcze, może będziemy mieć mieszkanie – uspokaja go Eliza.

Sama jednak nie wie nic. Stąd się biorą te buty w jej snach. Czy ma jeszcze szansę na lokal od gminy?

Znajdujemy darmową pomoc prawną. Młoda prawniczka przegląda pisma, rozkłada ręce i mówi:

– Nie pomogę. To trzeba wychodzić w urzędzie. U nas sprzątaczka tak zrobiła: chodziła, chodziła i w końcu coś znaleźli.

Pójdziemy razem. Będę udawał znajomego Elizy. Poprosimy urzędników o radę.

Na skraju załamania

Uderzamy do wiceprezydenta Łodzi. Miotamy się po korytarzach magistratu. Zauważa nas strażnik miejski.

– Do prezydenta to tędy. Ale tak po prostu to się państwo nie umówią – słyszymy.

– Dlaczego? – pytam. – Prezydent i wiceprezydenci mają dyżury. Chcemy opowiedzieć o naszej sprawie.
– Tak, tak, ale tu jest hierarchia jak w firmach. Idzie się po kolei, nie od razu do szefa. – Strażnik jest miły, ale stanowczy. Trafiamy do biura kontaktu z mieszkańcami. Chcemy umówić się z dyrektorem od mieszkań. Starsza pani słucha historii Elizy.
– Przepraszam, ale ja państwa nie umówię. To się nie kwalifikuje do dyrektora. A tego strychu i tak nie zamienicie. Nie ma na co – kobieta nie owija w bawełnę. – Dlaczego się pani dziesięć lat temu nie pytała? Wtedy mieszkania jeszcze były. Teraz miasto posprzedawało wszystko jak leci.
– Proszę pani, żebym ja taka mądra była dziesięć lat temu… Nie byłam. A teraz dostaliśmy strych, i to na pół roku. Potem co? Pod most mam iść?
– Przecież nie można matki z dziećmi, chorymi rodzicami eksmitować na bruk. Prawo nie pozwala – protestuję.
– No, pani z dziećmi do domu samotnej matki, rodzice do domu opieki. To jest ustawowe „zapewnienie potrzeb mieszkaniowych". Przepraszam, ale mówię, jak jest.
Eliza płacze. Urzędniczka krzyczy zirytowana:
– Proszę mnie tym nie obarczać! Wie pani, z czym ja walczę!? Podnieśliśmy wszystkim czynsze o dwa złote z metra. Ludzie nie mają jak płacić. Przed chwilą zwyzywała mnie kobieta od najgorszych. Ja też jestem na skraju załamania! Proszę brać ten strych. Jak go zajmiecie, to już was nie wyrzucimy.
– Ale tam nie ma jak stanąć!
– No wie pani, gmina to takich luksusów nie zapewnia – kwituje urzędniczka.

Chwilówki

Z pierwszego domu Eliza pamięta grzyb, wodę w studni, rynsztok pod ścianą pokoju. Mieszkała z mamą i ojcem, a gdy ojciec sobie poszedł, to z nowym partnerem mamy. Eliza wypracowała na niego sposób: jak leciał z łapami, to chwytała nóż. Łapał za nóż, to ona za krzesło. Tak do osiemnastki, a potem poszła na swoje. I tak od ponad dwudziestu lat swojego szuka.

Mama, elektromonterka na rencie, co chwilę wyrzucała partnera. A on po tygodniu wybijał szyby, bo to parter, i wracał jak na swoje.

Drugi dom to mieszkanie, które Eliza wynajmowała z chłopakiem. Marek trochę w budowlance robił, trochę jako mechanik. Ona pracowała w monopolowym, kelnerowała. We dwójkę płacili czynsz. Pewnego dnia zobaczyła mamę, jak grzebie w śmietniku. Partner zabrał jej całą rentę. Eliza zabrała mamę do swojego domu.

– Powinnaś w administracji zgłosić, że mama już tam nie mieszka – mówię.

– Ale to i tak była ruina. Lada dzień mieli wyburzać całą kamienicę. Urzędnicy proponowali sąsiadom nowe mieszkania. Myślałam, że też coś dostaniemy. Co kilka tygodni zachodziłam, sprawdzałam pocztę. Ale nic nie przyszło.

Nawet gdyby Eliza sama zgłosiła się do urzędu, to niewiele by załatwiła. Dzisiaj łódzki magistrat ma około dwóch tysięcy lokali socjalnych. Prawie tyle samo co sześć lat temu. W kolejce czeka pięć i pół tysiąca rodzin. Dlatego siedem lat w ogonku to nie rzadkość.

Do mieszkania Elizy wprowadził się również teść. Siedział za kradzieże w sklepach. Po odsiadce nie miał dokąd pójść. To co prawda stary złodziej, ale zajmował się wnukami, jakby chciał nadrobić stracony czas.

Myśleli z Markiem, żeby wziąć kredyt na własne mieszkanie. Jak urodził się Maciek, Eliza przerwała pracę. Jak urodziła się Malwina, to dla Marka było już za tłoczno. Spakował się i poszedł do kochanki.

Zostali sami. Teść kradł kable po zamkniętych fabrykach, żeby mieli z czego żyć. Eliza kupowała stare skóry na Bałuckim Rynku. W domu myła, smarowała, doszywała guziki. Sprzedawała po znajomych i na rynku.

Trzeci dom, a także czwarty, piąty i dziewiąty to były wynajmowane mieszkania. Płacili po tysiąc trzysta złotych miesięcznie.

Eliza z matką nabrały chwilówek, żeby mieć na czynsz. Do dzisiaj matce z emerytury zabierają dwieście osiemdziesiąt złotych. W ostatnim wynajętym domu spóźniła się z kaucją o tydzień. Właściciel stanął pod drzwiami, krzyczał, że mają się wynosić. Szarpał ją. Spakowali się i poszli, choć nie bardzo mieli gdzie.

Włam

Wprowadzili się do koleżanki teścia na Włókienniczej. To ona podpowiedziała, że przez ścianę mają wolne mieszkanie! Od pięciu lat stoi puste.

Dziadek wyłamał zamki, Eliza ułożyła materace, z sąsiadami wciągnęła szafę. Poszła do administracji i mówi:
– Włamaliśmy się, ale chcemy płacić.
Urzędnicy na to:
– Prawa do lokalu nie dostaniecie. Co miesiąc naliczamy wam karę za brak umowy.
Przez te lata dług urośnie im do pięćdziesięciu tysięcy złotych.
– Z czego to miałam płacić? Nie było jeszcze 500 plus – wspomina Eliza.

Szybko u drzwi pojawił się administrator z nakazem wyprowadzki.
– Ale pani tylko podpisze, żebyśmy mogli założyć sprawę w sądzie. A mieszkajcie sobie dalej – wyjaśnił.

Sąd nakazał Elizie wyprowadzkę. Nie przyznał prawa do lokalu socjalnego.

Od wyroku minęło siedem lat, z mamą i teściem coraz gorzej. Mama po wylewie głównie się uśmiecha. Dziadek ma zespół Korsakowa. Ostatnio miał gotować fasolkę, ale zapomniał mieszać w garnku. Prawie dom spalił. Eliza stara się wychodzić, gdy dzieci są w mieszkaniu.
– Dla rodziców masz domy opieki... – zaczynam i zaraz żałuję.

Eliza się denerwuje:
– Niezły to przykład dla Maćka i Malwiny! Ja się pozbędę mojej mamy, to w przyszłości dzieci mnie wystawią na śmietnik. A teść?

Po tym, gdy został z nami, synowie o nim zapomnieli. Nie zostawię go. Wiesz co? Dzięki wielkie za takie rady.

„Mamy z InPostem problem"

W mieszkaniówce kierują nas do dużego pomieszczenia. Po jednej stronie poczekalnia. Po drugiej biurka urzędników. Całość przedzielona blatem. Mieszkańcy podchodzą jak do okienka na poczcie. Obsługiwani na stojąco. Tłok tak duży, że ludzie prawie wchodzą na siebie. W ogonku stoimy czterdzieści minut. Słuchamy mężczyzny przed nami.

– Od listopada moje pismo oglądacie! A mamy marzec. Nie no, muszę stąd iść, tu się człowiek tylko złości – odwraca się na pięcie.

Obok młoda dziewczyna słyszy, że nie ma dla niej mieszkania.

– A gdybym znalazła pustostan?

– To proszę go koniecznie zgłosić. Ale pani to nie pomoże. Pięć lat co najmniej wszyscy czekają – wyjaśnia urzędniczka. – Nie mogę pani obiecać, że to będzie w tym roku rozpatrzone.

Dziewczynie trzęsą się ręce.

– Nie no, jak wy macie wszystko w dupie, to dzięki.

Żali się koleżance obok:

– Po trzech latach jestem sto dziewięćdziesiąta piąta w kolejce. Pierdolę! Może do trzydziestki się doczekam.

Nasza kolej. Urzędniczka podchodzi do komputera, sprawdza, nie może znaleźć podania Elizy, prosi o pomoc koleżankę. W końcu trafiają.

– Odpisywaliśmy. Nie doszło? Możliwe, mamy z InPostem problem. Niektóre pisma nie dochodzą. Może jeszcze ktoś tę sprawę pilotuje. Paweł!

Podchodzi chłopak w okularach. Teraz studiują pisma Elizy we trójkę. Kręcą głowami, jakby oceniali, że sprawa nie rokuje. Panie odchodzą, zostajemy z Pawłem. Ten jest stanowczy:

– Był wyrok. Przyznaliśmy lokal tymczasowy, wyrok wykonany. Przepisy formalnoprawne zostały zachowane.

– A nie można czegoś zrobić? – Eliza się rozkleja.
Urzędnik zaprzecza ruchem głowy.
– Proszę pani, ja rozumiem sytuację. Ale to nie ja wymyślam prawo. Ja pani teraz zamienię mieszkanie, a potem ktoś będzie mnie pytał, czemu marnotrawię gminny zasób.
– Ale wyrok był siedem lat temu. Stan dziadków się pogorszył.
– No, ale gmina realizuje wyrok w jakimś momencie prawnym. Na pewno nie może pani zostać na Włókienniczej. Tam za chwilę wchodzą ekipy remontowe.
Chłopak, widząc twarz Elizy, jednak znajduje rozwiązanie.
– Proszę złożyć wniosek na teścia. On może starać się o inny lokal z racji choroby.
Eliza wspomina o zadłużeniu. Pan łapie się za głowę.
– O Boże! To ja już nie widzę żadnej szansy.
– Ale ja już spłacam!
– Proszę pani, takich, którzy mówią, że będą spłacać, to ja mam co chwilę. I wie pani co? Nie płacą.

Czerwony alarm

– Urzędnicy w przypadku Elizy ponieśli porażkę – mówi doktor Inga Kuźma, etnolog z Uniwersytetu Łódzkiego i działaczka Łódzkiego Partnerstwa Pomocy. – Bo należy zapytać, skąd wziął się jej dług. Przez lata nikt nie sprawdzał, co takiego się tam dzieje. Jako Partnerstwo promowaliśmy już dawno przed urzędnikami pomysł, żeby wprowadzili tak zwane czerwone alarmy. Po pierwszych miesiącach, gdy dług rośnie, urzędnik sprawdzałby, czemu tak się dzieje. Ktoś z rodziny nie ma pracy? Jest chory? Można mu jakoś pomóc? Lokalówka mogłaby współpracować z pomocą społeczną. Tego zabrakło u Elizy na samym początku.
W magistracie zapomnieli o niej na lata. Nikt jej nie podpowiedział, co robić. Jest nadzieja, że przy rewitalizacji to się zmieni. Przy osobach z problemami mają pojawić się latarnicy.
Ale najgorszy problem to brak mieszkań. Gmina coś buduje, ale niewiele. Na potęgę za to sprzedaje. Podejście jest takie, że

każdy sobie wynajmie. A nigdy nie będzie tak, że każdego będzie na to stać.

– Gdy ktoś mówi, że miasto nie ma obowiązku zapewniać mieszkań, to po prostu kłamie. W konstytucji mamy artykuł 75: „Władze publiczne prowadzą politykę sprzyjającą zaspokojeniu potrzeb mieszkaniowych". Jest jeszcze ustawa o ochronie praw lokatorów: „Do zadań własnych gminy należy tworzenie warunków do zaspokajania potrzeb mieszkaniowych". Urzędnik, który twierdzi inaczej, nie zna prawa – podsumowuje doktor Kuźma.

Kuluary

Podania o mieszkania opiniują radni. Próbuję umówić się z przewodniczącym komisji Janem Mędrzakiem. Dzwonię do urzędu.

– To radny podejmuje decyzję, kiedy się spotkać z mieszkańcami – słyszę od pani z biura.

– No i jaką decyzję podjął w tym tygodniu? W internecie nie ma jego dyżurów.

– No to chyba zdecydował, żeby się nie spotykać – wyjaśnia urzędniczka. – Jest mail do radnego. Można napisać. Można pójść na sesję, komisję, wyciągnąć go w kuluarach.

– Ale my chcemy spokojnie porozmawiać. Mają państwo telefon do niego?

– Mamy, ale nie jesteśmy upoważnieni, żeby go dawać.

– Ale pani może zadzwonić i poprosić, żeby radny się spotkał. Podaję dane i numer telefonu.

– Dobrze, przekażemy – słyszę.

Ale radny nie zadzwoni.

Dziadek z mieszkaniem na głowie

Dzień Elizy wygląda tak: dzieci do szkoły, z mamą do lekarza, potem po jej leki na alzheimera. Dla siebie po deprexolet na depresję. Spacer z dziadkiem do Biedronki – jeśli przyjdą pieniądze z ZUS-u i będzie za co kupować. Obiad dla dzieciaków. Dla Maćka pomidorowa (innej zupy nie jada), do tego mielony w sosie. Malwina zje wszystko.

Plany na dzisiejsze popołudnie: wypalić karaluchy spod fotela dziadka. Znaleźć kogoś, kto powiesi szafki w kuchni, które dostała od jednej starszej pani.

Maciek właśnie wrócił z treningu piłkarskiego. Teraz pokonuje Niemcy w grę FIFA. Dziesięcioletnia Malwina na komórce słucha teledysków. Dziadek pyta, co z tym mieszkaniem, bo mu po głowie chodzi. Na Kilińskiego dostali?

– Nie, tato, na Zachodniej.
– Na Zachodniej? Ja dostałem?
– Nie, tato, ja dostałam, ale na poddaszu. I na pół roku.
– Aha – dziadek się denerwuje. – A ile stoi pustych? Nie wiedzą. Pełno mieszkań, co gniją.

Po chwili zapomina, że już o to pytał:
– Eliza, bo mi po głowie to mieszkanie chodzi. Na Kilińskiego?

Wpada sąsiadka. W dzień dogrzewa się u Elizy, a w nocy z synem wskakuje pod trzy kołdry. Grzała się elektrycznie, teraz bez prądu marznie. Miała pecha. Cały pion ciągnie na lewo, ale czasami wpadają z elektrowni i wycinają.

Na Włókienniczej mieszkańcy sobie pomagają. Jak Eliza odbiera paczki żywnościowe (dziesięć kilo na osobę), to do domu niesie je kumpel z naprzeciwka. Jak ona zrobi za duży obiad, to się dzieli z sąsiadką. Tak samo fajkami i chlebem. Latem mają grill, piwko. Dzieciaki biegają, podwórko siedzi razem. Koleżanka Karolina ma basen dmuchany, można wykąpać młodych i samemu dupę zamoczyć.

Tak było do tej pory. Teraz Eliza spędzi pierwsze wakacje bez Karoliny. Z rodziną dostała lokal na końcu miasta.

Znak krzyża

Pójdziemy do radnego Włodzimierza Tomaszewskiego. „Ten – myśli Eliza – będzie ludzki. W końcu jest z PiS-u". Wystroiła się. Czarna sukienka, mocniejszy makijaż, nowa fryzura. Przed wyjściem bierze krople na ciśnienie. Instruuje rodzinkę:
– Trzymajcie kciuki!

Po drodze rozmawiamy o Maćku i Malwinie.

– Malwina, gdzie się rozbierze, tam zostawi ciuchy. Mówię jej: „Kobieto, ty będziesz miała dom kiedyś na głowie, zakopiesz się w brudzie". Ale to artystyczna dusza. Tańczy, z koleżankami nagrywa teledyski komórką.

Maciek za to sam uzbierał na konsolę. Pożyczał pijaczkom pieniądze na procent. Uzbierał sześćset złotych. Dołożyła dwieście.

Dochodzimy do biura radnego. Eliza, wchodząc do klatki, robi znak krzyża.

Wita nas asystentka:

– Dobrze, że państwo przyszli. Niestety, taka jest prawda, że radni nie czytają tego, co przychodzi na komisje. Ale pan Tomaszewski zapamięta.

W korytarzu kolejka. Wymieniamy się doświadczeniami.

Starsza pani:

– Jestem w mieszkaniówce raz w tygodniu. Ostatnio obejrzałam nowy lokal. Taki gołębnik. Nie da się wnieść mebli.

Kobieta po trzydziestce:

– Ja mam sto metrów sama z córą. Rozwiodłam się z mężem, syn się wyprowadził. Nie stać mnie. Znalazłam małżeństwo, które chce się zamienić. Proszę w mieszkaniówce o zgodę. I zawsze słyszę: „No, nie możemy przyznać. Nie da rady". Nikt nie wyjaśni dlaczego. Tak się bujamy rok. A zadłużenie mi rośnie. W życiu tego nie spłacę.

Sekretarka radnego:

– W 2015 roku przyszedł do nas pan. Żona w ciąży, mieli dwanaście metrów, jeszcze z babcią. A obok był pusty lokal użytkowy. Pan złożył wniosek o wydzielenie zaplecza z tego lokalu. Sam się chciał przekuć, powiększyć swoje mieszkanie. Jego sprawa wciąż czeka. A dziecko już biega, nieraz ich widzę na Piotrkowskiej.

Po godzinie wchodzimy do gabinetu. Tomaszewski uśmiecha się, notuje, nie wydaje się zaskoczony.

– A kiedy się pani włamała? Znaczy wprowadziła? Eksmisję pani miała kiedy? – dopytuje.

Po kwadransie mówi:

– Przyjrzę się sprawie. Porozmawiam o pani w mieszkaniówce. Proszę zostawić telefon.

– Ile to potrwa?

– Szczerze? Mam sprawy, które czekają półtora roku, zanim wpłyną na komisję.

Wychodzimy. Eliza w skowronkach.

– Myślałam, że radny to jest człowiek z innego poziomu, a on taki dla ludzi. Nie pytał, skąd zadłużenie. Rozumiał, że tak się zdarza.

Miesiąc później Elizie przestały się śnić buty. Niestety, radny wciąż nie dzwoni. Za to na ojca przyszła odpowiedź z urzędu. Eliza szybko rozrywa kopertę. Czyżby w końcu się udało? Czyta list na głos: „Lokal przy Włókienniczej zajmuje Pan w wyniku samowolnego zajęcia pomimo orzeczonej eksmisji. Z uwagi na fakt, że budynek jest przewidziany do rewitalizacji, lokal należy opróżnić niezwłocznie".

Odkłada pismo. W mieszkaniu przez chwilę jest cicho. Tylko ojciec dopytuje:

– Eliza, co z tym mieszkaniem, bo mi to chodzi po głowie?

PS Imię bohaterki zostało zmienione.

Czerwiec 2017

Elita „ziemi obiecanej"

Elita „ziemi obiecanej"

> Z ognia i ze krwi robi się złoto,
> w kasach pękatych skaczą papiery,
> warczą warsztaty prędką robotą,
> tuczą się Łodzią tłuste Scheiblery.
>
> Władysław Broniewski, *Łódź*

Przez całe dziesięciolecia dowiadywaliśmy się ze szkolnych czytanek, że stanowili obcy narodowo i klasowo element, i wyzyskiwali proletariat; teraz nazywa się ich często „pionierami kapitalizmu na ziemiach polskich". Pierwsi fabrykanci i przemysłowcy niewątpliwie mieli w sobie coś z arystokratów, do których chcieli się upodobnić w stylu życia, sposobie urządzania rezydencji, manierach. Chociaż nie mogli, jak tamci, szczycić się długą galerią antenatów, stanowili grupę nie mniej interesującą.

W Łodzi pamięć o burżuazji zakorzeniona jest głęboko. Jeszcze za Gierka starsze pokolenie i liczni przedstawiciele młodszych generacji uparcie nazywali od dawna upaństwowione zakłady imionami niegdysiejszych właścicieli. Pamiętam nostalgię, z jaką babcia opowiadała o czasach międzywojennych: nie musiała pracować, bo dziadek robił u Scheiblera i stać go było na utrzymanie całej rodziny. Pamiętam zdumienie, z jakim zareagowałem na objaśnienia mamy: tłumaczyła, że wielki pałac, który właśnie mijaliśmy, należał do jednego pana. W Łodzi innych „panów" nie było, więc owym panem mógł być tylko burżuj. Ten językowy kalambur wyjaśnia być może istotę dobrej pamięci łodzian.

Lodzermensche – tak określano obywateli „ziemi obiecanej" – nadawali ton życiu miasta przez kilkadziesiąt lat: stworzyli je właściwie od podstaw i ukształtowali jego oblicze. Wznieśli fabryki, wille i pałace, pobudowali kamienice, kościoły, banki...

Najbogatsi tworzyli księstewka, obejmujące obok zakładów i rezydencji domy dla robotników, parki i ogrody, stawy, bocznice kolejowe. Nazwiska takie jak Scheibler, Poznański, Grohman czy Geyer długo jeszcze nie będą w Łodzi sprawą prywatną. O ich dniu codziennym wiadomo jednak niewiele.

Rzetelski, czyli torba cukierków

Józef Rzetelski wychował się w rodzinie Scheiblerowskich robotników. Jego dziadek woził dorożką samego pryncypała, a ojciec służył u tegoż przemysłowca w straży ogniowej. We wspomnieniach Rzetelskiego, dziś siedemdziesięciolatka, przewija się tęsknota za tamtymi czasami.

– Starsi opowiadali, że dawniej pracowało się w fabryce po kilkanaście godzin, jednak za mojej pamięci obowiązywał już dzień ośmiogodzinny. W okresie najlepszej koniunktury robotnik otrzymywał izbę i kawałek ogródka, ojciec jako strażak także belę materiału z okazji świąt. Jego praca była ciężka, ale dobrze płatna: zarabiał siedemdziesiąt pięć złotych tygodniowo w czasach, kiedy dolar kosztował dwa i pół złotego, a kilogram cukru złotówkę. Pełnił służbę całą dobę, potem miał dobę wolną, chyba, żeby się zapaliło, a wtedy paliło się dość często. Oprócz jednostki mojego ojca istniała jeszcze młodzieżowa straż ogniowa, do której należałem jako nastolatek. Funkcję jej komendanta pełnił osobiście Scheibler i z tego powodu stykałem się z nim dosyć regularnie. Wspólnie z nim odbywaliśmy ćwiczenia, grywaliśmy w piłkę i jeździliśmy na wycieczki. Do naszych obowiązków należały godzinne dyżury w rezydencjach fabrykantów. Było to duże przeżycie, bo przez te kilkadziesiąt minut miało się poczucie obcowania z milionerami. Któregoś dnia przypadł mi dyżur u Herbstów. Pan Leon Herbst, wracając akurat do domu piechotą, zauważył mnie i pozdrowił. Krótką chwilę rozmawialiśmy, a nazajutrz jego lokaj, ubrany w piękną liberię, przyniósł mi pełną torbę cukierków z likierem.

*

Wielu lodzermenschów zginęło w czasie drugiej II wojny światowej. Ci, którzy przeżyli, rzadko decydowali się pozostać w Polsce. Od kilku lat oni sami, a częściej ich potomkowie, odwiedzają Łódź, budząc spore zainteresowanie. „Przyjeżdżają zobaczyć Łódź czy ją odzyskać?", zastanawiają się łodzianie, z których prawie każdy ma w swojej rodzinie kogoś, kto kiedyś pracował u fabrykanta o obco brzmiącym nazwisku.

Scheibler, czyli magnat w dżinsach

Karol Erich von Scheibler, syn „króla bawełny", najlepsza partia w mieście, miał w szkole kłopoty z naukami ścisłymi. Wspomina Tadeusz Masłowski:

„Razem z Karolem chodziłem do gimnazjum Zimowskiego w Łodzi. Był o jedną lub dwie klasy niżej. W 1931 lub 1932 profesor matematyki Słowikowski i dyrektor szkoły Roliński zaproponowali mi udzielanie mu korepetycji z matematyki. Zgodziłem się i zgłosiłem do pałacu przy Wodnym Rynku na rozmowę z ojcem Karola.

Był on wysokim, tęgim mężczyzną, palił cygaro. Typowy przemysłowiec pochodzenia niemieckiego. Mówił krótko: jedna godzina lekcyjna w tygodniu – wynagrodzenie 36 zł miesięcznie plus podwieczorki. Było to najwyższe wynagrodzenie, jakie uzyskałem w swoim życiu. Na ścianie gabinetu zauważyłem, obok akcesoriów myśliwskich, wpiętą w dywan odznakę NSDAP. (Myślę, że w muzeum, przy wystroju gabinetu dziadka Petera, należy wziąć to pod uwagę). Oprócz mnie Karol miał kilku dorosłych nauczycieli różnych dyscyplin.

Korepetycję rozpocząłem w pałacu przy Wodnym Rynku, a zakończyłem w pałacu przy ul. Piotrkowskiej (po wojnie siedziba ZMS). Przeprowadzka ta wynikła ze złej sytuacji finansowej Scheiblerów.

W czasie okupacji dowiedziałem się od kolegów, że Karol Scheibler, mój uczeń, wstąpił jako ochotnik do hitlerowskiego »Luftwaffe«".

Po wojnie Karol Erich osiadł w São Paulo i musiał zarabiać na życie pracą własnych rąk. Ze znajomymi z Polski kontaktował się rzadko, ale języka nie zapomniał. W jednym z listów, z roku 1975, napisał: „Ja pracuję obecnie w firmie Volkswagen do Brasil. Firma bardzo duża. Produkcja: 2000 samochodów dziennie". Zmarł w 1980 roku. Miał sześćdziesiąt jeden lat.

Żona Karola, Edith von Scheibler (z domu Flacker), żyje do dzisiaj*. Nawiązał z nią kontakt łódzki przedsiębiorca Andrzej Kaczmarkiewicz.

– Adres dostałem od byłej sprzątaczki Scheiblerów. Napisałem list. Pani Edith odpisała bardzo ciepło, piękną polszczyzną, mimo że, jak wspomniała, po polsku mówiła tylko do szesnastego roku życia. Poprosiła mnie o pomoc. Jej syn chce odwiedzić kraj, jednak trochę się boi. Oczywiście zobowiązałem się, że się nim zaopiekuję.

Ostatni męski potomek fabrykanckiej dynastii Peter von Scheibler pojawił się w Łodzi w marcu 1991 roku. Miał trzydzieści pięć lat i nie wyglądał na niedoszłego dziedzica magnackiej fortuny: ubrany w dżinsy i kurtkę oglądał z niedowierzaniem pałace, fabryki i wielki jak kościół grobowiec rodzinny na cmentarzu ewangelickim. Przyznał, że nie zdawał sobie sprawy z bogactwa swoich przodków, mimo iż w rodowych koneksjach orientował się świetnie. Indagowany przez dziennikarzy oświadczył, że nie zamierza starać się o odzyskanie zakładów, bo nie zna się na włókiennictwie: pracuje w biurze turystycznym. Po polsku nie znał ani słowa. Jego rozmówcy mieli do wyboru niemiecki, angielski, portugalski i hiszpański.

Rok później przyjechała do Polski matka Petera. Opowiada Andrzej Kaczmarkiewicz:

– Pani Edith była bardzo wzruszona, kręciło się wokół niej mnóstwo ludzi, udzielała wywiadów. Mówiła, że utraty majątku w 1945 nie odczuła jako społecznej degradacji, zresztą była za młoda, by w pełni ogarnąć, co się stało. Z Polski najlepiej

---

* Zmarła w 2010 roku, w wieku osiemdziesięciu sześciu lat.

zapamiętała bale, odbywające się w pałacu Herbsta. Brała w nich udział wraz z dziećmi pochodzącymi z tej samej sfery, z bogatych rodzin fabrykanckich, najczęściej niemieckich i żydowskich. Spłoszone dziewczynki i ubrani w ciemne garnitury chłopcy bawili się pod troskliwym okiem mamuś, cioć, niań. Czasami udawało się jej wyrwać spod opiekuńczych skrzydeł i wtedy uwodził ją przystojny Karol Scheibler, przyszły mąż.

Grohman, czyli ujeżdżanie Sikorskiego

– Życie codzienne łódzkich fabrykantów było w gruncie rzeczy dość monotonne – wspomina Jerzy Grohman. – Mój ojciec był człowiekiem bardzo zajętym. Z samego rana wychodził do biura, o pierwszej był na obiedzie, a od trzeciej znowu w biurze. Do domu starał się wrócić na kolację, którą zazwyczaj podawano o pół do ósmej. Byłem wychowywany bez taryfy ulgowej, o żadnym rozpieszczaniu nie było mowy. Prezenty dostawałem dwa razy do roku, na Boże Narodzenie i na imieniny, oprócz tego czasami czekoladki. Do szkoły chodziłem ubrany tak jak wszyscy, w mundurku, nie było mowy o luksusowym piórze czy podwożeniu samochodem, żeby nie rodzić kompleksów u kolegów. W domu uczono mnie, jak przyszyć guzik i jak nakryć do stołu. Żyłem pod presją. Rodzice pilnie mnie obserwowali, chcąc mieć pewność, że sprostam zadaniom, które czekają mnie w przyszłości. Wpajano we mnie, że najważniejsza jest Polska, na drugim miejscu firma, a dopiero na trzecim osobisty interes. Mimo że moja rodzina ma niemieckie korzenie, w 1939 nikt noszący nazwisko Grohman nie przyjął volkslisty. Straciłem wówczas wszystko, ale nie mogłem postąpić inaczej.

Nadmieńmy tu, że podobnie zachował się inny przemysłowiec łódzki pochodzenia niemieckiego, Robert Geyer, zastrzelony przez gestapo za odmowę wpisania się na niemiecką listę narodową.

– Duże przyjęcia – mówi dalej pan Jerzy – z mnóstwem gości i specjalnie sprowadzaną orkiestrą odbywały się rzadko, natomiast spotkania w węższym gronie raz–dwa razy w miesiącu. Były to najczęściej obiady, kolacje bądź podwieczorki. W naszym domu bywali aktorzy i pisarze; moja mama była aktorką dramatyczną i choć po wyjściu za ojca zakończyła karierę, kontaktów ze środowiskiem artystycznym nie zerwała. Z bardziej znaczących nazwisk mógłbym wymienić Adwentowicza, Zelwerowicza, Witkacego czy Boya. Odwiedzali nas również politycy, począwszy od Witosa, poprzez Daszyńskiego i Dmowskiego, a na Sikorskim skończywszy. Pamiętam, że jako dziecko jeździłem na tym ostatnim po dywanie.

Utrzymanie liczącej ponad trzydzieści pokoi rezydencji wymagało odpowiedniej liczby służby. Zaliczali się do niej kucharz, kuchcik, pomywaczka, kamerdyner, dwie służące oraz szofer i stangret, oprócz samochodów trzymaliśmy bowiem również konie. Kochała je cała moja rodzina: wszyscy chętnie korzystali z powozów, które były lśniące i wypieszczone. Życie towarzyskie mojej rodziny nie ograniczało się do przyjmowania gości w domu. Ojciec miał pod Łodzią majątek, do którego zapraszał znajomych na kilku–kilkunastodniowe polowania. Ze znajomymi spotykał się również w klubie tenisowym i na torach wyścigowych, był bowiem między innymi także prezesem Towarzystwa Wyścigów Konnych. Kontakty z innymi fabrykantami były częste, przeważnie jednak ojca i stryjów łączyły z nimi jedynie sprawy zawodowe. Miejscem takich spotkań w interesach była Izba Przemysłowo- -Handlowa, Towarzystwo Kredytowe i banki. Bliższa znajomość łączyła Grohmanów jedynie z kilkoma rodzinami: Geyerami, Scheiblerami, Enderami i Eizertami.

Poznański, czyli niedoszły mezalians

Typowa pocztówka z Łodzi: na pierwszym planie olbrzymi pałac, ciężki od wymyślnych ozdób, kopuł i balkonów, najczęściej ucięty, bo nie zmieścił się w kadrze; za pałacem równie potężny gmach fabryki z czerwonej cegły, a wszystko spowite gęstym dymem z kominów. Tak wygląda byłe królestwo Poznańskich, rodziny przemysłowców pochodzenia żydowskiego*. Zdaniem łódzkich przewodników, najbarwniejszą postacią całej dynastii był Maurycy (Moryc). Jeden z przewodników, pan Antoni, od lat interesuje się jego biografią.

– Łączył w sobie nieprzeciętną inteligencję, ambicję i urodę. Uchodził za energicznego i zdolnego organizatora. Gdy został dyrektorem rodzinnej firmy, Towarzystwa Akcyjnego Wyrobów Bawełnianych, zatrudnienie osiągnęło poziom siedmiu tysięcy pracowników. Sieć własnych hurtowni i magazynów obejmowała wówczas całe Królestwo i niemal całe Cesarstwo: centralną Rosję, Ukrainę, Kaukaz, Bucharę, Chiwę. Oprócz biznesu Maurycy zajmował się działalnością społeczną i polityczną. Był człowiekiem pełnym sprzeczności, potrafił robić pieniądze i tracić je. Powszechnie znano jego zamiłowanie do bogatego życia towarzyskiego. Organizował wystawne bale nie tylko z okazji karnawału. Gości wysiadających z powozów witała zakładowa orkiestra strażacka. [Podjazd urządzono nie od ulicy, a od tyłu, aby, jak mawiano w mieście, nie drażnić robotników widokiem wspaniałych wolantów – przyp. W.G.]. Często zapraszał artystów z teatrów warszawskich i krakowskich, aby swoimi występami uatrakcyjnili zabawę. Sylwestra i Nowy Rok spędzał w Wiedniu bądź Paryżu. Ulubionymi rozrywkami Maurycego były ponadto wypady z przyjaciółmi do Lasu Łagiewnickiego, podczas których jeżdżono konno i uprawiano hazard. Grywał w karty i ruletkę, i z tego powodu raz po raz popadał w niemałe długi.

– Ten wysoki, szczupły brunet – kreśli dalej sylwetkę Maurycego pan Antoni – otoczony był za młodu wianuszkiem wielbicielek, jednak małżeństwo potraktował jak kolejny interes; ożenił się z Sarą Silberstein, stając się dzięki temu współwłaścicielem przedsiębiorstwa Silbersteinów i zasiadając w zarządach kilku innych firm. O swoją rodzinę troszczył się jak umiał (miał z Sarą trzy córki), uważał jednak, że należy łączyć przyjemne z pożytecznym i miasto nieustannie huczało od plotek na temat jego

* Obecnie kompleks handlowo-rozrywkowy Manufaktura.

kolejnych romansów. Najbardziej znaną kochanką Maurycego była Cecylia Matyczyńska, szesnastoletnia tkaczka, pracująca zresztą u Poznańskich. Dziewczyna, pochodząca z wielodzietnej rodziny robotniczej, mieszkała w „famułach" przy Ogrodowej. Miała ciemne włosy i duże, orzechowe oczy. Uwagę fabrykanta zwróciła na jednej z majówek w parku Helenowskim. Było to wówczas ulubione miejsce sobotnio-niedzielnego wypoczynku łódzkiej elity: kompleks składał się z ogrodu zoologicznego, sadzawek z gondolami, malowniczych alejek. Cecylia znalazła się tam najprawdopodobniej przypadkowo. Początkowo Maurycy zabierał dziewczynę do parku i na konne przejażdżki, później wynajął jej mieszkanie przy Pomorskiej. Cecylii ta znajomość ogromnie imponowała, tym bardziej że dzięki niej otrzymała lżejszą pracę „pomagaczki" w tkalni. Kiedy okazało się, że jest w ciąży, fabrykant zabezpieczył ją finansowo i zainicjował małżeństwo z Niemcem polskiego pochodzenia. Zdzisław, który wkrótce przyszedł na świat, nigdy nie dowiedział się, kto jest jego prawdziwym ojcem...

– Oni byli z innej bajki – rozkłada ręce Józef Rzetelski, który wychował się w rodzinie Scheiblerowskich robotników. – Widywało się ich od czasu do czasu w powozie czy samochodzie, a w niedzielę na spacerze bądź w kościele. Nie mówię, że byli źli. Żyli po prostu we własnym, zamkniętym dla nas kręgu i stanowili elitę, a my dla nich pracowaliśmy.

Tekst powstał dzięki pomocy i współpracy słuchaczy Policealnego Zawodowego Studium Dziennikarskiego w Łodzi: Agnieszki Buk, Ewy Dziedzic, Roberta Kozubala, Ewy Pol, Agnieszki Szuber i Agnieszki Żygo.

Wspomnienia Tadeusza Masłowskiego pochodzą z jego listu do „Gazety Wyborczej" z marca 1991 roku.

Styczeń 1994

Scheibler wrócił do Łodzi

Peter von Scheibler przyjechał w odwiedziny do Łodzi. Jego prapradziadek założył tutaj zakłady bawełniane. Pradziadek był najbogatszym człowiekiem w mieście. Jego fortunę obliczano pod koniec XIX stulecia na jedenaście milionów rubli. Dziadek, który zmarł przed II wojną, władał potężnym imperium: miał fabryki włókiennicze, pałace, bocznicę kolejową. Należał do dziesięciu najbogatszych ludzi w Europie i gościł koronowane głowy. Ojciec służył w Wehrmachcie i trafił do amerykańskiej niewoli.

Wojna położyła kres fortunie Scheiblerów: przenieśli się do Niemiec, potem do Brazylii. Peter urodził się w São Paulo w 1956 roku. Do Łodzi przyjechał zobaczyć to, co znał z opowiadań.

Łódzkiemu dziennikarzowi powiedział:

– Nie zamierzam odbudowywać imperium.

Zwiedził cmentarz ewangelicki. Stwierdził, że mauzoleum rodzinne jest zdemolowane i rozkradzione. Kilkoro zwłok wywleczono z trumien – ktoś szukał złota. Był w dawnym pałacu rodzinnym przy Wodnym Rynku. Mieści się tu obecnie Muzeum Kinematografii, wnętrza są restaurowane. Poszedł do Uniontexu (fabryka należała najpierw do Scheiblerów, później do Scheiblerów i Grohmana). Obejrzał dawny gabinet dziadka, jego portret i hełm.

Wszędzie przyjmowano go serdecznie. Nikt nie przywoływał słów „tuczą się Łodzią tłuste Scheiblery", pochodzących ze

słusznego kiedyś wiersza. Pracownik techniczny łódzkiej telewizji, zobaczywszy żywego Scheiblera, wykrzyknął: „Niech pan wróci i załatwi mi pracę u siebie!".
Na cześć Petera wydano przyjęcie. Zabrakło alkoholu i ktoś poszedł na melinę. Kiedy meliniarka dowiedziała się, że przyjechał Scheibler, dodała za darmo pięć kilo pomarańczy.

„Ze zdziwieniem przeczytałem w nr. 60 »Gazety Wyborczej« z dnia 12 marca 1991 r. informację, że do Łodzi przyjechał potomek tej gałęzi rodziny Scheibler, która związana była z Łodzią. Ponieważ siostra mojego ojca Leona Grohmana, Anna (z d. Grohman), była żoną Karola Scheiblera, syna twórcy fortuny scheiblerowskiej, znam dokładnie genealogię tej rodziny.

Otóż twórcą fortuny scheiblerowskiej był Karol, który przybył do Polski w 1848 roku i był żonaty z Anną (z d. Werner) ze znanej rodziny warszawskiej. Karol Scheibler senior, nie licząc trzech córek, posiadał dwóch synów – Karola (który był moim wujem) oraz Emila, który zmarł krótko po I wojnie światowej, bezdzietnie.

Mój wuj Karol posiadał czterech synów: Eryka, Jerzego i Egona, którzy byli bezdzietni, oraz Karola Wilhelma, żonatego z Jadwigą z d. Richter. Karol Wilhelm posiadał dwie córki (Mirkę i Barbarę) oraz syna Karola. Ten ostatni posiadał córkę, która żyje do dziś dnia, natomiast on sam zmarł kilka lat temu w São Paulo.

Jak z powyższego wynika, nie istnieje męski potomek łódzkiej rodziny Scheiblerów.

Wyjaśniając powyższe mam nadzieję, iż Pan Redaktor zadba o to, aby odnośne sprostowania znalazły się w najbliższym numerze »Gazety Wyborczej«.

Jerzy Grohman"

Niniejsze pismo pan Jerzy Grohman (minister do spraw reprywatyzacji w kancelarii prezydenta Lecha Wałęsy) skierował 12 marca 1991 roku „do rąk własnych" Adama Michnika. 13 marca ten sam list ukazał się w „Dzienniku Łódzkim", co świadczy o niezwykłej operatywności nadawcy, poczty i łódzkiej gazety.

Oskarżenie Petera von Scheiblera o oszustwo to zarzut poważny. Wymaga udowodnienia. Minister Grohman niczego nie udowadnia. Powołuje się jedynie na to, że zna genealogię Scheiblerów. Widziałem paszport Petera. Pokazywano ten dokument w łódzkiej telewizji. Według informacji, które uzyskałem, Karol Scheibler – wbrew temu, co pisze minister Grohman – miał oprócz córki (która nie żyje) także dwóch synów. Starszy ma na imię Karol Michał: w tej rodzinie najstarszym synom zawsze dawano imię Karol. Młodszym jest Peter, który przyjechał do Polski.

25 lutego 1991 roku matka Petera, pani Edith von Scheibler, wysłała z São Paulo list do swoich łódzkich znajomych. Stwierdziła w nim między innymi (pisownia oryginalna): „Mój syn Piotruś, który narazie mieszka w Frankfurt wybiera się do Polski, oczywiście też do miasta Łodzi, Warszawy i Krakowa".

Zwolennicy spiskowej teorii dziejów uznają, że list mógł zostać sfabrykowany w ramach przygotowywanej intrygi. Jest jednak i drugi dokument. Ojciec Petera, Karol Scheibler, uczęszczał, podobnie jak Jerzy Grohman, do Prywatnego Gimnazjum i Liceum Męskiego Aleksego Zimowskiego w Łodzi. W tej samej szkole uczył się również Harald Wahlemann, który został po wojnie w Łodzi. W 1973 roku odszukał on Karola Scheiblera przez Niemiecki Czerwony Krzyż. W marcu 1975 roku ten odpowiedział mu z São Paulo. W liście napisał, że ma troje dzieci, a najmłodszy syn chodzi jeszcze do szkoły. A więc wbrew temu, co tak lekko napisał minister Grohman, zamieszkały w Brazylii Karol Scheibler miał jednak męskiego potomka!

Peter nie przyjechał do Polski, aby zabiegać o majątek należący niegdyś do jego rodziny. Nie rozmawiał o tym ani z pracownikami Muzeum Kinematografii (dawny pałac Scheiblerów), ani z dyrektorem Uniontexu (dawne zakłady Scheiblera i Grohmana). Nie ubiegał się też, jak minister Grohman, o piętnaście procent akcji przedsiębiorstwa. A może ta powściągliwość miałaby podważyć jego przynależność do rodu łódzkich fabrykantów?

Minister Grohman dwukrotnie wypowiedział się w sprawie „rzekomego" Scheiblera w „Dzienniku Łódzkim". 15 marca

1991 roku dowodził na przykład, że niezamożny Peter nie może być potomkiem tak bogatej rodziny. A jednocześnie dodawał, że nie posiada dokładnych informacji na ten temat. Brak dokładnych informacji nie przeszkodził mu jednak w naruszaniu dobrego imienia Petera.

„Dziennik Łódzki" opatrzył obie wypowiedzi Jerzego Grohmana anonimowymi komentarzami, których nie oddzielono graficznie od treści oświadczeń ministra. W pierwszym anonim kajał się, że redakcja „Dziennika Łódzkiego" również zamieściła artykuł o wizycie Scheiblera w Łodzi i dodawał na usprawiedliwienie swojej redakcji, że wiadomość uzyskano od „zdawałoby się wiarygodnych osób, które wydały nawet przyjęcie na cześć gościa oraz od zaprzyjaźnionych dziennikarzy: Magdy Olczyk, Marka Millera i Wojciecha Góreckiego". Rzeczywiście, przekazaliśmy tę wiadomość dziennikarzom „Dziennika Łódzkiego" w poczuciu zawodowej solidarności. Tak się bowiem składa, że „Dziennik", owa lokalna gazeta, przegapiła przyjazd Scheiblera do Łodzi.

W drugim komentarzu anonim dziwił się, że Peter von Scheibler, spokrewniony z Grohmanem, nie próbował po przyjeździe do Polski skontaktować się z nim. Otóż próbował: pan Grohman sam wspominał mi o tym w rozmowie telefonicznej. Peter zaś twierdził, że do spotkania nie doszło, bo Grohman powiedział mu, iż nie zna języków i nie ma czasu. Gdyby ministrowi naprawdę chodziło o zdemaskowanie hochsztaplera, zgodziłby się na pewno na spotkanie, zaprosił prasę i po paru pytaniach udowodnił, że Peter nie pochodzi z łódzkiej linii Scheiblerów. Nie zrobił tego jednak (choćby w sobotę, 9 marca 1991 roku, po wyemitowaniu wywiadu z Peterem w łódzkiej telewizji), a swoje oświadczenia wysłał do prasy po wyjeździe Scheiblera z Polski, gdy ten nie mógł się już bronić.

Oświadczenia ministra wywołały w Łodzi sporo zamętu. Wielu łodzian nie wie, czy wierzyć Scheiblerowi, czy Grohmanowi. Żadne dowody na to, że Peter naprawdę jest prawowitym potomkiem rodu łódzkich fabrykantów, nie wymażą już wątpliwości, jaką wywołał list wspólnika i krewnego Scheiblerów.

*

Kilka miesięcy później, w rozmowie z dziennikarką łódzkiej telewizji Magdą Olczyk minister Grohman powiedział, że jego rodzina potwierdziła, iż zmarły kilka lat temu Karol Scheibler miał oprócz córki także dwóch synów, w tym młodszego – Petera. Jednocześnie minister stwierdził, że nie użył sformułowania „fałszywy Scheibler", jakie pojawiło się dwukrotnie w tytułach artykułów „Dziennika Łódzkiego".

Jerzy Grohman przebywał w Łodzi z okazji tworzenia Łódzkiej Rady Kultury. O pomocy dla Łodzi myśli również Peter von Scheibler, który wkrótce ponownie przyjedzie do Polski. Jest więc szansa, że potomków dawnych wspólników – właścicieli Zjednoczonych Zakładów K. Scheiblera i L. Grohmana – znowu połączy wspólna sprawa.

Marzec–czerwiec 1991

PS Ulicom w otoczeniu zrewitalizowanego Dworca Fabrycznego nadano nazwy: Rodziny Grohmanów, Rodziny Poznańskich, Rodziny Scheiblerów.

Przywróćmy pamięć o zamordowanym narodzie żydowskim

Rozmowa z Arnoldem Mostowiczem, łodzianinem, lekarzem, tłumaczem, pisarzem, popularyzatorem nauki i działaczem społecznym

Proszę opowiedzieć o swojej rodzinie: kim byli i czym się zajmowali pańscy rodzice, dziadkowie?

Mój dziadek ze strony matki, Salomon Goldsztajn, był łódzkim felczerem – felczerzy posiadali wówczas wszystkie uprawnienia lekarskie, nie mając tylko tytułu doktora. Prowadził szeroką praktykę i prawdopodobnie doszedł do sporych pieniędzy, bo kupił pięciopokojowe mieszkanie na Narutowicza, pod dwudziestym drugim, w domu sąsiadującym z filharmonią. Był człowiekiem wierzącym, ale rodzinie dał pod tym względem swobodę wyboru i wszyscy bardzo szybko się asymilowali. Moja matka nie znała ani słowa w języku jidysz, a jej brat – mój wujek – przeszedł nawet na katolicyzm.

Rodzina ojca pochodziła z Krośniewic, spod Kutna i była bardzo religijna. Pod koniec XIX wieku kilkunastoletni wówczas ojciec przybył do Łodzi. Zatrudnił się jako sprzedawca i chłopiec na posyłki w firmie Zachariasza Warszawskiego, będącej filią zakładów Krusche i Ender. Niczym klasyczny bohater powieści pozytywistycznej w dzień pracował, w nocy natomiast uczył się. Musiał być człowiekiem bardzo zdolnym. Proszę sobie wyobrazić, że ten absolwent krośniewickiego chederu zdołał zdać, jako ekstern, maturę z trzynastu przedmiotów! Już to było wyczynem niezwykłym, ale ojciec chciał kształcić się dalej i pojechał do Warszawy studiować prawo.

W stolicy zafascynował ojca świat teatru. Związał się z kołem literackim Icchoka Lejba Pereca, o czym dowiedziałem się znacznie później, z wydanej w Ameryce encyklopedii teatru żydowskiego, w domu bowiem nigdy się o tym nie mówiło. *Notabene* z tej encyklopedii pochodzi jedyne zdjęcie ojca, jakie posiadam: zrobiłem sobie odbitkę, którą stale przy sobie noszę. Okazało się, że ojciec miał nie tylko talent aktorski, ale świetnie recytował, pisał wiersze i felietony. Przyjaźnił się z pisarzem Szolemem Alejchemem, z którym jeździł po Polsce, recytując jego utwory.

Domyślam się, że jego małżeństwo z moją matką nie było wynikiem jakiejś romantycznej miłości. Przypuszczam, że ojca, jako bardzo zdolnego młodego człowieka, przedstawiono po prostu mojemu dziadkowi, a ten uznał go za dobrą partię. Prawdopodobnie dziadek zrobił jakieś zastrzeżenie: „Daję ci posag, ale nie po to, żebyś go jako pisarz czy aktor roztrwonił. Musisz się zająć czymś konkretnym". Zajął się. Podjął pracę w hurtowni tekstylnej, a po I wojnie światowej otworzył nawet sklep z materiałami włókienniczymi. Oczywiście zbankrutował i musiał wrócić na posadę, jednak i tę utracił. Gdy było już naprawdę krucho, dały znać o sobie ojcowskie zdolności. Przymuszony brakiem środków na utrzymanie rodziny opracował metodę produkowania kanw, importowanych dotąd z Czechosłowacji. W domu znowu pojawiły się jakieś pieniądze, a ja mogłem wyjechać na studia do Francji.

Prawdziwym żywiołem ojca pozostawała jednak sztuka. Wspólnie z poetą i grafikiem Mosze Brodersonem założył żydowskie studium teatralne, z którego narodził się później teatr Ararat (ojciec pisał dla niego skecze). Przy towarzystwie Hazomir* stworzył z kolei grupę teatralną, słynną później w całym kraju. Wystawiał tam sztuki Szolema Alejchema i Pereca, a także sztuki innych, nie tylko żydowskich, autorów. Z powodu jednej z nich – *Pogrzebać umarłych* Irwina Shawa – miał kłopoty z cenzurą, bo była to rzecz komunizująca. Dzięki swojej

---

* Pełna nazwa: Żydowskie Towarzystwo Muzyczne i Teatralne „Hazomir" w Łodzi.

działalności teatralnej znalazł się we wspomnianej encyklopedii, a także w wielu pracach poświęconych teatrowi żydowskiemu, między innymi w pracy Zygmunta Turkowa. Gdy przyszła wojna, ojca zaczęło szukać gestapo – w Hazomirze znaleźli jakieś jego papiery. Wraz z matką uciekł do Warszawy. Z warszawskiego getta, gdzie utrzymywał siebie i żonę z gry w teatrze, między innymi u Andrzeja Marka, tego, który jako pierwszy wystawił po polsku *Dybuka*, został wywieziony do Treblinki.

Ciekawe, że tak związany sercem z teatrem żydowskim i literaturą jidysz, teraz, jak to wynikało z listów do syna, pisanych, gdy istniała jeszcze jakaś łączność między gettami warszawskim i łódzkim, grał w teatrze polskim u Andrzeja Marka. Grał wiele, i to role główne, obok takich znakomitości, jak Michał Znicz! A jeszcze tu i ówdzie występował z recytacjami. Nawet matka, która podejrzliwie i z niechęcią odnosiła się do tej sfery zainteresowań męża, pisała o jego sukcesach... Co za ironia losu! Musiała przyjść wojna, musieli Niemcy zabrać się do wcielania w życie swoich szaleńczych planów, aby ojciec mógł zrealizować marzenie swego życia... Poświęcić się wyłącznie teatrowi i utrzymywać się z gry na deskach scenicznych.

Gdzie w Łodzi mieszkali pańscy rodzice?
W domu przy Narutowicza 56. W sąsiedniej kamienicy mieściła się szkoła Wiśniewskiego – był to zwyczajny budynek mieszkalny zamieniony w szkołę – a jeszcze dalej dzisiejsze Collegium Anatomicum, ten czerwony gmach przed placem Dąbrowskiego. Nasz dom wydawał się o tyle interesujący, że był naprawdę ogromny: oficyna poprzeczna, dwie oficyny boczne i front. Razem chyba z pięćdziesiąt mieszkań, nasze nosiło numer 44. W tych pięćdziesięciu lokalach mieszkali sami Żydzi z wyjątkiem niejakiego pana Kwaśniewskiego, dyrektora z „Naftokorpulu" czy „Naftogalu" i dozorcy.

Działalność pańskiego ojca może być przykładem, jak bogate było w Łodzi do wybuchu II wojny światowej żydowskie życie kulturalne. Niby się o tym wszystkim wie, niby w zbiorowej świadomości łodzian funkcjonuje obraz miasta, któremu kształt nadały trzy żywioły – polski, niemiecki i właśnie żydowski – jednak gdy przychodzi do konkretów, owo żydowskie dziedzictwo redukuje się do postaci dyżurnych Tuwima i Rubinsteina. Na dobrą sprawę wiedza o trzystu tysiącach mieszkających tu przed wojną Żydów jest minimalna.

W tym mieście w ciągu kilkudziesięciu lat nie zrobiono nic, by z pamięci o Żydach cokolwiek uratować, zrobiono natomiast wszystko, żeby tę pamięć wymazać. W sierpniu 1994 roku, podczas obchodów pięćdziesiątej rocznicy likwidacji łódzkiego getta, powiedziałem, że naród można zamordować za pomocą kuli lub gazu, ale można go też zamordować, zabijając pamięć o nim. Coś takiego zdarzyło się w Łodzi, a nie ma chyba miasta w Europie, nie powiem „na świecie", bo są przecież miasta izraelskie, w którym tak wielką i tak twórczą rolę odegraliby Żydzi.

Łodzi nie da się porównać z żadnym innym ośrodkiem – nawet z Odessą, w której Żydzi stanowili czynnik znaczący, ale nie od strony twórczej (może poza muzyką), no i nie brali, jak Żydzi łódzcy, tak czynnego udziału w życiu społecznym, politycznym i kulturalnym swojego kraju. Pytam się, komu zależy, żeby ten olbrzymi wkład poszedł w niepamięć? Dlaczego by nie przywrócić dawnej nazwy szpitalowi Poznańskich, skoro to ta rodzina go ufundowała, czemu nie poświęcić jakiejś tablicy Alfredowi Sztrauchowi, właścicielowi księgarni na rogu Wschodniej i Dzielnej (obecnie Narutowicza), który stworzył w Łodzi wspaniałą orkiestrę symfoniczną?

Kto dziś pamięta, że wychodząca w Łodzi prasa polska była w ogromnej większości wydawana i redagowana przez Żydów? Właścicielami „Republiki" byli na przykład Poznańscy, wydawcą z kolei „Głosu Porannego" była początkowo firma „Widzewska Manufaktura" Kona. I tu, i tu trzon zespołu stanowili Żydzi, z tym, że ci z „Republiki" byli w większości wychrzczeni, a ci z „Głosu" nie. W tej drugiej gazecie pracował między innymi Gustaw Wassercug, brat profesora Józefa Wasowskiego z Warszawy, ojca znanego kompozytora. Żydzi bardzo zasłużyli się dla łódzkiej sceny. Dyrektorem Teatru Miejskiego był przez dłuższy czas Karol Borowski*, reżyserem Henryk Szletyński, a wśród aktorów wymienić trzeba Mrozińskiego, Winawera, Znicza czy Jarkowską. Wspomnieć wypada kompozytora Tansmana, malarzy Szyka, Trębacza i Barcińskiego, wybitnych lekarzy, choćby Sterlinga, i adwokatów. Właściwie we wszystkich dziedzinach łódzcy Żydzi zapisali przepiękną kartę.

Nie można wreszcie pominąć problemu tak zwanych lodzermenschów. Samo słowo przybrało odcień raczej negatywny, tymczasem ów lodzermensch odgrywał wielką rolę w życiu kulturalnym miasta – to był facet, który mógł dyskontować weksle, sprzedawać czy kupować starzyznę, coś produkować, ale jednocześnie chodził na koncerty filharmoniczne, na wystawy i rozczytywał się w „Wiadomościach Literackich". Taka była Łódź...

Czuje się pan lodzermenschem?

Niestety, nie starczyło czasu, by nim zostać. W wieku osiemnastu lat właściwie Łódź opuściłem, wyjeżdżając za granicę. Wracałem tu co prawda na wakacje, ale były to właśnie wakacje, podczas których nie włączałem się w życie miasta. Natomiast słowo to budzi we mnie skojarzenia bezwzględnie pozytywne.

Wspomina pan o udziale łódzkich Żydów w polskim życiu kulturalnym i społecznym. A jak wyglądała w Łodzi żydowska kultura jidysz?

Była bardzo bogata. To przecież w Łodzi powstał, na początku lat dwudziestych XX wieku, ruch Jung Jidysz, stawiający sobie za cel odnowę języka żydowskiego i żydowskiej literatury. Do twórców tego ruchu zaliczał się wymieniony już Mojżesz Broderson, poeta Icchak Kacenelson, a także jeden z największych malarzy

---

* Według informacji w encyklopediach teatralnych Borowski kierował tym teatrem w latach 1931/1932, więc nie tak długo, jak twierdzi nasz rozmówca.

europejskich – Jankiel Adler. Czy wie pan, że gdy w 1939 roku wybuchła wojna, Adler, mieszkający wówczas w Dusseldorfie, przedarł się do Francji i chociaż był ciężko chory na gruźlicę, zaciągnął się tam do wojska polskiego? W mundurze pojechał do Anglii, gdzie zmuszono go, by opuścił armię, bo był już umierający. Wkrótce rzeczywiście zmarł na gruźlicę. Ruch Jung Jidysz zaowocował dokonaniami w wielu dziedzinach, zarówno w literaturze, jak i w malarstwie, czy w teatrze – wymieńmy teatry Azazel w Warszawie i Ararat w Łodzi.

Skoro już o tych sprawach mówimy, to trzeba przecież wspomnieć, że kultura języka jidysz niesłychanie się rozwinęła nie tylko w Łodzi czy wielkich miastach jak Warszawa. Kultura ta wyszła właściwie z małych miasteczek żydowskich, sztetli. Ten sztetl czy sztetlech to był prawdziwy kocioł twórczy, o którym warto kiedyś pomówić szerzej.

Wspomniałem o tym, że w Łodzi w ciągu blisko półwiecza dokumentnie zamazywano pamięć o tutejszych Żydach. Na miejscu dwóch pięknych synagog, tej przy ulicy Wolborskiej i tej z rogu alei Kościuszki i Zielonej – synagog zburzonych i spalonych przez Niemców – nie ma po dziś dzień nawet tabliczek pamiątkowych. Ale na miejscu drugiej synagogi chciano w swoim czasie wybudować publiczny szalet. Głównym kaznodzieją tej synagogi był doktor Markus Braude, niezwykle zasłużony dla żydostwa łódzkiego, o którym też warto wspomnieć i którego też warto zapamiętać. Co złego by się stało, gdyby jakieś tabliczki pamiątkowe pojawiły się tam, gdzie mieścił się Hazomir, albo tam, gdzie do wojny były gimnazja żydowskie?

Powołana w początkach września 1995 roku Fundacja Monumentum Iudaicum Lodzense, na której czele pan stanął, ma w swoich celach statutowych opiekę nad takimi właśnie pamiętnymi miejscami, między innymi nad łódzkim cmentarzem żydowskim. Może więc sytuacja, o której pan mówi, zmieni się na lepsze?

Mnie chodzi o przywrócenie pamięci o zamordowanym narodzie żydowskim. Cmentarz jest oczywiście bardzo istotny, ale ważniejsza jest sprawa pamięci. Tymczasem spotykam się stale z niezrozumieniem. Na konferencji prasowej zorganizowanej po powstaniu Fundacji jeden z łódzkich dziennikarzy spytał mnie z ironią, co jeszcze mam zamiar odnowić. Tu naprawdę chodzi o coś więcej. Muszę cofnąć się nieco w czasie. Otóż widząc, że w Łodzi robi się wszystko, aby zatrzeć nawet ślad po Żydach, którzy tu mieszkali, powziąłem zamysł stworzenia muzeum łódzkich Żydów. Z jednej strony ważna była dla mnie pamięć o Żydach w ogóle, z drugiej – pamięć o moich własnych przodkach. Późnym latem 1994 roku przedstawiłem tę ideę jednemu z najbogatszych Żydów w Europie, Josefowi Buchmanowi z Frankfurtu nad Menem. „Trzeba zacząć od cmentarza – usłyszałem. – To jest najważniejsze. To jest wizytówka".

Uchwyciłem się tego, co powiedział Buchman, i od czasu naszej rozmowy robiłem wszystko, by doprowadzić do powołania zajmującej się cmentarzem fundacji. Pomógł w tym, a właściwie przejął inicjatywę i stał się duszą całego przedsięwzięcia prezydent Łodzi Marek Czekalski. Nigdy nie zapomnę wystąpienia pana Czekalskiego w Audytorium Fryderyka Manna – siedzibie telawiwskiej filharmonii mogącej pomieścić trzy tysiące osób. Wywarł tam naprawdę duże wrażenie. Oświadczył, że zrobi wszystko, ażeby przywrócić pamięć o Żydach łódzkich, bowiem – jak powiedział – okrył się wstydem, kiedy na cmentarzu w Łodzi usłyszał moje słowa. Ponieważ moja książka *Żółta gwiazda i czerwony krzyż* została już w Izraelu wydana i jestem tam dość znany, słowa te wywołały burzliwy aplauz.

Cmentarz jest punktem wyjścia dla działań późniejszych, które będą miały na celu przypomnienie roli łódzkiego żydostwa. Muszę z przykrością stwierdzić, że Polacy nie wykazują inicjatywy w tym kierunku. Jeśli coś się robi, to odgórnie. Za granicą wygląda to trochę inaczej, dostrzega się rolę, jaką odegrali w ciągu stuleci Żydzi we Francji czy Niemczech, chociaż akurat Niemców oceniać należy przez pryzmat ich kompleksu winy. Niemniej wszędzie w Europie wspomina się o społeczności żydowskiej, która te kraje zamieszkiwała przed niemiecką okupacją, w kategoriach zupełnie innych, niż to się robi, jakże często, w naszej prasie. Nie tak dawno „Słowo"* wydrukowało na całą szpaltę list jakiegoś czytelnika, który usiłował udowodnić, że Żydzi zawsze i wszędzie szkodzili Polsce. A już nie wspomnę takich wypowiedzi jak ta księdza prałata Jankowskiego, przypominająca najgorsze czasy pogardy i faszyzmu.

To było bardzo dziwne miasto, owa Łódź, przez nikogo w tych czasach nie kochana. Może przez jej mieszkańców, chociaż i tego nie jestem pewien. Łódź to były trzy, co ja mówię, cztery miasta, albo może i więcej. Na pewno więcej. Była Łódź Polaków, Łódź Żydów, Łódź Niemców. Była Łódź Bałut, Łódź Chojen, Łódź Śródmieścia. W mojej pamięci, bo przecież do niej zechciał się pan odwołać, pozostała Łódź ulic i dzielnic zamieszkanych głównie przez hałaśliwą, rozdygotaną, zagonioną, niespokojną biedotę żydowską, żyjącą od soboty do soboty, od Jom Kipur jednego roku do Jom Kipur drugiego. Na Nowomiejskiej i na Wschodniej, na Kamiennej i na Peipera, na Południowej i Żydowskiej – ona właśnie, kapociarsko-rzemieślniczo-handlarska biedota była wizytówką tej części miasta. W ponurych, szarych, brudnych kamienicach, ponure, szare, brudne mieszkania zapchane były gratami i dziećmi, i zawsze pachniały cebulą i praniem. W tych to mieszkaniach podczas piątkowo-sobotnich spotkań opowiadano sobie o fortunie Poznańskiego, o mądrości i wpływach tego czy innego cadyka, o ostatniej roli Molly Picon, o chorobach dzieci i o podatkach, co oddychać Żydom nie pozwalają, o Palestynie i o Trockim. Tutaj też rodziła się i przechodziła z ust do ust legenda o łódzkiej dintojrze, i o jej bohaterach, o Fajwlu Buciku, o Szai Magnacie, a przede wszystkim o Ślepym Maksie.

* Wcześniej „Słowo Powszechne" – kontestowany przez władze kościelne dziennik katolicki, ukazujący się w latach 1947–1997.

Dla mnie symbolem Łodzi jest tableau przechowywane w prawosławnej cerkwi katedralnej Aleksandra Newskiego przy Kilińskiego. Umieszczono na nim fotografie łódzkich przemysłowców, donatorów cerkwi. Są wśród nich katolicy, są ewangelicy, są żydzi i oczywiście prawosławni, choć tych bodaj najmniej. Wydaje mi się, że taka właśnie - wielokulturowa, bogata różnorodnością - była Łódź. Nie od dziś wiadomo, że najpłodniejsze twórczo są pogranicza, a Łódź stanowiła przecież jedno wielkie pogranicze.

Wymieszanie było tutaj rzeczywiście niezwykłe, aczkolwiek w latach międzywojennych między trzema społeczeństwami – Polaków, Niemców i Żydów – praktycznie nie było osmozy. One żyły obok siebie, ale osobno. Muszę się przyznać, że zdałem sobie z tego sprawę dopiero przy pisaniu *Żółtej gwiazdy*... Dopiero wtedy spojrzałem na to wszystko chłodnym okiem. Można użyć porównania, że Łódź została jakby podzielona na trzy kredowe koła. Najbardziej żywe kontakty były na poziomie dzieci i na poziomie elit.

A wielokulturowość? No, można to i tak nazwać. W Łodzi na przykład inteligencja żydowska wykazywała silne tendencje asymilatorskie. Przykładów można by przytaczać wiele. Zarówno jeśli idzie o inteligencję zawodową – palestra, lekarze – jak i inteligencję twórczą. Tuwim jest tu przykładem najbardziej rzucającym się w oczy, ale nie można zapomnieć o takich ludziach jak Stefan Gołąb, Leonid Fokszański czy Rafał Len, pisarz, syn wybitnego działacza Bundu – Lichtensteina.

Zwraca uwagę fakt, że kultura polska, w zasadzie kultura przecież peryferyjna, nie na miarę kultury, powiedzmy, francuskiej czy niemieckiej, miała niezwykłą siłę przyciągania. Zaobserwować to można zarówno w dziedzinach samej kultury, jak i nauki. Często wspomina się nazwiska Słonimskiego, Leśmiana, Feldmana, Langego, Tuwima, ale przecież jeszcze ciekawszym przykładem mogą być Estreicherowie, sprowadzeni do Polski pod koniec XVIII wieku przez Kołłątaja. A Linde, Finkel, Kolberg?

Siła przyciągania kultury polskiej uwidacznia się także w działalności takich rodów, jak na przykład Wawelbergowie, Rotwandowie, Natansonowie, którzy byli, jak byśmy to dzisiaj powiedzieli, animatorami nie tylko życia gospodarczego, ale i naukowego. Przecież Wawelbergom i Rotwandom zawdzięczamy powstanie Politechniki Warszawskiej. W Łodzi nie było to tak widoczne, ale może także dlatego, że sytuacja wielu rodzin czy rodów była często zależna od chwilowej koniunktury gospodarczej. Mimo wszystko niemałe są przecież zasługi Poznańskich, Osserów, a z rodów niemieckich: Geyerów i Grohmanów, które oparły się naciskowi niemieckiemu i swoje przywiązanie do polskości przypłaciły, jak Geyerowie, życiem.

Masz oczy – patrz uważnie. Masz uszy – dobrze słuchaj... Zapamiętaj to wszystko, gdyż nadejść może taki dzień, że sam nie będziesz pewny, czy to było prawdą, czy może tylko koszmarnym snem. Prawdą? Dla kogo? Dla kogoś, kto czekać będzie na mecie i komu przekażesz ją jak cenny skarb, który chroniłeś podczas całego twego biegu o życie? A może meta straszyć będzie pustką śmierci i tylko wiatr rozniesie na cztery strony świata proch i popiół, popiół i proch, tak jak roznosi teraz zawartość tej fibrowej walizki, która się plącze pod nogami i na której resztka białego płótna jak klepsydra zachowała atramentem wypisane litery: Gold... czy może Geld...

W pana książce *Żółta gwiazda i czerwony krzyż* przewija się motyw pamięci. „Obym to wszystko, co widzę, zapamiętał" – powtarza sobie narrator, stykając się z okrucieństwem, jakiego dopuszczają się okupanci, reflektuje się jednak i sam sobie zadaje pytanie: „Czy będzie dla kogo pamiętać?". Skąd bierze się taki pesymizm?

Bierze się on stąd, że zbyt dobrze znam pewne sprawy i powątpiewam, niestety, w przyszłość żydostwa w Polsce. Społeczność żydowska jest tutaj na wymarciu. Pozostaną być może przez jakiś czas jakieś żydowskie grupy wyznaniowe, funkcjonujące na tej samej zasadzie, na jakiej funkcjonują na przykład grupy tatarskich muzułmanów czy karaimów, ale nic ponadto. Jestem również przekonany, że w przyszłości tematyką żydowską już nikt nie będzie się interesował. Oczywiście, będą mniej czy bardziej szlachetni ludzie, mniej czy bardziej zaangażowani w tę tematykę historycy, którzy sięgną po taki czy inny materiał, to jednak będzie wszystko.

Sprawa jest jednak znacznie poważniejsza. Koniec społeczności żydowskiej w Polsce to w jakimś sensie początek końca narodu żydowskiego, który powstał tu w połowie XIX wieku, i tutaj, na terenach centralnej i wschodniej Polski, rozwijał się w niezwykłym tempie – na bazie swego własnego narodowego języka (jidysz) i swojej własnej kultury. Ten naród, którego resztki żyją jeszcze w różnych krajach świata (Stany Zjednoczone, Ameryka Południowa, Francja), został przez hitleryzm zamordowany, tak jak to tragicznie opisał w swoim poemacie Icchak Kacenelson.

Naród tworzący się w Izraelu staje się i będzie całkowicie innym narodem. Narodem, który poza religią coraz mniej będzie miał wspólnego z narodem żydowskim środkowej Europy. Będzie narodem, być może, coraz bardziej lewantyńskim, którego więzy z żydostwem środkowoeuropejskim staną się coraz wątlejsze. Zresztą sądzę, że im bezpieczniejszy będzie na swoim terenie naród izraelski, tym większa powstanie przepaść między nim a resztkami Żydów żyjących w diasporze. Myślę, że o ile nie nastąpi jakiś nowy kataklizm wojenny, to żydostwo w diasporze ulegnie w ciągu kilku pokoleń daleko idącej asymilacji.

Niedawno w Łodzi miała miejsce konferencja prasowa, podczas której głos zabierali między innymi ambasador Izraela w Polsce Gerszon Zohar, przewodniczący Związku Byłych Łodzian w Izraelu Abraham Zelig oraz sekretarz generalny tej organizacji Zeew Faktor. Wszyscy mówili po polsku. I w zasadzie mówili bezbłędnie. Obecnym na sali dziennikarzom powiedziałem wówczas: „Zobaczcie państwo, jakiej polszczyzny używają Żydzi, którzy opuścili Polskę pięćdziesiąt lat temu". Chciałem podkreślić, ile straciła kultura polska, jeśli idzie o możliwość ekspansji, przez kretyńskie zerwanie kontaktów z Izraelem, gdzie przecież żyje ponad trzysta tysięcy Żydów polskich. Powiedziałem to nie jako Żyd, ale jako polski pisarz, jako ktoś związany z kulturą polską, któremu los tej kultury i jej sukcesy leżą bardzo na sercu. To jeszcze jeden przykład skomplikowanych więzi polsko-żydowskich.

Jak już panu powiedziałem, na żydowskiej ulicy imiona Fajwla Bucika, Szai Magnata czy Ślepego Maksa wymieniano z nabożeństwem. Przede wszystkim Ślepego Maksa. Nie tylko dlatego, że mu się udało, że się wybił ponad przeciętność i ponad szarzyznę, a jego nazwisko spotykano w prasie, jak nie przymierzając nazwiska Uszera Kona z Widzewskiej Manufaktury czy boksera Szapsi Rotholca, co to przyłożył Niemcowi, ale przede wszystkim dlatego, że dla wielu udręczonych troskami Żydów stał się postacią legendarną, kimś w rodzaju Janosika czy Robin Hooda, aczkolwiek mogę panu przysiąc, że trudno byłoby na tej żydowskiej ulicy znaleźć wielu, którzy by wiedzieli, kim był Janosik czy Robin Hood. Przy czym niech pan zważy, że w ogóle nie wiemy, czy obydwaj bohaterowie legend w ogóle żyli, podczas kiedy Ślepy Maks był człowiekiem z krwi i kości, który w smętnych czasach łódzkiej rzeczywistości międzywojennej na swój sposób regulował pożeranie biednych i słabych tego świata przez bogatych i bezwzględnych rekinów.

PS Wszystkie cytaty w tym wywiadzie pochodzą z książki Arnolda Mostowicza *Żółta gwiazda i czerwony krzyż*, Warszawa: Państwowy Instytut Wydawniczy 1988, kolejno ze stron: 62–63, 69, 5, 73–74.

Kwiecień–czerwiec 1995

Widziane z pustelni

Ojciec Stefan Miecznikowski przyjechał do Jastrzębiej Góry w osiemdziesiątym dziewiątym. Minęły cztery lata – i jeszcze się nie rozpakował. Książki, broszury, biuletyny i ulotki, wszystko, co nagromadziło się w czasie dwunastu łódzkich lat, począwszy od epoki późnego Gierka, a skończywszy na wyborczym triumfie Solidarności w pierwszych, częściowo wolnych wyborach, spoczywa w kartonowych pudłach. Są szczelnie zamknięte, tak jak epoka, z której pochodzi ich zawartość. Kilka razy korciło go, żeby zajrzeć do środka, ale powstrzymywał się: tamto należy już do innego świata, niech więc pozostanie czyste i nieskalane.

Reguły gry były wtedy wyraziste: trzeba było umieć odróżnić człowieka krzywdzonego od krzywdziciela i opowiedzieć się po właściwej stronie. Dziś wszystko się skomplikowało i na mocne trwanie przy pewnych zasadach, nawet bardzo ogólnych, może sobie pozwolić tylko heros. Kiedy nie ma się zadatków na herosa, najuczciwiej jest wycofać się, usunąć w cień, zająć jakąś cichą i spokojną pracą. Najlepiej wyjechać z dużego ośrodka i osiąść na prowincji, na przykład w Jastrzębiej Górze, która z nadejściem jesieni zamienia się z popularnego wczasowiska w małą rybacką wioskę.

Pustelnia, w której zamieszkał, nie jest właściwie pustelnią, ale sporym ośrodkiem jezuickim. Gdański numer telefonu zapewnia łączność ze światem, jednak sprawy tego świata wydają się tu mało istotne. Jako instruktor tak zwanej trzeciej probacji przygotowuje przyszłych misjonarzy do wyjazdu na Litwę, na Białoruś i do Kazachstanu. Uczy ich, żeby im zależało na Bogu i ludziach, a nie na sobie.

Najpierw była wojna i dylemat, czy wciągnąć się do konspiracji, czy pójść za głosem powołania, potem nowicjat w Starej Wsi. Miecznikowski wspomina:

— Wybrałem jezuitów, bo byłem świadkiem sprowadzenia do Polski relikwii świętego Andrzeja Boboli, ta postać silnie oddziaływała na moją wyobraźnię.

A potem pół tajne, pół jawne studium filozoficzne w Nowym Sączu, łączone po wojnie z pracą z harcerzami.

— Wychowało mnie harcerstwo i Polska międzywojenna: harcerstwo z ideą służby Bogu, ojczyźnie i bliźnim, Polska — kształtująca w tamtych latach w młodych ludziach poczucie obywatelskie.

W czterdziestym siódmym wrócił do Starej Wsi na studia teologiczne. W czterdziestym ósmym został skierowany do Krakowa, na drugi rok teologii. W pięćdziesiątym otrzymał święcenia kapłańskie z rąk kardynała Stefana Wyszyńskiego. Na wakacje jeździł na Mazury, prowadząc akcję dożywiania dzieci autochtonów i osiedleńców.

Lata 1954–1957 spędził na Katolickim Uniwersytecie Lubelskim jako duszpasterz akademicki. W sześćdziesiątym obronił na rzymskim Uniwersytecie Gregoriańskim doktorat z duchowości ignacjańskiej. Potem posłano go do Kalisza, gdzie przez sześć lat prowadził zajęcia z jezuickimi klerykami.

— Po studiach rzymskich musiałem od razu przetłumaczyć całą teorię na język praktyczny. Przygotowywałem się do każdego wykładu bardzo skrupulatnie, bo nie jestem orłem.

W sześćdziesiątym siódmym po raz pierwszy trafił do Łodzi.

— Miałem skromną pracę — opowiada. — Byłem duszpasterzem akademickim. Początkowo spotykałem się z niewielką liczbą studentów raz na tydzień, jednak bardzo szybko grupa rozrosła się do stu osób i zaczęliśmy spotykać się codziennie. Dyskutowaliśmy o wszystkim, a potem dla tych, którzy chcieli, odprawiałem mszę. Zaprzyjaźniłem się z nimi.

Wspomina jedna z jego ówczesnych podopiecznych:
— Dla nas, wychowanków duszpasterstwa akademickiego, spotkanie ojca Stefana Miecznikowskiego miało szczególne znaczenie. Był dobrym duchem naszej młodości, powiernikiem, towarzyszem letniej włóczęgi. Pod jego okiem odbywaliśmy studia i spędzaliśmy wakacje. Dawał nam śluby, potem chrzcił nasze dzieci.

Pod koniec lat sześćdziesiątych powstała w Łodzi konspiracyjna organizacja Ruch. Należeli do niej Stefan Niesiołowski, Andrzej Woźnicki, Janusz Kenic, bracia Czumowie. Oto jak ksiądz Miecznikowski charakteryzuje niektórych spośród nich:
— Benedykt Czuma był spokojnego usposobienia, mocny, dość wytrwały, ale nie zaczepny. Niesiołowski był zawsze agresywny, zawsze w ataku, nigdy nie pozwolił sobie odebrać prymatu w dialogu czy słownych utarczkach. Zawsze też był mocno zaangażowany politycznie. Dlatego pełnił w Ruchu rolę przywódczą. W siedemdziesiątym rozbito całą grupę, aresztowano jej członków.

Miecznikowskiemu też groziło aresztowanie. Władze zakonne ukryły go w Kaliszu. Mówi:
— Znów byłem w Kaliszu i znów w nowicjacie. Zostałem magistrem, a później nawet rektorem. Założyłem Klub Inteligencji Katolickiej, który bodajże działa do dzisiaj.

W siedemdziesiątym ósmym wrócił do Łodzi.

— Byłem, jak poprzednio, duszpasterzem akademickim, a ponadto duszpasterzem rodzin — opowiada dalej. — Nie myślałem o żadnej szerszej akcji społecznej. Z temperamentu nie jestem społecznikiem, tylko wychowawcą. Staram się być, jak ujął to Ojciec Święty, ekspertem od spraw pojednania, pokoju i miłości. Jednak, jak na jezuitę przystało, dostrzegam aktualne potrzeby i zagrożenia.

W proweniencji ruchu solidarnościowego w Łodzi orientowałem się słabo. Miałem jedynie luźny kontakt z Andrzejem Słowikiem i Jurkiem Kropiwnickim. Prowadziłem prelekcje dotyczące sprawy, która w jakimś sensie jest dla katolików fundamentalna: w jaki sposób chrześcijanin powinien wziąć odpowiedzialność za swoje środowisko. Przyjeżdżali do nas na wykłady tacy ludzie, jak Władysław Bartoszewski, Bogdan Cywiński, Tadeusz Mazowiecki. Ściągałem zwłaszcza działaczy warszawskiego KIK-u, bo reprezentowali postawę społecznej otwartości.

Kiedy powstała Solidarność, włączyłem się w ten ruch, bo miał konkretny kształt społeczny, wypływający właśnie z inspiracji chrześcijańskiej. Zorganizowałem wszechnicę pracowniczą.

Wspomina jeden ze współpracowników Miecznikowskiego z okresu stanu wojennego:

– W straszną słoneczną niedzielę trzynastego grudnia przybiegliśmy do kościoła; tam, z ambony, usłyszeliśmy pierwszy niezależny komentarz. Potem próbowaliśmy ojca namówić, żeby się ukrył; wydawało nam się, że tylko przez przypadek nie został internowany. Ojciec przez chwilę jakby się wahał, w końcu powiedział: „Nie, ja nie będę uciekał". To zamknęło sprawę. Za jezuicką klauzurą, chroniącą nas od świata grozy, dziewczyny kompletowały pierwsze listy zabranych z domu. Niekończąca się fala ludzi znosiła informacje. Następne dni przyniosły dalsze nazwiska. W drugim tygodniu poczęli się odnajdywać po rozmaitych więzieniach działacze Solidarności. Trzeci tydzień przyniósł pierwsze grypsy. Nieprzerwanym strumieniem płynęły dary i pieniądze od mieszkańców Łodzi. Przychodzili też ludzie i pytali, jak pomóc, co robić: znaleźli się kierowcy z samochodami do dyspozycji, harcerze chętni do wszelkiej służby, prawnicy gotowi podjąć się obrony oskarżonych, lekarze, nauczyciele, studenci. I tak za klasztorną furtą, która wydawała się nam bastionem nie do zdobycia, narodziła się Akcja Pomocy Uwięzionym i Internowanym.

W osiemdziesiątym drugim, trzecim, czwartym kazań Miecznikowskiego na niedzielnej mszy o dziesiątej słuchała cała Łódź.

Z tramwajów wysypywały się Retkinia i pobliski Widzew. Co środę tłumy gromadziły się na spotkaniach z najwybitniejszymi ludźmi kultury, zapraszanymi przez Duszpasterstwo Środowisk Twórczych – w sumie odbyło się ponad sto spotkań. W przykościelnej galerii Nawa Świętego Krzysztofa wystawiali prace zwalczani przez władze plastycy.

Prominentny łódzki działacz postsolidarnościowy powie o księdzu Stefanie:

– Był dla Łodzi tym, kim dla Warszawy Popiełuszko, a dla Gdańska Jankowski.

Inny działacz dorzuci:

– Całe miasto było jego. Gdyby po którejś mszy za ojczyznę rzucił: „A teraz, kochani, idziemy na komitet partii!", za piętnaście minut nie pozostałby tam kamień na kamieniu.

Jeszcze inny działacz, o homiliach:

– Zawsze były oparte na jakimś fakcie, na podstawie którego formułował tezę. Potem z nieubłaganą logiką przeprowadzał dowód, jak w najlepszych wzorach mów antycznych. Dotyczyło to zarówno kazań „zaangażowanych", jak i politycznie neutralnych.

– Nie pamiętam, kiedy to się zaczęło, ale chyba w osiemdziesiątym piątym – kontynuuje opowieść. – Na spotkaniu duszpasterstwa świata pracy, które prowadził Kropiwnicki, ktoś z jednej z podziemnych komisji zakładowych powiedział, że w regionie powstaje konkurencyjny ośrodek władzy solidarnościowej. Zaczął go organizować Ryszard Kostrzewa, który właśnie wyszedł z więzienia. Nowa struktura nazywała się Regionalna Komisja Organizacyjna (RKO). Kostrzewa miał ciche poparcie Wałęsy, który w tym czasie odsuwał na bok Słowika i Kropiwnickiego. Obaj działacze byli legalnie wybraną władzą i poszli siedzieć jako szefowie regionu. Kiedy wyszli, ludzie witali ich entuzjastycznie. Uważałem, że do najbliższych wyborów powinni stać na czele łódzkiej Solidarności. Można było ewentualnie poszerzyć Zarząd Regionalny o tych, którzy w stanie wojennym zasłużyli się i wybili w świadomości społecznej jako energiczni i skuteczni działacze.

Sprawy zaszły jednak za daleko. Moi znajomi twierdzili, że za RKO stał Marek Edelman.

Widziałem, jak narasta konflikt, i dostrzegałem jego irracjonalne podłoże. Nie chciałem się mieszać w te typowo polityczne zagrywki, próbowałem zająć stanowisko nadrzędne jako duszpasterz, który nie sprzyja żadnej grupie i orientacji, ale zależy mu na Solidarności. Byłem w dość dobrych kontaktach i z jedną, i z drugą stroną sporu, bo przedstawiciele obu przychodzili na te same msze i te same spotkania w kościele.

W osiemdziesiątym ósmym przyjechał Wałęsa. Przemawiał do parotysięcznego tłumu. Na pytanie o dwuwładzę w Związku odpowiedział: „Macie tu ojca Miecznikowskiego, niech się tym zajmie. Spróbujcie się między sobą porozumieć". Nie byłem zachwycony tym oficjalnym powierzeniem mi funkcji mediatora, ale zgodziłem się, bo już wcześniej próbowałem doprowadzić do jakiegoś kompromisu. Niczego nie zwojowałem, bo raz jedni, raz drudzy występowali przeciwko moim usiłowaniom. Oni nie chcieli się nawet razem spotkać!

Obserwując łódzki konflikt, miałem przedsmak tego, co się będzie działo w Polsce. W Solidarności i w ogóle w społeczeństwie. Nagle zdałem sobie sprawę, że podział rozpocznie się na skutek personalnych ambicji i różnic opcji politycznych, zresztą drugorzędnych.

Łódzki działacz „katolewicowy" powie po latach:
— Na dobrą sprawę Miecznikowski zawsze sympatyzował ze skrajną prawicą. W stanie wojennym utrzymywał z nami kontakt tylko dlatego, że wypadało. Jego ukochanym dzieckiem był Stefan Niesiołowski!

Łódzki działacz „katoprawicowy" powie po latach:
— Na dobrą sprawę Miecznikowski zawsze sympatyzował z lewicą laicką. W stanie wojennym wpadł na pomysł wydawania gazety. Do zespołu wciągnął Iwonę Śledzińską-Katarasińską!

— Opuściłem Łódź — opowiada dalej — 18 czerwca osiemdziesiątego dziewiątego roku, w dniu wyborów uzupełniających do parlamentu. Do senatu kandydował profesor Cezary Józefiak, jego przeciwnikiem był milicjant Płócienniczak z telewizji. Józefiaka znałem bardzo dobrze, miał u nas kilka prelekcji i życzyłem mu powodzenia. W Łodzi cały czas współistniały dwie solidarnościowe struktury i konflikt nie rokował żadnych szans na rozwiązanie. Obu stronom brakowało dojrzałości. Nie chciałem dalej w to brnąć. Moja rola polegająca na pomocy pokrzywdzonym członkom Solidarności skończyła się. Postanowiłem wrócić na odcinek wychowawczy, który zawsze był głównym terenem moich zainteresowań i w pewnym sensie kwalifikacji.

– Czy nie było to ucieczką? – spytałem go.

– Trzeba przede wszystkim określić, za jakie sprawy byłem odpowiedzialny. Otóż czułem się odpowiedzialny za sprawy społeczne i duchowe. To była doraźna misja, którą wypełniłem. W czasie, który nastawał, niewiele bym już mógł w Łodzi zdziałać. W dzisiejszych warunkach nie bardzo widzę możliwość oddziaływania na opinię publiczną. Wolałem się usunąć, żeby nie wprowadzać swoją osobą dodatkowego zamętu.

– Więc w pewnym sensie ucieczka.

– Ucieczka od problemów, którym bym nie sprostał. Minął czas zagrożeń, czas wyraźnego opowiedzenia się po stronie pokrzywdzonych. Dziś trudno powiedzieć, kto jest krzywdzony i przez kogo.

– W dalszym ciągu są jacyś pokrzywdzeni, w Łodzi jest sto tysięcy bezrobotnych, tysiące bezdomnych.

– Gdybym pozostał w Łodzi, na pewno zająłbym się nimi. Boleję nad tym, że są w Polsce ludzie bezrobotni, bez wystarczających środków do życia. Nie uważam jednak, że winna nędzy jest polityka rządu. Nie potrafiłbym bronić bezrobotnych, występując przeciwko tym, który mają wpływ na taki procent bezrobocia.

Z przemyśleń w pustelni:
– Idea Solidarności poszła w strzępy i niewiele z niej pozostało. Zniszczyli ją ludzie, którzy Solidarność organizowali i odgrywali

w niej czołową rolę. W jednym z wystąpień powiedziałem, że ta porażka jest wynikiem niesprecyzowania na samym początku, o jaką solidarność chodzi: solidarność grup czy solidarność ogólnospołeczną. Dla mnie, a myślę, że i dla wielu innych, był to ogólnonarodowy ruch powstały z pragnienia, żeby być krajem wolnym, stanowiącym o sobie samym. Solidarność jako związek zawodowy to zawężenie zagadnienia, sprowadzenie idei do partykularnego interesu. Solidarność pełni dziś rolę rewindykacyjną, a nieraz wręcz anarchiczną. To dla mnie duży ból, bo teraz jest czas na wielki ruch na rzecz wspólnego dobra. Polacy są zawsze przeciwko komuś, nigdy za czymś. Tam, gdzie się kogoś atakuje, przyłącza się wielu ochotników. Tam, gdzie chodzi o pomoc, wsparcie, obronę, dodanie ducha, nie pojawia się nikt.

Od czasu do czasu ojciec Miecznikowski odwiedza Łódź. Przyjeżdża do znajomych, był na pogrzebie Ryszarda Kostrzewy. Czasami odprawi mszę. Początkowo o tych odwiedzinach informowano się pocztą pantoflową i do kościoła jezuitów przychodziły tłumy. Dziś informuje lokalna telewizja, ale coraz mniej wiernych chce spotkać legendę stanu wojennego. Przesłania jego kazań są takie same jak przed dziesięciu laty. On się nie zmienił, więc pewnie zmieniła się Łódź. Może ma rację, mówiąc, że jego czas się skończył.

Zdarzają się przyjazdy oficjalne. We wrześniu 1992 roku Rada Miejska nadała mu honorowe obywatelstwo Łodzi. W tym samym czasie wyszły wydane przez Zarząd Miasta *Kazania stanu wojennego*. Miecznikowski zadedykował książkę współpracownikom z parafialnego Ośrodka Pomocy. Na liście znajdują się nazwiska obecnego wojewody, posłów, innych VIP-ów: Waldemara Bohdanowicza, Marii Dmochowskiej, Marka Edelmana, Tomasza Filipczaka, Karola Głogowskiego, Andrzeja Kerna, Bogdana Łukaszewskiego, Iwony Śledzińskiej-Katarasińskiej. Karty tej książki są być może ostatnim miejscem, w którym ci ludzie mogą się dziś razem spotkać.

*

– Mam prośbę – mówi Miecznikowski. – Niech w reportażu znajdzie się jakiś pozytywny akcent, iskierka nadziei.

Czerwiec 1993

PS Ojciec Stefan Miecznikowski zmarł w ostatnich dniach 2004 roku w Gdyni, w wieku osiemdziesięciu trzech lat. Został pochowany w Łodzi. 3 maja 2007 prezydent Lech Kaczyński odznaczył go pośmiertnie Krzyżem Komandorskim z Gwiazdą Orderu Odrodzenia Polski.

Reportaż o miłości

W sobotę 26 czerwca 1993 roku o godzinie siedemnastej w bazylice archikatedralnej w Łodzi niedawni uciekinierzy wzięli ślub. Podjechali czerwonym mercedesem, towarzyszył im kilkutysięczny tłum. Na weselne przyjęcie, które w ostatniej chwili przeniesiono z podmiejskich letniskowych Grotnik do największej łódzkiej dyskoteki, przyszli były poseł Kongresu Liberalno-Demokratycznego Dariusz Kołodziejczyk i Jerzy Urban. W podróż poślubną młodzi państwo Malisiewiczowie wybierają się do Genui. Ojciec Moniki, która właśnie skończyła osiemnaście lat, na ślubie się nie pojawił.

Rok wcześniej, 1 lipca 1992, gazety w całej Polsce zamieściły wiadomość o uprowadzeniu córki wicemarszałka Sejmu Andrzeja Kerna. Monika Anna i starszy od niej o pięć lat Maciek Malisiewicz poznali się na prywatce. Chłopak bywał w domu Kernów, którzy początkowo go akceptowali. Kiedy jednak Monika umówiła się z Maćkiem w dniu imienin swojej matki, powiedzieli: „Dość!". Uznali, że córka opuściła się w nauce, że Maciek kradnie cały jej czas.

W maju Monika po raz pierwszy uciekła z domu. Przyszła zapłakana do rodziców Maćka i wykrzyczała wszystkie żale pod adresem swoich. Po interwencji Kernów wróciła. Do szkoły, IV Liceum Ogólnokształcącego w Łodzi, chodziła regularnie. Któregoś dnia zabrała ją stamtąd karetka pogotowia. Ojciec wraz z lekarzem i sanitariuszem zawieźli Monikę do kliniki psychiatrycznej. Tam miało się podobno wyjaśnić, dlaczego Kernówna zachowuje się w taki sposób.

Następnie, aby odizolować Monikę od Maćka, Kernowie umieścili ją u babci, w mieszkaniu z kratami w oknach. Schowali przed nią telefon, nie puszczali jej do szkoły. Potem Kern wziął ją na kilka dni do Warszawy, do sejmowego hotelu.

Po wielu miesiącach Monika, zwierzając się dziennikarce „Sztandaru Młodych" Marzannie Zielińskiej, powiedziała: „Dla ojca zawsze byłam kulą u nogi. Mówił mi, że ma córkę psychopatkę, że psuję mu karierę polityczną. Twierdził, że gdyby nie ja, mógłby spokojnie przenieść się do Warszawy i działać. Dla zaspokojenia swoich politycznych ambicji zrobiłby wszystko. Miał fobię. Wszyscy ludzie, którzy przychodzili do naszego domu, byli dla niego potencjalnymi wrogami politycznymi. Z Maćka zrobił agenta, bo kiedyś przyszedł do nas z radiem samochodowym. Zarzucił mu, że coś tam nagrywa i robi raporty. A to było zwykłe radio, które bierze się z auta w obawie przed kradzieżą. To nie jest tak, że ja się kieruję tylko jakimiś niezdrowymi emocjami. On mnie nigdy nie akceptował, nie interesował się mną. Jak przyjeżdżał z Warszawy, nawet nie przychodził przywitać się".

10 czerwca Monika uciekła razem z Maćkiem. W nocy pod dom rodziców Maćka podjechały dwa radiowozy. Wysiedli z nich uzbrojeni w długą broń policjanci oraz Andrzej Kern i Eugeniusz Sindlewski, prokurator wojewódzki Łodzi. Polityk krzyczał, że uprowadzono mu córkę, a rodzice chłopaka uczestniczyli w porwaniu.

— Ludzie, uspokójcie się — próbował wyjaśnić sprawę ojczym Maćka Jan Gąsior. — Ja też szukam dzieci!

Nie poskutkowało. Policja zabrała Gąsiora na komisariat, gdzie został rozebrany do naga, zrewidowany i pozbawiony sznurówek. Następnego dnia zawieziono go na przesłuchanie do prokuratury.

— Widziałem tam Kerna — powie później reporterowi „Gazety Wyborczej". — Przechadzał się po pokojach jak boss. Był u siebie.

W prokuraturze Gąsior dowiedział się, że celem przeszukania jego mieszkania było... odnalezienie narkotyków. Wypuszczono go, ale dom znalazł się pod całodobową obserwacją. Rodzice Maćka zorientowali się, że są śledzeni, a telefon mają na podsłuchu. Najgorliwszą dręczycielką Gąsiorów była zastępczyni Sindlewskiego Elżbieta Cyrkiewicz. Obowiązujące prawo powinno, co prawda, jej działania nieco krępować, ale od czego jest ludzka pomysłowość?

Kwalifikacja prawna czynów zarzucanych rodzicom Maćka zmieniała się jak w kalejdoskopie. Najpierw przeszukano im mieszkanie, traktując ich jako oskarżonych. Potem policja wezwała matkę Maćka Izabelę Malisiewicz na przesłuchanie w charakterze świadka (świadek, w odróżnieniu od oskarżonego, nie ma prawa odmówić składania zeznań). Kilka dni później Malisiewiczowej postawiono zarzuty z artykułu 188 kodeksu karnego („Kto wbrew woli osoby powołanej do opieki lub nadzoru uprowadza lub zatrzymuje małoletniego albo osobę nieporadną ze względu na jej stan psychiczny lub fizyczny, podlega karze pozbawienia wolności od 6 miesięcy do 5 lat"). Ze świadka stała się więc znów oskarżoną.

Malisiewiczową aresztowano 30 czerwca. Dla pewności wysłano za nią list gończy. W podpisanym przez prokurator Cyrkiewicz nakazie aresztowania stało, że czyn matki Maćka charakteryzuje się „znaczną szkodliwością społeczną". Zatrzymana doznała szoku, lekarze stwierdzili wymagającą hospitalizacji groźną arytmię serca. Nie zmieniło to jednak decyzji Cyrkiewiczowej: Izabelę Malisiewicz przetransportowano do szpitala więziennego, a następnego dnia przesłuchiwano przez jedenaście godzin, także w obecności Kerna. Zadowolona z siebie pani prokurator rozpowiadała w udzielanych prasie wywiadach, że każdy rodzic, który zgłosi się do niej z podobną sprawą, otrzyma taką samą ochronę prawną, jak wicemarszałek Sejmu.

2 lipca, na polecenie Ministerstwa Sprawiedliwości, które zakwestionowało zasadność aresztowania, matkę Maćka zwolniono. W sierpniu szef resortu przekazał sprawę „o uprowadzenie

i przetrzymywanie" Moniki Prokuraturze Wojewódzkiej w Poznaniu. Uznał, że prokurator w Łodzi ulega naciskom Andrzeja Kerna. Poznaniacy szybko umorzyli postępowanie, jednak po zażaleniu wniesionym przez pełnomocnika wicemarszałka, który zarzucił im uchybienia proceduralne, wznowili je. Monika i Maciek cały czas się ukrywali. Pisali do jednych i drugich rodziców listy i czytali gazety, pełne informacji o „łódzkich Romeo i Julii". Sprawa Kernów stała się głównym tematem sezonu ogórkowego, zainteresowali się nią filmowcy* i politycy. Głos zabrał prezydent Wałęsa, a nikomu wcześniej nieznany poseł Kongresu Liberalno-Demokratycznego Dariusz Kołodziejczyk, poproszony przez młodych o pomoc, trafił na pierwsze strony gazet.

Uciekinierzy wrócili do domu po trzech miesiącach. Monika zamieszkała u dalszej rodziny i niecierpliwie czekała ukończenia osiemnastego roku życia. Po tej dacie mogła bez pytania kogokolwiek o zgodę wyjść za mąż. Oczywiście za Maćka.

Na początku grudnia 1992 roku premier Hanna Suchocka zwróciła się do prokuratury generalnej z poleceniem zbadania legalności działań podjętych w sprawie Moniki przez prokuraturę w Łodzi. W połowie stycznia komisja dyscyplinarna prokuratury uchyliła immunitet prokuratorski Elżbiety Cyrkiewicz. Zarzucono jej bezpodstawne wydanie nakazu aresztowania Izabeli Malisiewicz-Gąsior, poszukiwanie jej listem gończym i pozbawienie wolności.

Przekroczenie swoich uprawnień zarzucono także Eugeniuszowi Sindlewskiemu, jednak ze względu na zły stan zdrowia i podeszły wiek został on objęty osobnym postępowaniem.

20 stycznia poznańska prokuratura ponownie umorzyła śledztwo w sprawie uprowadzenia Moniki.

*

---

* 20 sierpnia 1993 roku, dwa miesiące po ślubie Moniki i Maćka, na ekrany wszedł oparty na ich historii film *Uprowadzenie Agaty* w reżyserii Marka Piwowskiego.

W marcu 1993 roku klub parlamentarny Sojuszu Lewicy Demokratycznej wraz z posłami Unii Demokratycznej i Polskiego Programu Liberalnego złożył wniosek (odrzucony przez Sejm) o odwołanie wicemarszałka Kerna. Obok zarzutów o wywoływanie konfliktów i nieznajomość regulaminu była w nim także mowa o istnieniu „publicznych zarzutów o nadużywanie piastowanego stanowiska oraz zarzutów o charakterze moralnym". Pierwsze dotyczyły historii z córką. Drugie były związane z opublikowanym właśnie skandalizującym pamiętnikiem Anastazji Potockiej (Marzeny Domaros) *Erotyczne immunitety*. Sprawa Moniki odchodziła w niepamięć, III Rzeczpospolita żyła już kolejnym skandalem. W ostatnich dniach Porozumienie Centrum odmówiło Andrzejowi Kernowi rekomendacji przed zaplanowanymi na wrzesień 1993 roku wyborami parlamentarnymi.

Czerwiec 1993

PS Małżeństwo szybko się rozpadło. Dwadzieścia lat po tamtych wydarzeniach Monika Kern powiedziała w wywiadzie dla „Newsweeka": „Jedyna prawdziwa miłość, która była w tamtej historii, to bezgraniczna i bezwarunkowa miłość ojca do córki. Mojego taty do mnie".

Prokurator Elżbiecie Cyrkiewicz sprawa złamała karierę.

– W Ministerstwie Sprawiedliwości kazano mi podpisać oświadczenie, że Kern wywierał wpływ na moje czynności – powiedziała „Newsweekowi" w 2012 roku. – Gdy odmówiłam, bo to była nieprawda, usłyszałam: „To teraz sama jest pani sobie winna". Później była dyscyplinarka i wymuszone odejście w stan spoczynku. Długie lata zajęło mi udowodnienie własnej niewinności. Ale wówczas już nikogo to nie interesowało.

Andrzej Kern zmarł w 2007 roku.

Wyższa świadomość Józefa Onoszki

Józef Onoszko kandydował na prezydenta w wyborach 1990 roku, bo chciał, żeby wszyscy byli szczęśliwi. W ulotce napisał, że szczęście osiąga się, odchodząc od swego egoizmu i rozwijając mądrość. Egoizm można zmniejszyć tylko przez rozwój świadomości.

Program wyborczy Józefa Onoszki był programem Psychotronicznego Stowarzyszenia Rozwoju Wyższej Świadomości „Refugium". Powstanie stowarzyszenia „podyktowane było troską o dalszą przyszłość narodu polskiego i całej ludzkości". Chodzi o zmianę świadomości społeczeństwa, aby „wyeliminować niekorzystne zjawiska z zakresu patologii, etyki i estetyki". Wypełnienie tego programu zrealizowałoby szczęście jednostki i szczęście społeczne.

Józef Onoszko uważa, że trzeba przekształcić Polskę z kraju przemysłowo-rolniczego w rolniczo-turystyczny z silnym akcentem na rozwój kultury, co jest zgodne z predyspozycjami narodowymi. Dla ułatwienia eksportu naszej kultury i sztuki trzeba stworzyć odpowiednią oprawę artystyczną, odnowić stare dworki i pałace i przyjmować gości. W dworkach należy zatrudnić aktorów, którzy wcielą się w szlachtę i służbę, a siedzibę dobrze byłoby otoczyć wsiami-skansenami: wszystko działoby się jak kiedyś.

Według Onoszki jego propozycja jest mocno osadzona w realiach obecnych czasów i różni się od „mglistych wizji innych

kandydatów, opartych na fundamentach wątpliwej jakości".
„Mamy w Polsce 37 milionów masochistów, czy w dalszym ciągu chcesz być jednym z nich? Nie głupiej do reszty – przystąp do NAS!" – tymi hasłami przemawiał do wyborców.

Kampanię utrudnił Onoszce rozłam, do jakiego doszło w „Refugium". Jeden z założycieli Stowarzyszenia, Andrzej F. Urbański, zarzucił kandydatowi, że przedkłada korzyści osobiste nad dobro społeczne. *Notabene* Onoszko zarzuca Urbańskiemu to samo. Czy ta różnica zdań między czołowymi ideologami „Refugium" doprowadzi do rozpadu organizacji – jeszcze nie wiadomo. Urbański poparł wprawdzie kandydaturę Onoszki na urząd prezydenta RP, ale wyłącznie ze względu na dobro Stowarzyszenia, a nie na osobiste walory kandydata.

Józef Onoszko stwierdził o sobie, że ma dziwną, nadprzyrodzoną właściwość, bo każdy, kto się z nim styka, odczuwa zadowolenie. W salce Domu Kultury w Łodzi, gdzie zebrał się jego sztab wyborczy, ktoś ze zbierających podpisy powiedział:
– Józek, ludzie się pytają, jakie masz wykształcenie.
– Jestem chemikiem.
– A myśmy mówili, że prawnikiem...
– Nie szkodzi. Ludziom trzeba mówić to, co chcą usłyszeć!
Józef Onoszko zebrał około tysiąca podpisów. Dlaczego tak niewielu ludzi chce szczęścia?

Listopad 1990

Niewypał

To miała być bomba: pierwszy erotyczny musical w Łodzi. Reżyser zapowiadał w lokalnej prasie nowoczesny spektakl z zastosowaniem efektów lasera i syntezatora, zaprezentowany oczywiście w wersji angielskiej. W przedstawieniu miało wziąć udział pięćset par, zamiast foteli miały być materace.
    Michael Christian von W. wygląda na artystę. Włosy zaczesane do góry, kilka kosmyków opada na czoło. Aktorskie gesty, apaszka. No i paszport z godłem Bundesrepubliki, który otworzył mu wszystkie drzwi.

    Urodził się w Łodzi. Jako kilkunastolatek wyjechał do Republiki Federalnej Niemiec. Do rodzinnego miasta wrócił w kwietniu 1990 roku, aby zrealizować musical *The Rocky Horror Picture Show*. Przedstawiał się jako dwudziestoletni reżyser z firmy PCM Promotion, Produktion. Theater, shows, konzert. Veranstaltungsservice z Bonn. Nawiązał kontakt z łódzką Estradą – potrzebował biura, telefonu i sali na próby. Dyrektor Lech Kowalczyk od dawna marzył o wielkim wydarzeniu artystycznym, rzecz jasna, połączonym z sukcesem finansowym. Obaj panowie szybko znaleźli wspólny język. Rozpoczęły się przygotowania; spektakl miał być firmowany wspólnie przez Estradę i PCM.

    Musical *The Rocky Horror...* jest znany na Zachodzie. Opowiada o dwójce młodych ludzi – Bradzie i Jannet, którzy trafiają w ulewną noc do zamku zamieszkałego przez transwestytów. Poznają tam grupę ludzi, którzy biorą udział w corocznym transylwańskim zjeździe, w tym doktora Franka, który twierdzi, że odkrył sekret życia. Przeżywają niesamowite przygody – okazuje się na przykład, że stary służący jest przybyszem z kosmosu. W końcu sami zostają transwestytami.

Jeszcze w kwietniu 1990 roku Michael Christian zaangażował do musicalu łódzki zespół muzyczny Mona Liza (po latach będzie mu się wydawało, że zaprosił zespół Moskwa). W czerwcu rozpoczął nabór – wszyscy aktorzy i statyści mieli być amatorami. Zgłaszali się przede wszystkim studenci i uczniowie.

Tomek Olejnik, zaangażowany do roli Brada, opowiada:
– W fotelu rozpierał się młody facet. Sprawiał wrażenie człowieka siedzącego w branży od wielu lat i znającego się na pracy scenicznej. Kazał przedstawić się po angielsku, zatańczyć i zaśpiewać.

W lipcu zaczęły się próby. Czasu zostało niewiele, premierę zaplanowano na styczeń 1991 roku. Widowiskiem zainteresowali się dziennikarze. W lokalnych gazetach ukazało się kilka notatek, reżyser dwukrotnie wystąpił w telewizji (drugi raz – na prośbę telewidzów). Łódzki ośrodek TV zaproponował mu nawet realizację kolejnego spektaklu.

Michael Christian był w swoim żywiole. Snuł marzenia o wielkim tournée po Europie. Najlepiej czuł się w fotelu z napisem „Director", z mikrofonem bezprzewodowym w jednym ręku, a drinkiem w drugim (wiele lat później będzie się zarzekał, że żadnego fotelu „Director" nie było).

Cały czas rozmawiał ze sponsorami. Do najważniejszych miały należeć Polskie Linie Lotnicze LOT, Pewex i Coca-Cola. Dyrektorowi Kowalczykowi wystawił „jako zaliczkę" czek na pięć tysięcy marek, później drugi czek na cztery tysiące marek.

We wrześniu zorganizował w sali Estrady swoje zaręczyny (po latach powie, że były to urodziny). Bankiet był filmowany na wideo. Niestety, nie pojawił się żaden z zapowiadanych sponsorów.

Rozgoryczony reżyser wygłosił długi spicz. Mówił, że brakuje pieniędzy, ale wierzy, że przedsięwzięcie uda się doprowadzić do końca. Mimo że na sali byli sami Polacy, przemawiał po niemiecku, przez tłumacza. To był ostatni pobyt Michaela w budynku łódzkiej Estrady.

Tymczasem atmosfera wśród wykonawców musicalu robiła się napięta. Czas biegł, a spektakl był w rozsypce. Premiera miała odbyć się w Teatrze Wielkim, artyści mieli śpiewać bez mikrofonów. Tymczasem żaden z nich nie dysponował głosem, który mógłby dotrzeć na galerie. Choreografem została osoba bez jakiegokolwiek przygotowania. Nie pojawiła się anglistka mająca korygować wymowę.

– Ktoś, kto po rozmowie z Michaelem uwierzyłby, że temu człowiekowi uda się zrealizować *The Rocky Horror...*, byłby szaleńcem – mówi z perspektywy czasu Tomek Olejnik. – Ale my wszyscy byliśmy wtedy szaleni (trzy dekady później Michael powie, że ekipa śpiewała świetnie, a musical miał wszelkie szanse na sukces).

W lokalnym programie telewizyjnym, zaraz po występie Michaela, przedstawiciel organizacji charytatywnej z Pabianic zaapelował o pomoc dla dziecka wymagającego leczenia za granicą. Program szedł na żywo. Reżyser wypisał czek na tysiąc marek. Następnego dnia okazało się, że nie ma pokrycia.

To było we wrześniu 1990 roku. W październiku do Komendy Rejonowej Policji Łódź-Śródmieście wpłynął pierwszy wniosek o wszczęcie postępowania przeciwko Michaelowi Christianowi. Zgłosił go Powszechny Bank Gospodarczy. Michael, mając na koncie dziesięć tysięcy złotych, pobrał na poczcie prawie dwa miliony. Drugi pozew złożyła łódzka telewizja. Ówczesny szef ośrodka Marek Markiewicz spełnił prośbę młodego reżysera i załatwił dziesięcioosobowemu zespołowi nocleg w hotelu telewizyjnym w Warszawie. Zespół nagrywał w Tonpressie piosenki do musicalu. Michael nie uregulował należności. Rachunek wyniósł trzy miliony dziewięćset czterdzieści tysięcy.

Ciekawe, że z roszczeniami nie wystąpiła Estrada, której reżyser wystawił dwa czeki bez pokrycia, łącznie na dziewięć tysięcy marek. Dyrektor Kowalczyk powiedział reporterowi „Prawa i Życia", że nie czuje się poszkodowany, ponieważ sala, w której odbywały się próby, jest własnością Estrady. I tak stałaby pusta. Poza tym pierwszy czek „spadł dyrektorowi z nieba"; bank odpowiedział, że „Niemcy nie oszukują", i wypłacił równowartość w złotówkach.

W listopadzie reżyser został zatrzymany przez funkcjonariuszy policji w czasie próby widowiska *Miss Natura zaprasza*, które przygotowywał na zlecenie firmy „Natura. Naturyzm". Udowodniono, że wystawił czeki bez pokrycia na ponad piętnaście tysięcy zachodnioniemieckich marek.

Sierżant Paweł Kolasiński, który go przesłuchiwał, ma miłe wspomnienia.

– Był uprzejmy i kulturalny. Jestem pewny, że gdyby jakimś cudem widowisko się udało, zwróciłby długi.

Żadne z oszustw Michała-Michaela nie miało na celu osobistych korzyści. Wyłudzonych pieniędzy nie brał dla siebie. Wszystkie szły na musical. W przygotowania włożył wiele pracy: przetłumaczył spektakl na polski, nauczył się na pamięć scenariusza. Teraz boi się więzienia i pisze wiersze: „przez piętnaście minut (w środku – w więzieniu) w celi na odwiedziny (przy policjancie) móc mówić" (wiele lata później stwierdzi, że to nie jego twórczość).

Tomek Olejnik, który najdłużej wierzył, że *The Rocky Horror…* wypali i poświęcił na próby całe wakacje, dziwi się, że niedoszli aktorzy i oszukane firmy mają do Michaela pretensje.

– Powinni mieć pretensje do siebie – mówi.

Dziś Michael przekonuje, że aktorzy pretensji nie mieli.

Miała być bomba. W dniu rozprawy Michała ktoś zadzwonił i powiedział, że podłożono ją w sądzie. Przerwano rozprawę, ale i ta bomba okazała się niewypałem.

*

Michael Christian von W. (tak naprawdę – po prostu Michał) spędził dzieciństwo w ponurej łódzkiej kamienicy z podwórkiem studnią. Marzenia dzieci z takich kamienic są podobne: wyrwać się stąd za wszelką cenę. Wychował się w rodzinie zastępczej. W drugiej połowie lat osiemdziesiątych wyjechał do RFN-u do ciotki, obywatelki niemieckiej. Ukończył gimnazjum z małą maturą i podjął pracę w domu towarowym; wystarczało na wynajęcie mieszkania i utrzymanie.

Od czasu, gdy w szkolnym teatrzyku zagrał rolę w musicalu *The Rocky Horror Picture Show*, pragnął wystawić ten spektakl na prawdziwej scenie. Doszedł do wniosku, że jest to możliwe tylko w Polsce. Założył konto i wpłacił trzydzieści marek. Słyszał, że w rodzinnym kraju sprawdzanie zachodnich czeków trwa bardzo długo.

Za kilka marek wykonał druki firmowe wymyślonego przez siebie PCM Promotion, Produktion... i tak dalej. Za kilka dalszych – pieczątki i wizytówki. W paszporcie przerobił rok urodzenia – dodał sobie dwa lata.

Dwadzieścia osiem lat później o *The Rocky Horror Picture Show* opowiada chętnie. Zaprasza do domu pod Warszawą. W ogrodzie z basenem i małym boiskiem do koszykówki dzieli się historią ze Złotna, gdzie wychowywał się w drewnianych domach z kibelkiem na zewnątrz. Na Płatowcowej nikogo nie dziwiło, że w jego domu nie było szyb w oknach. Taka codzienność na Złotnie.

Na ulicę przypadał jeden pelikan i jedne wigry, więc dzieciaki jakoś się dzieliły tymi rowerami. Jak dostał własnego pelikana za pieniądze z Niemiec, stał się nagle prawdziwym krezusem. Jeździł tym pelikanem i bawił się w autobus. Dzwonkiem dawał sygnał do wsiadania innym dzieciom. Długie te trasy robili – do poligonu, gdzie strzelali, a nawet do Manii na cmentarz.

Ze Złotna przeprowadził się do domu dziecka w Grotnikach, potem do rodziny zastępczej, w wysokiej kamienicy na Obrońców Stalingradu.

Kto tam był, ten wie, jak Obrońców Stalingradu, a dzisiaj Legionów, wygląda. Słabo. Sąsiad Michała zginął, bo spadł z balkonu. Wychodzenie na balkon w tej okolicy to był sport ekstremalny.

Dla zastępczych rodziców skakał po mleko i chleb, odhaczał się w Domusie po pralkę, mikser, ściankę działową, wystawał w kolejkach po „Ekspres Ilustrowany". Po wódkę biegał do meliny na Wschodnią – wcale nie blisko, ze dwa kilometry. Albo do sklepiku przy Zachodniej, gdzie sprzedawali banany, pomarańcze i kawę na gramy.

Najbardziej ten „Ekspres" lubił, zagadki kryminalne. Po latach w zagadkach znalazł się jego ojciec, który pół życia przesiedział w kryminale. Nastoletni Michał ojca odwiedził raz, dzień przed swoimi urodzinami. Nawet fajnie się rozmawiało, umówili się na kolejne spotkania. Następnego dnia ojciec podciął sobie żyły. Notka o samobójstwie trafiła do jego ulubionych zagadek.

Michał z podwórkowym kolegą słuchał audycji Trójki nagranych na magnetofonie Grundig, spisywał słowa piosenek do zeszytu. Grali w piłkę po bramach, bo jedyne porządne boisko na Ogrodowej było cały czas zajęte. Wyskakiwali na Helenówek na krańcówkę tramwajów kraść proporczyki. Do Pewexu po puste kartony po papierosach. Zimą do parku Śledzia na sanki, a raczej żebrać o sanki od rodziców innych dzieci. Na basen Fala, gdzie był taki tłok, że z kolegami stali w wodzie ściśnięci jak sardynki w puszce.

No i musicale w Teatrze Muzycznym. *Skrzypek na dachu*, *My Fair Lady*. Nastoletni Michał wystawał pod teatrem, jakoś wciskał się na salę, jeśli zostawały wolne miejsca. *Skąpca* w Teatrze Nowym obejrzał z dwadzieścia razy. Wysłał telegram do Ludwika Benoit. Legendarny łódzki aktor nie tylko odpowiedział, ale nawet, jak twierdzi Michał, zaprosił chłopca na kolację. Mieszkał na tym samym kwadracie.

O łódzkich musicalach nigdy nie zapomniał, nawet gdy oglądał już *Starlight Express* w Bochum, *Phantom of the Opera* w Nowym Jorku, *Les Misérables* w Wiedniu.

*

Po podstawówce wyjechał do Niemiec, do matki i ciotki. Matka za szczęśliwa z tego powodu nie była, dlatego jak przyjechał drugi raz, w ogóle go nie wpuściła do domu. Zanim wrócił do Polski, trafił do szkoły z internatem. Wychowawcy obsadzili go w roli Riff Raffa w *The Rocky Horror Picture Show*. Amatorska trupa wystawiała się sześć razy, przy pełnej sali.

Na rodzącym się właśnie wolnym rynku Michał miał tę zaletę, że doskonale znał niemiecki. Pisał listy dialogowe do filmów przegrywanych z RTL, ProSieben, Sat1. Tłumaczył z niemieckiego szlagiery z Louisem de Funèsem i bawarskie pornole. Obsługiwał telex w hurtowni cebuli, która wysyłała transporty do Holandii. Dobre pieniądze zarobił, dopiero jak ze wspólnikiem otworzył własny biznes. Sprzedawali pierwsze w Polsce plastikowe karty rabatowe, jak Kodak Express czy LOT Voyager. Po te karty jeździł czerwonym polonezem do Monachium. Pakowali je i przerabiali w biurze przy Piotrkowskiej. Michał jest też ojcem Wall Street – pierwszego w Łodzi klubu karaoke.

Ale to wszystko wydarzyło się później. Wcześniej był *The Rocky Horror Picture Show*.

Wszystko rozbiło się o jego wiek, bo czeki spłaciłby bez problemu. Jest pewien, że przedstawienie odniosłoby sukces i zaczęło na siebie zarabiać. To były takie czasy, że każdy szukał swojej szansy. Michał właśnie wrócił z Niemiec, chciał spełniać marzenia, ale jak to osiągnąć? Starym łódzkim sposobem: ty nie masz nic, ja nie mam nic, zbudujmy fabrykę.

Po latach nie żałuje niczego. Przecież nikomu krzywdy nie zrobił.

Ludzie, którzy pracowali przy musicalu, nie zostali naciągnięci. Estrada Łódzka na aferze jeszcze zarobiła. Wzięła pieniądze, które bank wypłacił z czeków. Kupili za to automaty do gry. Na tych automatach tak się odkuli, że przeciwko Michałowi nie wnieśli sprawy.

Sprawę wniósł tylko hotel telewizji polskiej TVP. Zresztą Michał przypłacił to wyrokiem w zawieszeniu, otrzymał więc sprawiedliwą karę. Swoją drogą, dziś żadnej bomby w dniu rozprawy sobie nie przypomina.

Skąd taki pomysł w głowie osiemnastolatka? Oto chłopiec wyrzucony z Niemiec, niechciany przez nikogo, nagle wzbudza zainteresowanie w wielkim mieście. Dokładnie tak samo, jak na Złotnie, gdy dawał chłopakom przejechać się pelikanem, albo na Obrońców Stalingradu, gdzie kolegom rozdawał skradzione z tramwajów proporczyki. Przez chwilę błyszczał w świetle reflektorów.

Gdyby wtedy nie spróbował, pewnie w ogóle nie próbowałby dalej. Nie rzuciłby dochodowego biznesu na rzecz niepewnej kariery muzycznej. Nie poznałby Jacka, na karaoke nie odkrył Magdy, nie nagrał pierwszej profesjonalnej płyty. Kolejne płyty nie rozeszłyby się w milionach egzemplarzy, a Michał nie zagrałby na Eurowizji. Dzisiaj o jego życiu dziennikarze piszą trzydzieści notek dziennie, a być może wszystko zaczęło się od lewych czeków i niezrealizowanego musicalu.

Czasami zadaje sobie pytanie: co by było, gdyby nie wyjechał z Łodzi? Ale takie gdybanie nie ma chyba sensu.

Od dwudziestu pięciu lat próbuje napisać piosenkę o Łodzi. Wyszło mu czterdzieści pięć zwrotek. Z żadnej nie umie zrezygnować, bo każde miejsce jest tak samo ważne. Dlatego ta piosenka nigdy nie powstanie.

Gdy zaczynali, lokalne rozgłośnie cały czas grały ich utwory. Wszyscy im kibicowali. Gdy osiągnęli już sukces, Łódź się ich wyparła. Ostatni koncert na zaproszenie władz miasta zagrał w 2001 roku. Żeby Michał dwudziestolecie zespołu musiał świętować w Katowicach? Wstyd trochę.

Nie martwią go transparenty „Łódź przeprasza za Ich Troje". Bo Michał zawsze będzie z Łodzi. Tego nikt mu nie odbierze.

Sierpień 1991 – sierpień 2019

W pogoni za *katharsis*

Daleko od szosy
Rozmowa z Anną Fornalczyk, łodzianką,
byłą prezes Urzędu Antymonopolowego

Miasto rozbitych elit

Po pięciu latach kierowania centralnym urzędem opuściła pani Warszawę i wróciła do rodzinnej Łodzi. Czy to pani porażka? To nie była porażka. Ani przez moment nie przyszło mi do głowy wyjeżdżać z Łodzi na stałe. **Właściwie dlaczego? Przecież przeprowadzka do Warszawy jest dla większości łodzian równoznaczna z awansem.** Łódź nie daje takich możliwości jak Warszawa, gdyż ci, którzy mogliby te możliwości tworzyć, uciekają! Uważam, że bardzo źle się dzieje, gdy z miasta wynoszą się ludzie, którzy powinni zmieniać jego oblicze: ci najbardziej dynamiczni, przedsiębiorczy, twórczy. Wyjeżdża się oczywiście nie tylko z Łodzi, ale ponieważ Łódź leży tak blisko stolicy, ten drenaż dotyka ją w sposób szczególnie silny.

Najwyższy czas przełamać stereotyp, zgodnie z którym tylko Warszawa może zapewnić zrobienie kariery. Moim kolegom i znajomym, którzy przyciągani magnesem łatwiejszego życia zawodowego przenoszą się do stolicy, tłumaczę, że już najwyższy czas, aby organizować nowe życie zawodowe i kulturalne w Łodzi.

Przyzna pani, że jest to bardzo trudne. Jaromir Jedliński, były dyrektor Muzeum Sztuki, powiedział mi kiedyś, że zrobienie czegoś w naszym mieście kosztuje mnóstwo wysiłku, ponieważ trzeba samemu stworzyć całą aurę i kontekst odbioru tego, co się proponuje.

Jest to więc wysiłek podwójny i do tego jakby rozproszony. Dla wielu ludzi wynikający z tego stres jest zbyt duży i wyjeżdżają.

Pamiętam rozmowę odbytą przed bodaj dziesięciu laty z nieżyjącym już profesorem socjologii Janem Lutyńskim. Był to czas, kiedy w Krakowie i w Warszawie powstawały Towarzystwa Gospodarcze – w Łodzi taka inicjatywa zrodziła się znacznie później. Zapytałam wtedy profesora, dlaczego u nas nic się nie udaje. Odpowiedział, że elity, które w innych miastach podejmują tego typu działania, tutaj są bardzo rozbite. W tym tkwi sedno sprawy. Moim zdaniem brakuje Łodzi, zabrzmi to jak slogan, „zespołowego działania". Każdy, kto zaczyna robić cokolwiek w pojedynkę, będzie miał trudności, o których mówił Jedliński.

Jesteśmy stosunkowo młodym miastem, nie mamy rodów zasiedziałych od pokoleń, jakie ma na przykład Poznań, poza tym po wojnie zabrakło mniejszości narodowych, z których w znacznym stopniu składało się łódzkie mieszczaństwo. Te obiektywne czynniki spowodowały, że nasze elity wyglądają tak, jak wyglądają. Na nas, łodzianach, spoczywa dziś obowiązek tworzenia tej tkanki społecznej i kulturowej, która umożliwia miastu naszej wielkości normalny rozwój. Jest to trudne – ludzie zajęci codzienną walką o przetrwanie nie mają czasu, by spotkać się, porozmawiać, zastanowić nad jakimś wspólnym przedsięwzięciem – ale na dłuższą metę absolutnie niezbędne.

Bardzo lubię jazz i kiedy wróciłam z Warszawy, zaczęłam rozpytywać, czy jest w Łodzi klub jazzowy, do którego można wpaść, wypić kawę, spotkać się ze znajomymi i posłuchać dobrej muzyki. Dowiedziałam się, że było coś takiego, ale się rozleciało. A przecież Łódź to olbrzymie miasto i powinien być tu taki klub.

Inny przykład: co miesiąc jeżdżę do Warszawy, aby wziąć udział w spotkaniu Klubu 22. Jest to klub, który powstał trzy lata temu i skupia, jak określiłyśmy to przewrotnie, „przeciętne panie". Są w nim Janina Paradowska, Danuta Zagrodzka, Ewa Łętowska, Bożena Wawrzecka, Ola Frykowska, Henryka Bochniarzowa, Małgorzata Niezabitowska, Izabela Cywińska, Olga

Krzyżanowska, Zofia Kuratowska, Anna Podniesieńska, Olga Lipińska, Bożena Walter, Kora Jackowska... Spotykamy się, żeby porozmawiać, wyrazić swoją opinię. Żadnych konkretnych przedsięwzięć nie podejmujemy. Próbowałam założyć podobną „instytucję" w Łodzi i jakoś się nie udało. Być może spróbuję jeszcze raz, mam nadzieję, że z powodzeniem. Któraś inicjatywa musi w końcu wypalić. Jeśli każdy, kto ma ciekawy pomysł, będzie emigrował do Warszawy, to nigdy nic się tu nie zmieni.

Kompleks łódzki
Przezwyciężenie podziałów, zjednoczenie dla dobra miasta rozbitych elit wymaga czasu. Symbolem atomizacji może być uniwersytet rozrzucony po całym mieście: nie tylko ogranicza to wspólne działania środowiska akademickiego, ale wręcz uniemożliwia spotkanie i poznanie się. Czy pani zdaniem są już przesłanki pozwalające mówić, że sprawy idą ku lepszemu?

Myślę, że pierwszym krokiem jest fakt, iż łódzkie władze przestały się między sobą kłócić. To już bardzo dużo. Pamiętam, ile inicjatyw upadło w przeszłości tylko dlatego, że oba urzędy, miejski i wojewódzki, nie mogły dogadać się co do wspólnych działań.

Wszystko zależy od ludzi. Obserwuję pokolenie licealistów – mój starszy syn uczy się w szkole średniej – i widzę, że oni myślą inaczej, nie chcą wyjeżdżać, traktują Łódź jako swoje miejsce. Boję się jedynie, że będą tak pochłonięci robieniem własnych karier zawodowych i finansowych, iż nie znajdą czasu na wspólne działania, na tworzenie owej brakującej tkanki społecznej. Jest to poważne niebezpieczeństwo.

Czy według pani jest coś takiego jak kompleks łódzki? Jeśli tak, prosiłbym o krótką charakterystykę.

Niewątpliwie jest, nie mam tylko pewności, czy to właśnie kompleks łódzki, czy po prostu kompleks miasta innego niż Warszawa. Byłam kiedyś w stolicy w towarzystwie człowieka należącego niewątpliwie do łódzkiej elity – chciałam wesprzeć pewną inicjatywę – i bardzo mnie zabolało, gdy pan ten rozpoczął swoje wystąpienie w wysokim urzędzie od słów: „My z prowincji...". Ja nie miałam nigdy żadnych zahamowań, poruszając się jako łodzianka po Warszawie czy jako Polka po państwach zachodnich. Nie miałam, bo ani my, łodzianie, ani my, Polacy, nie jesteśmy gorsi od innych. Po prostu niektórzy ludzie siedzący w Łodzi i zajęci swoją codziennością mają żabią perspektywę: wydaje im się, że wszystko, co jest poza Łodzią, musi być mądrzejsze i ważniejsze i warto podkreślać, że „my jesteśmy z prowincji", bo jakoby tworzy nam to lepszy klimat rozmów. Wręcz przeciwnie, tak nie można się zachowywać!

Na początku była ekonomia

Mówiliśmy, że indywidualne, rozproszone inicjatywy skazane są w Łodzi na porażkę. Myślę, że warto zastanowić się nad jeszcze jednym łódzkim fenomenem, na który zwrócił uwagę Marek Miller, który też zdradził Łódź dla Warszawy. Zauważył on, że w naszym mieście dzieje się w sferze kultury bardzo wiele, często na europejskim i światowym poziomie, ale każda z tych rzeczy istnieje jak gdyby w zawieszeniu, w próżni, one się nie sumują...

Patrząc na historię cywilizacji, dochodzi się do wniosku, że wszelkie wielkie zmiany zawsze zaczynają się od gospodarki i dopiero za nimi idą zmiany w sferze kultury i nauki. Czytałam książkę *Korzenie renesansu*, której autor przekonująco dowodził, że pionierami epoki odrodzenia nie były bynajmniej uniwersytety, lecz banki i instytucje związane z handlem. Podobnie było z polskimi przemianami początku lat dziewięćdziesiątych. Obserwowałam je z Warszawy, z pozycji prezesa Urzędu Antymonopolowego. Łódź była wówczas jednym z trzech gorących tematów, obok Wałbrzycha i Górnego Śląska. Groziła jej kompletna zapaść. Patrząc z zewnątrz, nie uczestnicząc w tym, co przeżywali łodzianie, dostrzegłam wyraźnie, że nasze miasto doświadczyło swoistego *katharsis*. Byłam pełna podziwu, obserwując ludzką operatywność, umiejętność znalezienia się w tej szalenie trudnej sytuacji, wszystko jedno, czy w strefie oficjalnej, czy w tak zwanej szarej strefie.

Jestem pewna, że po gospodarce przyjdzie czas na kulturę i rozrywkę i że w końcu będę mogła umawiać się z przyjaciółmi w ulubionym klubie jazzowym – podobne procesy mają za sobą kraje zachodnie. Mój optymizm bierze się także stąd, że kiedy spotykam kolegów, którzy odeszli z uczelni, zajęli się robieniem pieniędzy i z reguły radzą sobie znakomicie, zwykle z ich strony padają propozycje a to spotkań bardziej regularnych, a to napisania wspólnej książki o naszych doświadczeniach. Takie potrzeby tkwią po prostu w ludziach i prędzej czy później muszą pojawić się grupy, które nadadzą temu miastu ton. Łódź stanie się w końcu miastem z własnymi elitami.

Przyznam, że w chyba najtrudniejszym dla Łodzi roku 1992, gdy wydawało się, że całe miasto ogłosi wkrótce bankructwo, zastanawiałem się, jak to jest, że wszystko się wali w ośrodku, z którego pochodzi tylu znakomitych ekonomistów: pani, Jerzy Drygalski, senatorzy pierwszej kadencji, profesorowie Jerzy Dietl i Cezary Józefiak czy też Marek Belka, Jarosław Bauc, Jerzy Kropiwnicki.

Obecność nawet najwybitniejszych ekonomistów nie oznacza, że od razu poprawiają się wskaźniki i sytuacja gospodarcza. Obserwując to, co dzieje się w Polsce i – w niewielkiej skali – także w Rosji, zdałam sobie w pełni sprawę, jak strasznie tłumił nas i niszczył poprzedni system. Inicjatywa ludzka posiada niesamowitą dynamikę i gdy tylko przestały obowiązywać zakazy, jak grzyby po deszczu zaczęły pojawiać się te wszystkie małe, rodzinne biznesy. Przez kilka miesięcy regularnie jeździłam do Moskwy i za każdym pobytem widziałam, jak puste wcześniej miejsca zapełniały się małymi firmami, punktami usługowymi, knajpkami. Daje to wyobrażenie, ile mogą zrobić ludzie uwolnieni od ograniczeń totalitarnego systemu.

Wczoraj byłam w sklepie i rozmawiałam z młodym ekspedientem, który wyłożył mi bardzo prosto, dlaczego ma z każdego asortymentu tylko po jednej sztuce towaru. Powiedział, że nie opłaca się mieć więcej sztuk, bo trzeba by zamrozić więcej kapitału i więcej płacić za powierzchnię magazynową. Gdy klient kupi dany przedmiot, następnego dnia sprowadza się w to miejsce nowy. Ten ekspedient dysponował prawdziwą wiedzą ekonomiczną, taką, której wymagam od moich studentów i z którą oni mają kłopoty, bo znają ją z mądrych książek, a nie z codziennej praktyki.

Wybitni profesorowie ekonomii są potrzebni, ale znakomitą szkołą gospodarczą jest samo życie, walka o przebicie się, znalezienie sobie miejsca na ziemi. Wiele przedsiębiorstw popadło w tarapaty dlatego, że produkowało wyroby, których ludzie nie chcieli kupować. Konsumenci głosują nogami i kieszenią: albo przychodzą i kupują, albo odchodzą, bo im to nie odpowiada. Myślę, że przełamaliśmy już związane z minioną epoką stereotypy, na przykład ten, że jeżeli zaczyna się pracę od stażu w jakiejś fabryce, to trzeba tam dopracować do emerytury, i ten, że obowiązkiem państwa jest opieka nad zakładem. Nie! Każdego dnia trzeba od nowa walczyć o przetrwanie.

Rok 1992 rzeczywiście był dla Łodzi bardzo trudny, później jednak sytuacja zaczęła się poprawiać. Zmieniła się struktura miasta, powstały nowe firmy. W śródmieściu, w starych magazynach i starych fabrykach otworzono domy towarowe, może nie supereleganckie, ale przyzwoite. Tempo zmian nie przestaje mnie zdumiewać.

Nie wszyscy to tempo wytrzymują, Łódź ma nadal jeden z najwyższych w Polsce odsetek bezrobotnych...

Tylko według oficjalnych statystyk. W praktyce fabryki nie mogą znaleźć ludzi do pracy. Prezes Próchnika na przykład zastanawia się nad przeniesieniem produkcji do Brzezin, bo w Łodzi nie jest w stanie z tego powodu uruchomić drugiej zmiany. Nie jest więc tak źle.

W grudniu 1995 roku byłam w Wiedniu na konferencji zorganizowanej przez Instytut Badań nad Człowiekiem. Tematem była polityka społeczna w procesie transformacji i początkowo dziwiłam się, dlaczego mnie zaproszono, bo co wspólnego z polityką społeczną może mieć była prezes Urzędu Antymonopolowego. Wbrew pierwszemu odczuciu okazało się, że miałam jednak dużo wspólnego. Kierując Urzędem, nieustannie stykałam się z polityką społeczną, czyli bezrobociem, zasiłkami, odprawami. Sprawy te przeszkadzały w uzdrawianiu pewnych segmentów gospodarki. Gdy postulowałam, żeby jakiś sektor zaczął funkcjonować w oparciu o prawdziwą konkurencję, padał argument, że firmy zbankrutują, a ludzie stracą pracę. Ja odpowiadałam: „No to co?".

Gospodarka kontra polityka

Jak z perspektywy Warszawy odbierała pani wstrząsające Łodzią w ostatnich latach afery? Jedną z głośniejszych było niewpuszczenie do miasta w 1990 roku firmy Levi Strauss, która chciała zainwestować tu osiemnaście milionów dolarów, ale ostatecznie wybrała Płock.

No cóż, mówi się trudno, niczego nie można na ludziach wymuszać. Gdyby pojawiła się druga taka możliwość, jestem głęboko przekonana, że nie zrezygnowalibyśmy z niej. W owych czasach – mówię o początku lat dziewięćdziesiątych – podobnie, jak w okresie wcześniejszym, polityka dominowała nad gospodarką. Pamiętam, że gdy toczyła się walka o Levisa, bardzo naraziłam się działaczowi jednej z partii, która teraz jest w opozycji. Powiedziałam, że cała sytuacja przypomina mi dawne czasy, w których racjonalne ekonomiczne argumenty nie były przyjmowane przez decydentów. Było, minęło, traktujmy to jak szkołę życia. Nie wracałabym do tego, tylko skupiła się na pozyskiwaniu dla Łodzi dużych, dobrych inwestorów.

Łódź leży w centrum kraju, ale mimo wszystko trochę na uboczu. Jesteśmy największym w Europie miastem bez lotniska, nie mamy przyzwoitej drogi do Warszawy (trzeba dojechać najpierw do Rawy Mazowieckiej bądź do Łowicza), omijają nas główne polskie magistrale kolejowe. Brakuje hoteli. Czy nie odstrasza to potencjalnych inwestorów?

Jest to poważny mankament. Pod koniec ubiegłego roku przygotowywałam razem z paryską Organizacją Współpracy Gospodarczej i Rozwoju konferencję i bardzo chciałam, żeby odbyła się w Łodzi, ale moi francuscy przyjaciele postawili sprawę jasno: jeżeli nie Warszawa, to Kraków, bo z Krakowem jest bezpośrednie połączenie lotnicze. Był to argument, z którym nie mogłam dyskutować. Z komunikacją tak się historycznie ułożyło, ale nie mówmy, że to jakiś palec Boży czy jakieś fatum. Łodzianie okazali się widocznie po prostu mało zapobiegliwi.

Nadzieją na poprawę sytuacji jest węzeł autostradowy, który będzie pod Strykowem. Nie brakuje oczywiście proroków głoszących, że skrzyżowanie autostrad to Sodoma i Gomora, zapowiadających klęskę ekologiczną i napływ do Łodzi mętów-elementów włóczących się po świecie, ale malkontenci byli zawsze i wszędzie. Jak uczą doświadczenia światowe, obecność autostrady stwarza popyt na usługi hotelarskie, gastronomiczne, mechaniczne i wiele innych. Jest impulsem, który ożywia gospodarkę. No i Łódź będzie wreszcie łatwiej osiągalna.

Nie obawia się pani, że cały ruch będzie przebiegał właśnie obok Łodzi, a do nas nie zajrzy pies z kulawą nogą?

Myślę, że będzie wprost przeciwnie. Teraz miasto jest już praktycznie nieprzejezdne. Ludzie, którzy dużo podróżują po Polsce, starają się za wszelką cenę Łódź ominąć. Wyprowadzenie ruchu poza miasto – a z tego, co wiem, już jest decyzja rządu, żeby budować obwodnicę łączącą Emilię z Pabianicami – paradoksalnie powinno zwiększyć liczbę gości.

Jakich argumentów użyłaby pani, żeby przyciągnąć do Łodzi dużego inwestora?

Przede wszystkim ja już to robię, bo zajmuję się consultingiem. Dużo jeżdżę po świecie i zawsze mam w walizce albumy i foldery o Łodzi. Po pierwsze, zwracam uwagę właśnie na bliskość przyszłego węzła autostrad. Dzień po wyborach prezydenckich 1995 roku byłam w Rzymie na dużej, międzynarodowej konferencji. W czasie wieczornego koktajlu wszyscy pytali mnie, co teraz będzie w Polsce, kim jest ten Kwaśniewski, jak należy patrzeć na jego zwycięstwo. Był to okres, gdy amerykańską administrację paraliżował konflikt między Clintonem a Kongresem, więc jak mnie pytał Amerykanin, odpowiadałam mu pytaniem o ten konflikt. Kiedy podchodził Kanadyjczyk, mówiłam o prowincji Quebec. Jednym słowem dowodziłam, że każdy kraj ma swoje problemy, natomiast bardziej natarczywym mówiłam: „Zamiast się martwić, jak ułożą się polityczne konstelacje, powinniście się zainteresować tym, że piętnaście kilometrów od Łodzi będzie skrzyżowanie dwóch bardzo ważnych dróg". Nie znaczy to, że bagatelizuję znaczenie politycznego wizerunku Polski w świecie. Obserwując działania rządu SLD–PSL w sprawach gospodarczych, muszę stwierdzić, że obawy moich rozmówców były uzasadnione. Ciągle bowiem brak ważnych gospodarczo decyzji, a te, które są podejmowane, nie służą rynkowej reformie gospodarczej.

Would you like to come to Łódź?
Co jeszcze oferuje pani zainteresowanym naszym miastem biznesmenom?

Tłumaczę, że jest dużym ośrodkiem gospodarczym, centrum kulturalnym, że ma wyższe uczelnie, które wypuszczają każdego roku dobrze przygotowanych młodych prawników czy ekonomistów. Plusem, na który zwracam uwagę, jest obecność trzydziestu banków – są to w większości oddziały, trzy mają tu swoją centralę – co świadczy o łatwości w ulokowaniu pieniędzy. Mówię, że mniejsze niż w Warszawie są w Łodzi koszty funkcjonowania firmy. Nie bez znaczenia jest wreszcie argument, że mamy pyszną wodę, którą można pić prawie prosto z kranu, proszę spróbować zrobić to w Warszawie! Słowo „Łódź" bardzo trudno obcokrajowcowi wymówić, więc wszystkim anglojęzycznym rozmówcom proponuję, by powiedzieli *„would you like"*, i objaśniam, że pierwsze dźwięki brzmią tak, jak nazwa mojego miasta.

Obecnie trudniej jest przyciągnąć inwestorów niż kilka lat temu, mimo że większa niż wtedy jest wartość inwestycji. Po prostu wszyscy ci, którzy mieli przyjść, już przyszli. W zachodnich środowiskach biznesowych jest grupa lubiąca podejmować ryzyko, wchodzić na nowe rynki, być pionierami. Oni weszli jako pierwsi, a teraz przenoszą się dalej na Wschód. W Rosji i na Ukrainie widziałam znaki firmowe tych samych spółek, które są u nas od paru lat. Ci bardziej tradycyjni, zasiedziali, którzy cenią sobie spokój i minimalne ryzyko działania, być może w ogóle do nas nie przyjdą. Żadnego dynamicznego wejścia zachodnich inwestorów już nie będzie, więc jako mieszkańcy Łodzi tym bardziej powinniśmy tworzyć gościnną atmosferę, by zachęcić kogo się jeszcze da.

Trudna sytuacja ekonomiczna Łodzi spowodowana była między innymi industrialną monokulturą i brakiem alternatywy dla przemysłu lekkiego. Czy nasze miasto do końca świata musi kojarzyć się wyłącznie z tekstyliami?

Ta kwestia ma swoją długą historię. Po raz pierwszy z monokulturą postanowiono skończyć na początku lat siedemdziesiątych. Myślano, myślano i... wybudowano zakłady tekstylno-konfekcyjne Teofilów. Po zmianie ustroju stało się jasne, że coś trzeba jednak zrobić. Chciałam jakoś pomóc i zaproponowałam rozwiązanie, jakie widziałam w Stanach. Pokazano mi tam małe miasteczka, w których kiedyś był przemysł tekstylny, a teraz rozwija się przemysł elektroniczny, zwłaszcza komputerowy. Okazuje się, że kobiety, które pracowały w włókiennictwie, mają sprawność rąk w sam raz odpowiadającą potrzebom tej drugiej branży. Wtedy nic z tego nie wyszło i żadna komputerowa fabryka nie powstała, teraz byłoby zapewne inaczej. Niestety, największą troską ówczesnych władz miasta była walka o ochronę celną polskiego przemysłu tekstylnego. Będąc łodzianką i pracując w Warszawie, występowałam przeciwko takim pomysłom, bo właśnie „ochrona" skrzywdziłaby łódzki przemysł. Znakomitym przykładem jest Olimpia, która z fabryki wytwarzającej przestarzałe, bistorowe bluzki zmieniła się w producenta modnej i dobrej jakościowo odzieży z dzianiny.

Monokultura uległa erozji, specjalnością Łodzi staje się handel. Pierwszą jaskółką były targi przemysłu tekstylnego Interfashion, od paru lat systematycznie przybywa naszemu miastu sklepów i hurtowni. Nie sposób nie wspomnieć o targowisku Ptak, gdzie zaopatrują się całe wycieczki zza wschodniej granicy. Pełno autokarów z rejestracjami państw byłego Związku Radzieckiego widzi się też pod zakładami Olimpia. Handlowi turyści, którzy nimi przyjeżdżają, nie tylko wykupują produkcję tego przedsiębiorstwa, ale też nocują w hotelu zakładowym. Łódź idzie w dobrym kierunku, gdyż – jak uczy historia gospodarcza – na handlu zarabia się najlepiej. Możemy być takim centrum handlowym z prawdziwego zdarzenia, gdzie z jednej strony są wytworne ekspozycje, z drugiej zaś targowiska.

Zatrzymajmy się chwilę przy kontaktach ze Wschodem. Kariera Łodzi zaczęła się, jak wiadomo, od zniesienia barier celnych między Królestwem Polskim a Rosją i właśnie w Rosji łódzcy fabrykanci mieli największe składy i hurtownie. Jak pani sądzi, czy w zmienionych warunkach Wschód nadal może być dla Łodzi szansą?

Może, i to wielką. Dziwne, dlaczego Łódź nie potrafiła jej jeszcze wykorzystać. W Moskwie na każdym kroku widziałam polskie artykuły spożywcze, nie spotkałam natomiast polskich tekstyliów. Kontakty ze Wschodem wiążą się oczywiście z ryzykiem rozliczeniowym: towar można wysłać, ale pytanie, czy w zamian otrzyma się pieniądze albo inny towar. To już zadanie dla polskich banków, które powinny wchodzić na tamte rynki usług bankowych i być ubezpieczycielem naszych przedsiębiorstw, gwarantować im bezpieczeństwo transakcji. O rynek rosyjski czy – szerzej – rynki byłego ZSRR toczy się ogromna bitwa. Na tym grząskim gruncie najlepiej radzą sobie Włosi i Turcy, my jednak również powinniśmy próbować się tam wcisnąć.

Zapytam wprost: czy w Łodzi będzie lepiej i kiedy?

Jestem przekonana, że będzie, ale pod warunkiem, że aktywni i dynamiczni łodzianie przestaną stąd uciekać. Obserwuję, jak coraz więcej ludzi stabilizuje się w Łodzi. Jest to tendencja pocieszająca i mam nadzieję, że trwała. Są już pierwsze propozycje od poważnych firm zachodnich, które w Łodzi chcą tworzyć swoje centra dyspozytorskie. Wybierają Łódź, bo jest ona blisko Warszawy – jak trzeba załatwić coś w urzędzie centralnym, wsiada się w pociąg i po półtorej godziny wysiada w stolicy – ale jednocześnie jest poza Warszawą, ze wszystkimi tego plusami, czyli tańszą powierzchnią biurową i większą łatwością znalezienia dobrych ludzi do pracy.

Boję się tylko niecierpliwości młodych ludzi, którzy już, od zaraz, chcieliby podjąć pracę w bardzo dobrej firmie, najlepiej w przedstawicielstwie firmy zagranicznej. Tworzy się błędne koło, bo firmy zagraniczne do Łodzi przychodzą, ale niechętnie – nie ma jeszcze tej całej infrastruktury, dróg, hoteli i tak dalej – młodzi, aktywni odpływają do Warszawy i znowu nie ma komu tworzyć tych elit, od których zaczęliśmy naszą rozmowę.

Styczeń–marzec 1996

Dlaczego Łódź się wyludnia?

Łódź się kurczy. Przez dziesięć lat wyjechało z niej kilkadziesiąt tysięcy ludzi. Studenci i pracodawcy wybierają Warszawę lub Wrocław, gdzie można zarobić dwa–trzy razy więcej. Dlaczego? Może winna jest legenda miasta meneli. Legenda, która nie przystaje już do rzeczywistości.

Asia, dziewczyna Rafała, dostała robotę w telewizji w Warszawie. Codziennie wstawała przed czwartą – i na dworzec. Praca od dziewiątej do dziewiętnastej. Do domu docierała na dwudziestą pierwszą. Rafał po studiach na łódzkiej politechnice robił w firmach eventowych.

– Jako pomoc techniczna wyciągałem sto pięćdziesiąt złotych od imprezy. Bez szału. Gdy Asia wspomniała o przeprowadzce, sprawdziłem warszawski rynek. Stawki firm eventowych za imprezę to od trzystu do pięciuset złotych. I szybko pojawiła się opcja etatu.

– W Łodzi etat technika dźwięku jest co najwyżej w teatrze. Za tysiąc trzysta złotych na rękę – dodaje. – W Warszawie zaproponowali mi ponad trzy tysiące. Próbowałem dojeżdżać, ale wytrzymałem trzy tygodnie. Spakowaliśmy się z Asią i wyjechaliśmy. W Warszawie wynajmujemy mieszkanie za dwa tysiące. Drożej niż w Łodzi, ale bez przesady – mówi Rafał. – Gdybym znalazł inną pracę, tobym do Łodzi wrócił. Lubię ją, mam tu

przyjaciół. W Warszawie nie mamy życia towarzyskiego. Ale na razie na powrót nie ma szans – dodaje.
Nie on jeden tak myśli.

Łódź spadnie z podium?

Jeszcze niedawno drugie pod względem wielkości miasto w Polsce, Łódź jest dziś najszybciej wyludniającym się dużym polskim ośrodkiem. W 2005 roku mieszkało tu siedemset sześćdziesiąt siedem tysięcy ludzi. W 2017 roku siedemset jeden tysięcy. Przez dziesięć lat wyjechało tyle osób, ile wynosi populacja średniej wielkości polskiego miasta. Naukowcy sprawdzili, dlaczego tak się dzieje.

– Łódź ma najwyższą umieralność mieszkańców spośród dużych miast. I to nie przez przypadek – mówi profesor Piotr Szukalski, demograf z Instytutu Socjologii Uniwersytetu Łódzkiego. – Szybki rozwój miasta w XIX wieku doprowadził do tego, że Śródmieście jest miejscem o wyjątkowo niskiej jakości życia. Wznoszone tu na szybko budynki często nie mają fundamentów. To powoduje wysoką wilgotność, sprzyja zagrzybieniu. Jest dużo mieszkań bez centralnego ogrzewania, opalanych węglem czy śmieciami. A wąskie ulice sprawiają, że nawet silny wiatr nie przeczyści powietrza.

Włókiennicze fabryki, ze swoim hukiem i pyłem bawełnianym, nie należały do najzdrowszych środowisk pracy. To również przyczyna fatalnego stanu zdrowia mieszkańców Łodzi. Łódź ma też niski wskaźnik urodzeń. W przemyśle włókienniczym, z którego żyła przez dwa stulecia, zatrudniano głównie kobiety.

– Gdy włókniarka rodziła dziecko, wycofywała się z rynku pracy na kilka miesięcy. Wiele z nich nie mogło sobie na to pozwolić, bo opieka nad małym dzieckiem oznaczała niemożność podjęcia pracy. Decydowały się więc na posiadanie jednego, góra dwójki dzieci. Stąd niski poziom dzietności. Mamy też zjawisko znane jako dziedziczenie zachowań. Jeśli dziecko wychowało się bez rodzeństwa, a wkoło obserwowało mało liczne rodziny, to jest bardzo duże prawdopodobieństwo, że powtórzy rodzinny schemat. To tak zwana pułapka niskiej dzietności – wyjaśnia profesor Szukalski.

Łodzianie czasami wyjeżdżają więc za chlebem, umierają częściej niż mieszkańcy innych dużych miast Polski, rodzi się tu mało dzieci, a do tego mieszkańcy wynoszą się na przedmieścia. Ale to akurat zjawisko powszechne w największych polskich metropoliach. Problem leży zupełnie gdzie indziej.

Migracja, której nie ma

Tomek pochodzi z małej miejscowości na trasie Łódź–Sieradz. Do Łodzi ma czterdzieści kilometrów, ale na studia pojechał do Wrocławia.

– Wrocławska politechnika była ciut lepsza niż łódzka. I wszyscy moi koledzy wyjechali do Wrocławia. No i tutaj mogę się usamodzielnić. Studiując w Łodzi, pewnie mieszkałbym dalej u rodziców. A poza tym Wrocław ma opinię ładnego miasta, gdzie więcej się dzieje. Pełno studentów, jest Odra, piękna zabudowa – wylicza.

Nie to, żeby w Łodzi było mu źle.

– Mam tu znajomych, nie narzekają. Jeszcze niedawno panował stereotyp, że Łódź to miasto meneli. To się zmienia. U młodych przebija się opowieść, że miasto się rozwija. Pewnie tak, ale ja już się zadomowiłem we Wrocławiu – dodaje.

Sytuacja ostatnio zaczyna się poprawiać, czym władze miasta lubią się chwalić. W ostatnich latach Łódź notuje pozytywne saldo migracji osób w wieku od dwudziestu do dwudziestu dziewięciu lat. To znaczy, że więcej młodych wprowadza się do Łodzi, niż się z niej wyprowadza. Ale nawet w tej grupie trudno mówić o powodzi nowych mieszkańców. To raczej powoli cieknąca strużka. Młodych musiałoby być znacznie więcej, żeby odwrócić negatywne trendy w pozostałych grupach wiekowych. Poza tym studentów wciąż przyjeżdża do Łodzi zbyt mało. Nawet tych z samego województwa.

- Młodzi z Łowicza czy Skierniewic ciągną do Warszawy. Od Kutna zaczyna się pas, który ciąży już do Poznania. A ci z Wielunia, Wieruszowa czy Sieradza wybierają Wrocław. Nie przyjeżdżają młodzi, więc nie pojawią się ich dzieci – wyjaśnia profesor Szukalski.

Łódzkie uczelnie boleśnie to odczuwają. Na politechnice w 2012 roku było dwadzieścia tysięcy studentów. Pięć lat później siedemnaście tysięcy. Na uniwersytecie odnotowano spadek z blisko trzydziestu siedmiu tysięcy do trzydziestu dwóch tysięcy.

W rankingach nie widać wielkich różnic między uczelniami z Łodzi i z innych miast. Nie chodzi więc o poziom nauki.

– O decyzji rozstrzyga w dużej mierze rynek pracy. Bezrobocie (stale o trzy–cztery procent wyższe niż w innych największych miastach) sprawia jednak, że Łódź nie jest dla studentów atrakcyjnym miejscem do wchodzenia w dorosłość. Mimo niskich kosztów życia i wynajmu mieszkania młodzi jadą na przykład do Warszawy. Wiedzą, że znajdą tam pracę, a wysokość pensji zrekompensuje im większe koszty życia – stwierdza profesor Szukalski.

Koło się zamyka

Marcin kocha Łódź i nie planuje wyjeżdżać. Ale żonę widuje tylko w weekendy.

– Ona jest technikiem radiologiem. Wąska specjalizacja. Łódzkie szpitale przyjmowały tylko ludzi z doświadczeniem. Zaczepiła się w prywatnej firmie. Po kilku miesiącach powiedzieli, że przedłużą umowę, ale w ich placówce w Warszawie – mówi trzydziestoletni prawnik.

Żona Marcina zarabia około pięciu tysięcy złotych. On też pewnie znalazłby w stolicy pracę. Ale jakoś nie może się przekonać.

– Tu się urodziłem i tu jest mi dobrze. To nieprawda, że w Łodzi nie ma co robić. Nie ma co zarobić. Nieważne, czy jesteś kasjerką w Lidlu, czy pracownikiem korporacji, dostajesz między dwa a dwa cztery koła. Rynek pracy jest płaski, choćby nie wiem co, nie pójdziesz w górę. Dlatego ludzie wyjeżdżają.

Według profesora Szukalskiego to konsekwencje krachu lat dziewięćdziesiątych, kiedy wiele tysięcy osób straciło etaty w fabrykach. Przemysłowa Łódź oberwała bardzo mocno. Szefowie mogli płacić niskie pensje, bo chętnych do pracy i tak nie brakowało. I choć minęło już dwadzieścia lat, płace pozostają mizerne. Młodzi w Łodzi w zagranicznych korporacjach dostają mniej niż dwa tysiące złotych.

– A kto zarabia niewiele, ten jest zupełnie innym konsumentem, niż gdyby dostawał ten tysiąc złotych więcej. Depopulacja tłamsi potencjał konsumpcyjny. Dlatego dla wielu firm rynek łódzki nie jest atrakcyjny – wyjaśnia profesor Szukalski.

Brak młodych ludzi to mniejsze szanse przyciągnięcia pracodawców. To spowalnia tempo tworzenia nowych miejsc pracy, co z kolei utrudnia wzrost płac. Koło się zamyka. Gospodarkę tłamsi również to, że wielu dzisiejszych emerytów przez pięć czy dziesięć lat w czasie transformacji nie pracowało, a więc nie opłacało składek na ubezpieczenia społeczne. Mają niskie świadczenia – więc mniej wydają.

Czarna legenda

Artur z Pabianic studiował w Łodzi informatykę. Po semestrze przeniósł się do Gdańska.

– Nie lubię Łodzi. Tylko fabryki i fabryki. Albo te kamienice. Nie chcę mówić, że menelnia, ale to miasto jest dość ciężkie. Przez lata nic tu się nie działo. Nowe władze się starają, ale mają to, co zastały. Łódź nie ma dobrego transportu czy dróg. Gdańsk może myśleć, gdzie zbudować nową fontannę, bo te podstawowe sprawy ma załatwione. Poza tym w Gdańsku obok domu mam las z pagórkami, dalej morze, starówkę. Jest po prostu ładnie.

No i do tego w Łodzi, zaręcza Artur, łatwo dostać w mordę. Nawet na Piotrkowskiej.

- W Łodzi trenowałem gimnastykę sportową. Jak wysiadałem z tramwaju na osiedlu Górna, za każdym razem bałem się, że mnie napadną. Na szczęście nigdy nic się nie stało.

Statystyki nie potwierdzają obaw Artura. W Łodzi liczba przestępstw w przeliczeniu na tysiąc mieszkańców wynosi dwadzieścia siedem. To wynik zbliżony do Warszawy. Niebezpieczniej jest w Poznaniu (trzydzieści sześć) i Wrocławiu (trzydzieści dziewięć), nie mówiąc o Sopocie (pięćdziesiąt cztery). A to, czy w danym mieście jest ładnie, to kwestia dyskusyjna. Łodzianie bez problemu wskażą atrakcyjne miejsca, jak Piotrkowska czy pałac Poznańskiego, a także mniej oczywiste, jak Księży Młyn, park Julianowski, muzeum animacji Semafor. Śródmiejskie kamienice faktycznie pozostawiają sporo do życzenia. Nic dziwnego, skoro przeważają robotnicze czynszówki z XIX wieku. Ale i tutaj znacznie się poprawia.

Liczby i fakty mówią, że jest lepiej, ale ludzie myślą inaczej. Nic dziwnego. Fatalna opinia o Łodzi narastała przez lata. A nawet przez stulecia.

Po upadku przemysłu włókniarki mogły tylko marzyć o takim wsparciu, jakie od państwa dostali górnicy czy stoczniowcy. Po krachu przemysłu włókienniczego utrzymywało się wysokie bezrobocie. Na remonty brakowało pieniędzy. Do miasta pełnego dziurawych dróg, obskurnych dworców i rozpadających się kamienic przylgnął stereotyp miasta meneli. I, co najgorsze, sami łodzianie zaczęli się tak postrzegać. To właśnie dlatego studenci, inwestorzy, turyści omijają miasto szerokim łukiem.

Tymczasem władze i mieszkańcy zrobili wiele, by wizerunek poprawić. Na Piotrkowskiej od dawna jest bezpiecznie także w środku nocy. Knajp na potęgę, studentów przyciąga modna klubowa przestrzeń, taka jak OFF Piotrkowska. Kamienice w śródmieściu jedna po drugiej idą do remontu. Powstało centrum przesiadkowe, tunel na Trasie W-Z, Dworzec Fabryczny, obwodnica, centrum kultury EC1. W śródmieściu rosną biurowce, hotele, apartamenty. Do tego organizuje się imprezy, jak znane poza Polską Międzynarodowy Festiwal Komiksu i Gier czy Light Move

Festival. Co prawda nie wszystkie inwestycje są trafione, a do ideału jeszcze daleko, ale na pewno Łódź to nie to samo miasto co jeszcze dziesięć lat temu. Niektórym przyjezdnym się podoba.

Miasto wychillowane

Marta przyjechała z Pomorza dziesięć lat temu.

– Ludzie byli trochę zszokowani, że sprowadziłam się do Łodzi. Rodzina z Warszawy pytała: „No, ale chyba tam nie zostaniesz, prawda?". Do tego opinia samych łodzian. Poczucie niemocy, dużo narzekania. Teraz zmiany widać gołym okiem. Także w podejściu mieszkańców. Kiedy Bogusław Linda powiedział, że Łódź to miasto meneli, powstały koszulki z hasłem „Jestem łódzkim menelem". Łodzianie nabrali dystansu – mówi Marta.

Wyjeżdżać nie zamierza, bo podoba jej się miasto bez zadęcia, gdzie nikt nie dzieli ludzi na tutejszych i przyjezdnych, a życie ma swój szczególny rytm.

Robert wytrzymał w Warszawie rok. Wrócił, znalazł pracę w korporacji. Dodaje opisy produktów na stronę.

– Fatalnie się czułem w stolicy. Wynajmowałem mały, śmierdzący pokój za siedemset trzydzieści trzy złote. Mało kogo znałem.

Do tego nie dogadywał się z ludźmi w stolicy, przeszkadzało mu nawet szybkie tempo. Powtarza popularne powiedzenie, że w Warszawie ludzie szybciej chodzą.

– A ja lubię, jak rzeczy toczą się wolniej. W Łodzi jak kogoś poznaję, czuję wspólny stan umysłu. Nie napinamy się – kwituje.

Fakt, ferment artystyczno-kulturalny stolicy przyciąga, ale Łódź nie ma się czego wstydzić. Prężnie działają kluby takie jak Żarty Żartami, Fabryka Sztuki czy Niebostan, otwierają się nowe miejsca – Pop'n'Art czy Koniec Końców. A znajomi spoza Łodzi mówią Robertowi, że widzą, jak miasto z roku na rok się zmienia.

Na razie jednak wyjeżdżających jest więcej. Łodzianie i mieszkańcy pobliskich miejscowości głosują nogami – a ich kroki wiodą w przeciwnym do Łodzi kierunku. Jeśli trend się utrzyma,

Łódź spadnie z podium (teraz jest trzecim największym miastem w Polsce). Według prognoz GUS w 2020 roku będzie tu mieszkać sześćset sześćdziesiąt osiem tysięcy osób. W 2050 czterysta osiemdziesiąt cztery tysiące. Czy odpływ mieszkańców da się zahamować? Profesor Szukalski nie jest optymistą.

– Niestety, wpadamy w spiralę, pułapkę demograficzną – kwituje. – Ale może nie wszystko stracone? Wiele zależy od tego, co sami łodzianie zrobią ze swoim miastem.

Kwiecień 2017

PS Z wywiadu Błażeja Torańskiego z profesorem Piotrem Szukalskim (*Łódź sfrustrowana*, „Do Rzeczy" 2019, nr 35):

– W ciągu ostatniego roku ubyło pięć tysięcy łodzian, przez ostatnie dziesięć lat – kilkadziesiąt tysięcy.

– Zgonów od urodzeń jest w ciągu roku więcej o cztery, pięć tysięcy. Umieralność w Łodzi jest najwyższa w Polsce.

– Przez lata Łódź włókiennicza miała jeden z najniższych w Polsce poziomów wykształcenia, a to bardzo silnie wpływa na świadomość zdrowotną.

– Mieszkam w Śródmieściu i zimą, przy niskiej temperaturze, często czuję duszący dym walący z kominów budynków mieszkalnych. Ludzie palą, czym mogą.

– Spośród dużych ośrodków miejskich to Łódź jest miastem, w którym proces starzenia się jest najbardziej zaawansowany: na koniec 2018 roku 31,6 procent łodzian przekroczyło sześćdziesiąty rok życia.

– Czy nad Łodzią wisi klątwa? Nie, ale Łódź jest miastem postrzeganym jako przegrane.

Ziemia nieobiecana

Rozmowa z Agatą Zysiak i Martą Madejską ze Stowarzyszenia Topografie

Czy Łódź jest miastem meneli?
Agata Zysiak: To zależy, kto je opisuje.
Bogusław Linda tak je opisał.
A.Z.: To ciekawy przypadek: jego wypowiedź została przewrotnie przechwycona jako element lokalnej tożsamości. Mieszkańcy z dumą prezentowali koszulki „Jestem łódzkim menelem". Wizja brutalnego, niełatwego miasta może zostać przekuta w coś pozytywnego.
Może jednak Linda ma rację? Łódź ma największe bezrobocie wśród dużych miast. Najszybciej się wyludnia. Studenci nie chcą się tu uczyć. Turystów tylu, co kot napłakał. Nie pokazują jej nawet na mapach pogody w telewizji. Miasto wyklęte.
A.Z.: Nie różnimy się od innych przemysłowych miast, jeśli spojrzymy na przykład na przestępczość czy alkoholizm. Różnica leży w wizerunku. U mnie w domu było powiedzenie „Kto z Łodzi pochodzi, ten sam sobie szkodzi". To narastało przez stulecia.
Kiedy zaczęła się czarna legenda?
Marta Madejska: Pierwsze szersze opisy Łodzi to lata pięćdziesiąte XIX wieku. Wcześniej, w latach dwudziestych tego stulecia powstaje, używając współczesnych określeń, specjalna strefa ekonomiczna, stworzona przez władze Królestwa

Polskiego, obejmująca między innymi Łódź. Rolnicza osada staje się przemysłowym miastem, które w ciągu stulecia rozrasta się sześćsetkrotnie.

A.Z.: To szokujące zjawisko. W sąsiedztwie miasteczek i sztetli, wśród wiejskiej kultury, nagle wyrasta miasto, do którego zjeżdżają osadnicy z Niemiec, Czech, Portugalii. Wnoszą ze sobą myśl techniczną. Łódź rozwija się dzięki bawełnie. Bardzo szybko rośnie. Rzemieślnicze zakłady przekształcają się w fabryki. To, co się dzieje, nie mieści się w znanych wówczas kategoriach poznawczych. Łódź nie przypomina Krakowa, Warszawy, Lwowa. Staje się monstrualnie wielka i groźna. Zbyt nowoczesna. Zbyt kapitalistyczna.

Kto ją tak opisuje?

A.Z.: Warszawska inteligencja. W Warszawie długo nie wiedzą, co się tu dzieje. A kiedy zaczynają przyjeżdżać dziennikarze, przeżywają szok. W środku lasu widzą gigantyczne miasto fabryk, wkrótce drugie po Warszawie. Ich reportaże mieszczą się często w takiej ramie: podróży do egzotycznego miejsca, gdzie lokalni mówią innym językiem.

Innym językiem?

A.Z.: Łódzki to mieszanina polskiego, niemieckiego, jidysz, rosyjskiego.

M.M.: Polskiego z naleciałościami regionalnymi. Gdy miasto się rozrasta, potrzebuje siły roboczej. To ludzie napływowi, głównie ze wsi. Gwary Polski centralnej i wschodniej mieszają się z językiem przemysłowej produkcji. Spolszczano niemieckie nazwy. Tkacz był „weberem".

A.Z.: Wraz z napływem litwaków dochodzą kolejne dialekty. Łódź brzmi inaczej od pozostałych polskich miast. Poza tym nie ma tu inteligencji, która rozpowszechniałaby literacki język polski.

Co tamci reporterzy piszą o Łodzi?

A.Z.: To świadectwa podobne do opowieści z Afryki, tylko zamiast dżungli mamy las kominów. Spowity dymem, tajemniczy, z błotem na ulicach. Trudne miasto, które dziwi jak egzotyczne krainy. Wśród polskich elit dominuje wówczas kultura szlachecka, a w Łodzi królują „przerażający, anemiczni, barbarzyńscy robotnicy". Pojawia się konstrukt lodzermenscha. To nowoczesny cwaniak – przedsiębiorca, który myśli tylko o pieniądzach. Opisy Łodzi przypominają opisy robotniczych dzielnic Londynu, Nowego Jorku, Manchesteru. Wszędzie widać szok nowoczesności i wczesnego kapitalizmu.

M.M.: Dla postszlacheckich reporterów przemysł jako taki jest niezrozumiały. Pył i hałas nie przypominają rolnictwa, z którego wcześniej się utrzymywali. Łódź to też siedlisko niemoralnych kobiet, które rozbijają tradycyjne rodziny.

Słucham?

M.M.: No bo tak: robotnica wychodzi z patriarchalnych stosunków na wsi, z bezrolnej albo małorolnej rodziny. Wyrywa się „z niewoli u ojca i bydła", jak to określiła pewna miejska migrantka z międzywojnia. Przyjeżdża do Łodzi, dostaje pracę, która daje jej jakieś skrawki niezależności. Nie jest materiałem na „dobrą żonę i matkę". Pracuje w fabryce obok mężczyzn i nie chce iść na służbę, a to wtedy jedyna akceptowana forma pracy kobiet. Robotnicy i robotnice wstają przed świtem, budzeni syrenami. Biorą bańkę zupy i kawałek chleba – jeśli je mają. Idą do pracy na dwanaście do szesnastu godzin. W XIX wieku nie ma żadnych umów, tylko ustne porozumienia między pracodawcą a pracownikami. Fabrykant może ich wyrzucić w każdej chwili. Wracają wykończeni. W niedzielę chcą więc pójść na majówkę, gdzie piją, tańczą i głośno się bawią. Obraz tej „tłuszczy" jest dla publicystów przerażający. Tancbudy jawią się im jako totalny upadek moralności, co świadczy o tym, że nigdy nie widzieli wiejskiej zabawy.

W międzywojniu władza zachowuje się tak, jakby Łódź nie istniała.

M.M.: Po 1 wojnie liczba ludności miasta spada o połowę. Przemysł odbudowuje się, ale wielkim kosztem. Właściciele fabryk wprowadzają racjonalizację pracy. Myślą: jeżeli robotnica może pracować na czterech krosnach, to czemu nie na sześciu czy ośmiu? Śrubujmy normy i zwolnijmy te, które pracowały na pozostałych krosnach. Przychodzi wielki kryzys, masowe zwolnienia, ogromna nędza i protesty przeciw obniżaniu głodowych pensji. Nic dziwnego, że dwudziestolecie to czas strajków.

A.Z.: To moment, kiedy Łódź nazywana jest czerwonym miastem. Komuniści, socjaliści mają tu wielką siłę. Łódź znów ma złą prasę. Nie powstaje tu wyższa uczelnia, bo mieszanie inteligencji z masą robotniczą jest niebezpieczne. Staje się tykającą bombą, której obawia się sanacyjny rząd.

Po II wojnie znikają Niemcy i Żydzi. Polska Ludowa powinna wynosić robotniczą Łódź na sztandary.

M.M.: Czasem to robi, tylko za tym nie idzie kasa.

A.Z.: W 1945 roku Łódź to największe miasto Polski. To tutaj przeprowadza się rząd z Lublina, przenosi inteligencja. Otwierają się uczelnie, których dotąd nie było. Łódź działa jako nieformalna stolica. Ale to krótki moment. Od 1948 roku inteligenckie środowiska odpływają do Warszawy. Łódź nie trafia do planu pięcioletniego i do lat siedemdziesiątych nie doczeka się planów modernizacji.

Dlaczego?

A.Z.: Po części dlatego, że nie trzeba jej odbudowywać: większość zabudowy nie została zniszczona w czasie wojny. Ale też lekki przemysł nie jest w centrum uwagi władz PRL-u. Był jeszcze jeden powód. Łódź ma silną klasę robotniczą. Robotnicy w 1945 roku spontanicznie przejmują fabryki. Sami tworzą rady pracownicze w zakładach, którymi kierowali Niemcy. Są zaprawieni przez strajki dwudziestolecia, wydarzenia rewolucji 1905 roku. Nie są łatwi do pozyskania, jak migrujący do miast chłopi. Mają inną wizję tego, jak powinna wyglądać robotnicza Polska.

W latach siedemdziesiątych między innymi dzięki strajkom włókniarek dochodzi do obniżenia cen żywności w całym kraju. Wygrywają, choć dziś nikt o tym nie mówi.

M.M.: To także kwestia płci. Przemysł włókienniczy oparty jest na kobietach. Decydenci inaczej je traktują. Podczas strajków z lat 1945–1947 mówią, że „te histeryczki z Łodzi wariują". W opozycji z kolei pokutuje pogląd, że kobiety protestują tylko wtedy, kiedy brak im chleba, a prawdziwą polityką zajmują się stoczniowcy i górnicy. Jakby dostęp do chleba nie był kwestią polityczną. W Łodzi strajki wybuchają w lutym 1971 roku – dwa miesiące po Wybrzeżu. Rozmiar protestu zaskakuje władze. Przyjeżdża reprezentacja rządu i jest trochę przerażona tym, w jak kiepskim stanie jest miasto, jak zdeterminowane są te kobiety. Władza robi wiele, by reszta kraju się o tym nie dowiedziała.

Po reformach Balcerowicza w Łodzi zostaje morze opuszczonych fabryk.

A.Z.: Przegrani transformacji nie są równi. Palone opony stoczniowców czy górników dają przynajmniej częściowe zabezpieczenie kontraktów. A włókniarki nie idą pod Sejm. Zostają w domu. Nieco upraszczając, powiemy, że z robotnic stają się babciami. Lata dziewięćdziesiąte to czas stagnacji. Rozpoczyna się odpływ mieszkańców. Wzmacnia się negatywna lokalna tożsamość. Na początku XXI wieku lokalne władze obierają kurs: Łódź będzie miastem przemysłów kreatywnych. To kopia tego, co się działo w Manchesterze czy innych upadłych miastach przemysłowych. Kłopot w tym, że pomysł w żaden sposób nie nawiązuje do grup, które zostały tu po transformacji. Nie uwzględnia specyfiki miasta postsocjalistycznego.

M.M.: Manchester odchodził od tradycyjnego przemysłu przez kilkanaście lat. W Łodzi zajęło to kilka lat. Bezrobocie w latach dziewięćdziesiątych przekracza sto tysięcy osób. Jednocześnie w całym kraju mówi się o samorozwoju. Jak się nie starasz, to jesteś *homo sovieticus*. Ale jak tu się starać, jeśli tracisz pracę, a po chwili traci ją mąż, siostra, szwagier, sąsiadka. W całej twojej kamienicy nie ma już nikogo pracującego. Nie ma gdzie szukać pomocy. Porównując to, jak mówi się o mieszkańcach Manchesteru i Łodzi, widzimy podobnie nacechowane języki. W Anglii jest termin *chavs*, czyli agresywny bezrobotny z klasy robotniczej. U nas mówi się o dresach, menelach, żulach.

Łodzianie też tak o sobie mówią?
A.Z.: Jeśli patrzymy na dane pokazujące utożsamianie się z miastem, to wypadamy gorzej niż inne metropolie.

M.M.: Gdy sprowadziłam się tu dziesięć lat temu, spotkałam osoby z bardzo obniżonym poczuciem wartości. Panowało totalne poczucie niemocy. Ale to się zmieniło: dowodem ironiczne podejście do „łódzkich meneli" Lindy.

Tylko na czym budować tożsamość? Na historii robotników?
M.M.: A czemu nie? Tu są robotnicze rodziny od czterech pokoleń. Kiedy w ramach projektu Miastograf.pl rozmawiam ze starszymi paniami, niejedna z dumą mówi: byłam włókniarką. Rozmawiam też z osobami, które przyjechały po 1945 roku ze wsi. Ich rodzice byli niepiśmienni. Dla nich Łódź stanowiła szansę. Te kobiety ciężko pracowały przez trzydzieści lat i czasami mają szczęście widzieć, jak ich wnuki idą na studia. Patrzą na to właśnie jak na wykorzystaną szansę. Niestety, dla młodych fabryki to tylko zniszczona przestrzeń. Puste mury.

A.Z.: Nasza kultura jest tworzona przez inteligencję tęskniącą za szlacheckimi korzeniami. Już nawet kultura chłopska doczekała się ostatnio lepszego upamiętnienia niż robotnicza. Łódzkie fabryki były na początku XXI wieku wyburzane. Nie traktowano ich jak zabytków. Może musi upłynąć więcej czasu? Przez lata robotnicza historia kojarzyła się nam z PRL-em. To się powoli zmienia. W Łodzi wróciły obchody rewolucji 1905 roku. Mamy już coś więcej niż tylko Bieg Fabrykanta.

Łódź ma szansę na zmianę wizerunku?
A.Z.: Mało które miasto w Polsce ma tak dobre komponenty do zbudowania unikalnej narracji. Opowieści o nowoczesności, kapitalizmie, uprzemysłowieniu, walkach robotniczych, szybkim rozwoju – o produkcie marketingowym z tak wyrazistymi komponentami można tylko marzyć. Przemysłowa przeszłość jest wyjątkowa w skali kraju, a dobrze przeprowadzona rewitalizacja może usunąć wiele problemów. Tak, jest nadzieja.

Agata Zysiak jest socjologiem kultury. Wydała *Punkty za pochodzenie. Powojenna modernizacja i uniwersytet w robotniczym mieście* (Kraków: Nomos, 2016). Współtwórczyni Stowarzyszenia Topografie, które zajmuje się tożsamością łodzian.

Marta Madejska jest kulturoznawcą, związaną z Łódzką Gazetą Społeczną „Miasto Ł", autorką książki *Aleja Włókniarek* (Wołowiec: Czarne, 2018). Członkini Stowarzyszenia Topografie i redakcji Miastograf – Cyfrowe Archiwum Łodzian.

Sierpień 2017

Stajnia jednorożców

Chłopak zakłada kaptur, rozgląda się po ulicy. W podwórku koledzy czekają na sygnał. Wszyscy wiedzą, że pod trójką handlują dopalaczami. Robotę chyba utrudnia mu rozkopana Wschodnia, klienci nie bardzo mają jak wjechać. Odpala papierosa, spluwa na chodnik, kiwa głową z uznaniem.
— Co by nie mówić, Zdanowska w chuj w mieście zrobiła.

Godzina 8.00
Zwykle jest w biurze po siódmej, ale dzisiaj wpuszczała budowlańców do mieszkania.
Ubrana w dżinsy, czarną bluzkę, marynarkę w paski. Wita się z sekretarką, pyta skarbnika, jak po urlopie.
Kierowca odpala nowiutką mazdę 6. Zajeżdżają pod park Moniuszki. Asystent fotografuje komórką, jak Hanna gospodarskim okiem ocenia postęp robót, zerka na rozrzucone pod płotem małpki.
— Maciej, niech tutaj ktoś posprząta. Ja rozumiem, plac budowy, ale bez przesady — mówi do swojego asystenta.
Robotnicy uśmiechają się, przebierają łopatą. Z cerkwi podbiega ksiądz, prosi o zdjęcie. Mijają Dworzec Fabryczny.

– Warszawa nigdy o Łodzi nie myślała. Dobrze, że Cezary załatwił ten dworzec. On akurat zawsze myślał o mieście.

Donald Tusk zadzwonił do swoich ministrów i rozkazał, by przestali się wygłupiać. Tak Hanna Zdanowska została prezydentem.

Zaczęło się w styczniu 2010 roku, kiedy łodzianie w referendum odwołali Jerzego Kropiwnickiego. To czas, kiedy Tomasz Piątek pisał o centrum Łodzi – „tonące w gnoju podwórka, w restauracjach można się zrzygać". Co trzeci Polak nie kojarzy Łodzi absolutnie z niczym. Dziennikarze stwierdzają: „Centrum jest obrzydliwie brudne".

Miastem rządzi komisarz, a Platforma Obywatelska (PO) szykuje wybory na szefa w Łodzi. Wygrany zostanie też kandydatem na prezydenta. Krzysztof Kwiatkowski, minister sprawiedliwości, już wita się z gąską, kiedy na scenę wjeżdża Cezary Grabarczyk. Niby tylko minister infrastruktury, ale tak naprawdę druga osoba w Polsce.

Bo Grabarczyk, pseudonim Czaruś, mistrz uśmiechu i fryzury *à la* Al Pacino, tu obieca drogę, tam obwodnicę. Buduje tak zwaną spółdzielnię: grupę wiernych sejmowych szabel. Rywalizuje ze Schetyną, a w rodzinnej Łodzi z Kwiatkowskim.

Wybory w PO to ma być starcie tytanów, ale w piątek przed zjazdem do obu panów dzwoni premier. Ministrowie mają wskazać awatarów, którzy do walki staną za nich. Grabarczyk tylko na to czekał. Wskazuje najwierniejszą z wiernych: posłankę Hannę Zdanowską.

Poznali się w 2002 roku. Grabarczyk był świeżo upieczonym posłem, Zdanowska – dyrektorem Izby Przemysłowo-Handlowej. Takich ludzi szuka rodząca się PO. Przedsiębiorców z liberalnym zacięciem. W 2006 roku w ramach koalicji z Jerzym Kropiwnickim i PiS-em zostaje wiceprezydentem miasta. Zasłynie pomysłem na budowę toru Formuły 1 w Łodzi. Za chwilę dostaje się do Sejmu. Powtarza: Grabarczyk to mój mentor.

– Kwiatkowski rywalizował, ale nie definiował, po co – opowiada mi dziś Grabarczyk. – Dla mnie wizja była jasna: wielki dworzec, szesnaście metrów pod ziemią. Kolej dużych prędkości. Tunel łączący dwa dworce. Najlepszym sposobem było wykreowanie prezydenta, który myślałby podobnie.

Zdanowska na głosowanie sprowadza karne wojsko delegatów. Zostaje szefem PO w Łodzi. Na konwencji od Grabarczyka dostaje kompas, „żeby nie zbłądziła".

A dziennikarzy zapewnia, że minister nie będzie sterował miastem z tylnego siedzenia.

– Atakowali ją niesprawiedliwie. Samodzielnie dobrała ekipę, sama podejmowała decyzje – mówi dziś były minister.

Wyniki wyborów Zdanowska ogląda w pubie Łódź Kaliska. Na scenę prowadzi ją Grabarczyk. Pod rękę, jak pannę młodą do ślubu.

– Łódź będzie piękna! – ekscytuje się, uzbrojony w bukiet czerwonych róż.

Za chwilę załatwia Łodzi największy w kraju dworzec, trasę S8, tunel z Fabrycznej na Kaliską. Wie, że Zdanowska pójdzie za jego wizją.

Musiały ją jednak denerwować pytania dziennikarzy, bo jak tylko poczuła siłę, zaatakowała pryncypała.

Najpierw próbuje odwołać Witolda Stępnia, marszałka i protegowanego Grabarczyka. W 2017 roku staje przeciwko Grabarczykowi w walce o funkcję szefa regionu. Wygrywa. Jego ludzi wycina bezlitośnie.

Grabarczyk dziś to bagatelizuje:

– Rywalizowaliśmy, ale to w polityce normalne.

Dziś jest szeregowym posłem. Pytam, jakie mają relacje.

– Jak brat z siostrą.

Godzina 8.30

Służbowa mazda parkuje przy Nawrot. Ulica rozkopana, jedno wielkie błoto.

Pani z mięsnego macha, pani prezydent się kłania.

– Ja znowu tutaj. Przepraszamy, że to tyle trwa.

Dziś magistrat remontuje, ale w Łodzi przez lata nic się nie działo. Miasto zostawiono bez pomocy. Nierentowne fabryki trzeba było zamykać, ale czemu ludzi zostawiono samych? Włókniarki, inaczej niż górnicy, żadnej pomocy nie dostały. Jako posłanka pielgrzymowała do ministra Boniego. Pokazywała, ile Łódź dostała w III RP. Boni przyznał:

– Nie wiedziałem, że z Kuroniem aż tak was zaniedbaliśmy.

Ale teraz są pieniądze, pani prezydent robi, zamiast się kłócić, przecież chodnik nie jest polityczny. Na rady miasta nie chodzi, z szacunku do radnych. Ilekroć się pojawiała, wybuchały awantury. A ona jest gospodarzem, nie politykiem.

Przesadna skromność.

Władzy w partii nie oddała do dziś, ale na wybory partyjny sztandar chowa głęboko. Dwa razy proponowano jej wiceszefa partii. Odmówiła.

W pierwszej kadencji radni PO od Kwiatkowskiego sprzeciwili się pani prezydent. Zostali wyrzuceni. Zdanowska, na własne życzenie, straciła większość w radzie. Ale poradziła sobie. Radę albo ignorowała, albo atakowała.

– Wasza ocena mojej pracy mnie nie interesuje. Dla mnie liczy się tylko opinia łodzian – rzuca na radzie miasta 30 października 2014 roku, jakby nie pamiętała, że radnych też wybrali łodzianie; i w sumie właśnie po to, by pilnowali prezydenta.

Nigdy nie debatuje z oponentami. Jej spin doktorzy mają nazwę na tę taktykę. To *Fly above the race*. Leć ponad wyścigiem.

Zaprosiła na pokład Tomasza Trelę, niedawnego konkurenta w wyborach. Zwasalizowała Sojusz Lewicy Demokratycznej (SLD), aż lewica stopiła się z Platformą.

Rozbiła organizatorów referendum za jej odwołaniem. Zmarginalizowała społeczników, zatrudniając ich w urzędzie lub podkradając ich pomysły.

Z Warszawą walczy o miejsca dla swoich ludzi do parlamentu. Tuska ściąga do Łodzi na Igrzyska Wolności. Publicznie atakuje Grzegorza Schetynę. Wie, że może.

Zdanowska to nie polityk? Wolne żarty – pukają się w czoło radni.

Godzina 9.00

Przez skrzyżowanie marszałków Piłsudskiego i Rydza-Śmigłego przejeżdża nie w humorze. Na Śmigłego robota znowu stoi, mają problemy z wykonawcą. Ale wyrzucić go też niedobrze, bo zanim wybiorą nową firmę, miną lata.

To najgorsze skrzyżowanie w mieście. Był nawet pomysł, żeby w tym miejscu zbudować wiadukt, ale mieszkańcy podnieśli larum, że im ciężarówki pojadą na wysokości trzeciego piętra. Odpuściła. Teraz żałuje.

Szofer parkuje przy Dąbrowskiego, gdzie kładą nowe tory. Szefowa zagaduje trzech panów opartych o łopaty. Panowie chyba nie wiedzą, kim jest kobieta.

– Ukraińcy – konstatuje szefowa, z pewną satysfakcją nawet, bo Łódź na imigrantów jest bardzo otwarta.

Za to pan z koparki hamuje maszynę, macha.

– Miło panią widzieć, proszę częściej wpadać!

Tu wszystko w porządku, asystent Maciej nie ma czego notować. I tak dzisiaj będzie miał telefonów niemało. Życie asystenta to nie bajka.

– Siedzieliśmy na Piotrkowskiej, patrzyliśmy, jak ta ulica wygląda. Korespondowała z całym miastem. Dzieci w beczkach i pavulon. Widzieliśmy, że Wrocław nam odjeżdża. Znajomi oglądali się na Warszawę. A my nie chcieliśmy wyjeżdżać – wspomina Paweł Bliźniuk.

To jego rękami Zdanowska przejęła władzę w Platformie. Dwudziestoletni Bliźniuk, student prawa i działacz PO, podchodzi do wiceprezydent Zdanowskiej porozmawiać o sporcie młodzieży. Jest 2007 rok, a Bliźniuk już myśli, że ona pasuje na prezydenta. Tomasz Piotrowski ma lat dziewiętnaście. Bliźniuk, kolega z partii i uczelni, zabiera go na spotkanie z wiceprezydent.

– Ja trochę speszony, w T-shircie, w gabinecie oficjela po raz pierwszy. Wiceprezydent rozmawia ze mną jak z równym, choć mógłbym być jej synem.

Później Piotrowski dorabia w firmie PR-owej. Gdy Zdanowska wchodzi do Sejmu, zostaje jej asystentem.

– Wiedzieliśmy, że kto wygra szefa Platformy w Łodzi, ten zawalczy o prezydenturę. To był projekt zaplanowany od początku.

W strukturach łódzkiej Platformy tworzą środowisko młodych działaczy, nazywanych Kołem Aktywności. Akcję werbunkową prowadzą na wydziałach prawa i ekonomii.

– Chodzili po studentach, brali ich na wódkę, podsuwali pod nos deklarację członkowską. Pompowali koło – opowiada anonimowo uczestnik zjazdu.

Piotrowski:

– Nie było żadnego pompowania. Ci ludzie istnieli naprawdę. Nie mówiliśmy: „Chodźcie do partii politycznej". To nie jest sexy. Ale sexy jest zmiana miasta.

Zebrali czterysta osób. Do wyborów na lidera PO wchodzili policzeni. To oni dali Zdanowskiej zwycięstwo.

Drugi etap to wybory na prezydenta.

Sztab urządzają na Piotrkowskiej, w biurze poselskim. Pobudka o szóstej trzydzieści. Koniec o dwudziestej pierwszej. Piotrowski sypia w biurze na karimacie przykryty kocem. Albo w śnieżycę maszeruje do biura pieszo, półtorej godziny, bo całe miasto stoi. Bliźniuk wraca nocą ze spotkania z wolontariuszami, ma wypadek samochodowy, jego auto koziołkuje. Będąc w szoku, pierwszy telefon wykonuje do szefowej. Działają przemęczeni, ale widzą metę.

Piotrowski:
– Przeciętny łodzianin nie miał pojęcia, kim jest Zdanowska. Wiedzieliśmy, że jeśli zbudujemy rozpoznawalność, to wygramy. Pomaga im Szymon Midera, były PR-owiec mBanku, znajomy Grabarczyka. To nazwisko jeszcze do nas wróci. Kandydatka w spotach ma wyglądać właśnie jak z reklamy banku. Przywdziewa czerwony żakiet – ponoć po to, by upodobnić się do kanclerz Angeli Merkel.

Piotrowski:
– Zadziałało. Ludzie kojarzyli ją z tym czerwonym kubraczkiem.

„Kampanię Zdanowskiej spaja słowo Walka – pisze Marcin Darda w »Dzienniku Łódzkim«. – Uścisk dłoni też ma zauważalnie mocniejszy. Nadrabia tym odrobinę bijący z jej spotów brak pewności. Głos jej drży, ale to paradoksalnie może jej pomóc. Lubimy ludzi takich jak my, którzy pokazują, że nie są doskonali".

Na ostatniej prostej po mieście krążą ulotki, jakoby Zdanowska na wyjeździe służbowym w Chinach tańczyła na stole w dyskotece. Albo zdjęcia kandydatki przemęczonej, bez makijażu. Pojawiają się plotki, że nadużywa alkoholu.

Piotrowski:
– Dziennikarze dzwonili, co my na to. Szefowa nie płakała, ale zrobiło się ciężko.

Zdanowska po wyborach nie zapomina o chłopakach. Bliźniuk i Adam Wieczorek, kolejny z Koła Aktywności, dostali jedynki na listach i weszli do rady. Zdanowska walczy nawet o fotel wiceprzewodniczącego dla Bliźniuka, mimo że ten ma dwadzieścia trzy lata i jest nowicjuszem. Na osłodę dostanie posadę w Łódzkiej Spółce Infrastrukturalnej. Wieczorka zatrudni zaprzyjaźniony marszałek. Sebastian Bohusewicz, następny „aktywny", będzie prawnikiem w magistracie.

Ale to Tomek Piotrowski jest numerem jeden. Zostaje szefem gabinetu Zdanowskiej. Ma dwadzieścia cztery lata.

Piotrowski:

– Szok. Pojawiają się realne pieniądze, a nie dziesięć złotych w kieszeni studenta.

Dziennikarze nazywają Piotrowskiego nadprezydentem. W biurze opowiadają, że potrafi starszym o pokolenie urzędnikom rzucić: „Nie podoba się? To wypierdalaj!".

Radni wspominają, że kiedy Piotrowski przychodził na komisje, przerywał obrady i mówił radnym PO, jak mają głosować. Mimo że formalnie nie miał żadnej władzy.

– Pierwszy raz na sesji myślałem, że to taki techniczny. Ale jak o coś pytałem urzędników czy radnych, to odsyłali do niego. Mówili: „On ci to załatwi" – opowiada działacz społeczny.

Polityk opozycji:

– Ja tej ekipy nie znoszę, ale Piotrowskiego sam bym zatrudnił. Wart jest każdych pieniędzy.

Chłopaki na pół roku przed wyborami biorą urlopy, jadą na działkę, bazgrzą po flipcharcie, wymyślają kampanię. Mają sondaże, dane, raporty. Nie biorą zewnętrznych PR-owców.

Cel na drugie wybory to pokazać, że osoba publiczna może być proszkiem do prania. Przygotowują trzy plakaty ze Zdanowską – odmłodzoną komputerowo o dwadzieścia lat. Dżinsy, rozpięta koszula, czerwona cegła w tle. Hasło: „Kocham Łódź".

Drugi plakat pokazuje Zdanowską w biznesowym stroju, w tle EC1 – zrewitalizowany kompleks pierwszej łódzkiej elektrowni. Element przyszłego Nowego Centrum Łodzi. Hasło: „Zmieniam Łódź".

Trzeci plakat to ciepły uśmiech, zegar na woonerfie. Hasło: „Budujmy Łódź".

Zdanowska wygrywa w I turze.

Trzecia kampania zakłada precyzyjne targetowanie na osiedla. Jak ktoś mieszkał na Retkini, to w windzie czytał o planie dla Retkini. Jak ktoś przeglądał Facebooka na Rudzie, dostawał materiały z Rudy. A Zdanowska dostaje siedemdziesiąt dwa procent.

Prezydent mówi o nich: moje chłopaki. Widuje ich częściej niż własnego syna. Pierwsza dowiadywała się o ich miłościach, rozstaniach, dzieciach. Są prawie jak rodzina.

Po wyborach w 2018 roku Bliźniuk zostaje dyrektorem Departamentu Obsługi i Administracji. A raczej p.o. dyrektora, bo magistra nie zrobił. Piotrowski szefuje Łódzkiej Spółce Infrastrukturalnej. W porównaniu z harówą w urzędzie to niemal emerytura. Zasłużona.

Godzina 9.30

Mazda zajeżdża na Włókienniczą, pod remontowane kamienice. Panowie w kaskach biegają po rusztowaniach. Jeden podchodzi, uśmiecha się.
– Dzień dobry, a ja tu tynk kładę.
– Cieszymy się, że pan dla nas pracuje – odpowiada szefowa.
Jego kolega ściska jej dłoń.
– Dziękujemy za to, co pani robi!
Tylko na kamienicy obok pustki. Żadnego robotnika. Robota stoi. Pani prezydent prosi:
– Maciej, zadzwońmy do tej drugiej firmy, proszę, to jest niepoważne. Przecież tu też budowa powinna iść już pełną parą.
Kierownik robót też się uśmiecha.
– Spokojnie, w terminie zdążymy.
W kamienicach miasto zrobi mieszkania komunalne, lokale dla samotnych matek. Nie będzie typowych mieszkań socjalnych. Pani prezydent nie pozwoli, by do odnowionych wnętrz wrócili ludzie, którzy je zdemolują, powyrywają krany. Dla nich powrotu nie ma.

Ale poza tym w centrum ma być społeczny miks. Takie są rozwiązania na całym świecie. Urząd na programy aktywizacji wydaje setki milionów. Ostatnio kilkanaście pań przeszkolili na opiekunki medyczne. Wszystkie teraz pracują! Wędka, nie ryba – taka jest filozofia. Pani prezydent zapewnia, że serce ma po lewej stronie.

Naoglądała się życia. Na początku prezydentury chodziła po delegaturach i rozmawiała po sześć godzin. Starsze panie płakały. Niech coś zrobi, żeby synowie wrócili, żeby tu jakaś praca była, bo wszystkie dzieci na Zachodzie, a one zostały same w tej Łodzi. Litanie, krzyki, pretensje. Hanna myślała: „Przecież ja dopiero zaczynam!".

Jak zamykała nierentowne szkoły, rodzice krzyczeli: „Zdanowska na taczkę! Kłamczucha!". Powyborcze sondaże dawały jej trzynaście procent.

Łodzianie nauczyli ją walki, takiej „formy przetrwalnikowej". Życie w tym mieście to nie jest łatwa sprawa, a łodzianie zawsze sobie poradzą.

Gdy szefowa znika w gabinecie, Maciej chwyta komórkę.

– Dzień dobry, pani prezydent chciałaby wiedzieć, czemu kamienica pusta, robota nie idzie...

Godzina 10.00

Temat spotkania: Jak przekonać nowych mieszkańców, żeby płacili PIT w Łodzi? Łukasz chętnie pokaże na prezentacji. Może loteria z nagrodami? Mieszkanie? Prezydent kręci głową.

– W mieszkanie bym nie szła. A jak nie zdążymy wybudować? Lepiej nagroda pieniężna, nawet sto tysięcy. Robimy, macie zielone światło.

Łukasz pokazuje przy okazji dane. Łódź tak naprawdę to osiemset tysięcy mieszkańców. Wiemy, bo liczyliśmy zalogowane nocą telefony.

Choć demografowie i GUS powtarzają, że liczba łodzian spadnie poniżej pięciuset tysięcy, to prezydent statystykom nie dowierza. Młodych przybywa, a magistrat ich jeszcze bardziej zachęci.

Gdyby miała powiedzieć o swojej najważniejszej misji, to byłoby to „przywrócenie optymizmu" – dumy z miasta!

I tak się stało. Mamy dworzec największy w Polsce. Stara elektrownia zamieniła się w centrum rozrywki. Jest ogromny tramwajowy przystanek przesiadkowy, z wiatą zbudowaną z różnokolorowego szkła, któremu mieszkańcy nadają nazwę „stajnia jednorożców". Jest też odmieniona Piotrkowska. Młodzi opowiadają:

– Jak wybierałem studia w Łodzi, to się znajomi pukali w czoło. A teraz im gram na nosie, bo to się zrobiło fajne miasto do życia.

A pewien chłopak powiedział Zdanowskiej:
– Jedna rzecz mi się nie podoba. Że pani nie będzie rządzić wiecznie.

Godzina 11.00

W gabinecie flaga Polski i Łodzi, koszulka z napisem „*Girl on fire*" oraz „72,2" – wynik z ostatnich wyborów. Regał z książkami. Na półkach Tony Judt, Pągowski, przewodnik po rewolucji 1905.

Z wiceprezydentem rozmowa o reorganizacji. Cała wycinka zieleni ma przejść w jedne ręce. Maciek donosi stertę dokumentów. Co tu z budżetem zrobić? Rząd zmienia stawki podatków, dochody spadną o sto czterdzieści milionów. Tego się najbardziej boi. Prawo i Sprawiedliwość scentralizuje władzę, a o Łodzi zapomni. Miasto znów straci swoją szansę.

Ale prezydent rozumie, z czego wzięła się popularność rządzących. Szczerze przyznajmy: 500 plus to program, który wielu pomógł, choć mechanizm dystrybucji mógł być lepszy.

A może podnieść podatki najbogatszym? Gospodyni Łodzi kręci głową. Nie tędy droga. Im wyższe podatki, tym chętniej ludzie uciekają z płatnością. Ideał to podatki niskie. Dokładnie tak myślała Margaret Thatcher! Potrafiła zmienić gospodarkę. Wbrew górnikom, grupom wpływów zrobiła nowoczesną Anglię. Baba z jajami. To dla prezydent najlepszy wzór.

Tymczasem na Lutomierskiej staruszka wspina się do tramwaju, ale ten ma wysokie progi. Rzuca nią na boki jak w kolejce górskiej.

Tramwaje nie jeżdżą już po Warszawskiej, Wojska Polskiego, Legionów, Cmentarnej. Tory były w tak złym stanie, że podróż zagrażała życiu pasażerów.

Kto może, przesiada się do samochodu. I tak pogarsza sytuację w najbardziej zakorkowanym mieście w Polsce.

Dziewiętnaście tysięcy mieszkań należących do miasta nie ma WC. W osiemnastu tysiącach mieszkańcy do pieców wrzucają węgiel, drewno i śmieci. Smog wdychamy wszyscy.

Na Dąbrowskiego czy Limanowskiego znajdziemy kamienice do wyburzenia z lokatorami w środku. A jak po deszczu przejdziemy przez Stare Polesie, to utoniemy w kałużach długich na cały chodnik.

Ale co tam kamienice, co tam torowiska! My wam w Łodzi pokażemy! Dworzec największy w Polsce. Ogromną szklaną wiatę nad węzłem przystankowym za cztery miliony złotych. Elektrownię zamienioną na centrum kultury. Orientarium za milionów dwieście sześćdziesiąt. Stadion ŁKS-u za milionów sto trzydzieści.

Wszystko monumentalne i zrobione na bogato, nie że słoma z butów, tylko rozmach, żeby wstydu nie było. Niech Polska widzi, ogląda i zazdrości. Oto Łódź podniesiona z kolan!

Pani prezydent wytłumaczy tę pozorną gigantomanię. Dumę z miasta buduje się także wielkimi projektami. A one kosztują.

Dlatego w 2012 roku na tysiącu dwustu billboardach w Polsce zawisły zdjęcia łódzkich miejscówek z podpisami „Podwórzec z Łodzi pozdrawia Amsterdam", „Księży Młyn pozdrawia Oslo", „Murale z Łodzi pozdrawiają street art z Płocka".

Ekipa Zdanowskiej ściąga do Atlas Areny Shakirę, Eltona Johna, Korn, Muse, Madonnę.

Piotrowski:

– Pani Henia z Górnej nie pójdzie na Shakirę, ale ona wie, kto to jest. I będzie dumna, że ktoś taki przyjechał do Łodzi.

Prezydent, głucha na krytykę, za pięćdziesiąt milionów odnawia Piotrkowską. Rusza program Mia100 kamienic, piękniją elewacje w śródmieściu. Nie chodzi tylko o estetykę. Zdanowska pamięta pytania inwestorów „Jak mam tu przywieźć menadżerów na pięć lat? A co my po pracy będziemy robić? Zainwestujcie w kulturę, w centrum, to zobaczymy".

Piotrowski:
— Pierwsze targi w Cannes. Biznes pyta, co to jest za miasto w ogóle? Sześć lat później Ghelamco kupuje od nas działkę w śródmieściu. Za sto pięć milionów. Drogo. Ale oni nie kupują ziemi. Kupują wizję.

Godzina 12.00

Szofer mknie do domu dziecka. Prezydent chwyta wafle w kształcie paluszków. To jej śniadanie.
Na miejscu dzieciaki, pracownicy, studenci z politechniki. W wakacje trzydziestu wolontariuszy malowało, kładło płytki, wyburzało ścianki działowe.
Prezydent dziękuje, to właśnie jest działalność społeczna. W biegu między zdjęciami z młodzieżą złapie tort i borówkę. Obchodzi dom dziecka, zagląda w każdy kąt, na co organizatorzy nie są przygotowani. Tam są pokoje urzędnicze, pani prezydent, a tam nieposprzątane!
Zielona mazda mknie przez Jaracza. Szefowej skacze ciśnienie. Skąd ten skup złomu, miało nie być żadnych skupów w centrum! Mili panowie zaraz nam zdewastują przez to śródmieście!
Jaracza świeżo po remoncie. Utrudnienia są, wiadomo, ale jakie utrudnienia były przy Trasie W-Z! Ile ona się nasłuchała, że rozkopała miasto. Ale jakoś przetrwaliśmy, a mieszkańcy widzą, że drogi zmieniają się na lepsze.

„Inwestycje, jasna sprawa, ale czemu takie drogie?" – pytają sceptycy, złe języki.
Czemu Trasa W-Z, półtunel dla samochodów, kosztował siedemset siedemdziesiąt pięć milionów? Gdy początkowo miał kosztować trzysta, a do tego nie być żadnym półtunelem, tylko tunelem zupełnie prawdziwym? Kasę rząd PO dosypał na ostatniej prostej przed wyborami. Inwestycja przyspieszyła tramwaje o... zero minut. A to, co kierowcy oszczędzą pod ziemią, to odrobią z nawiązką, bo z tunelu wyjadą wprost na światła.

Po co ten remont?

– Bo stracilibyśmy dofinansowanie z Unii – usłyszał dziennikarz od pani prezydent.

Albo węzeł drogowy za dworcem Łódź Fabryczna. Plątanina zjazdów, wjazdów, skrzyżowań i zakrętasów. Pierwotnie w pobliżu miał powstać pas zieleni. Prezydent te plany wyrzuciła do kosza i zafundowała mieszkańcom betonowe serpentyny za pół miliarda.

– Urzędnicy przeskalowują wiele inwestycji, nie martwią się kosztami – twierdzi profesor Mariusz Sokołowicz, prodziekan Wydziału Ekonomiczno-Socjologicznego Uniwersytetu Łódzkiego. – Strategia władzy to maksymalne wykorzystanie środków unijnych na inwestycje. To z punktu widzenia PKB działa. Generujemy wzrost, bezrobocie spada. Tylko że nikt nie szacuje, co się stanie za pięć–dziesięć lat, gdy skończy się unijna rzeka pieniędzy, a my będziemy musieli utrzymywać te wielkie inwestycje.

Czy to nam zapewniło finansową rewolucję? Profesor chłodzi entuzjazm. Wpływy podatkowe rosną, ale rosną w każdym mieście. W Łodzi wcale nie szybciej niż we Wrocławiu czy Poznaniu. Łódź nigdy nie wydawała więcej na inwestycje, to prawda. W roku 2014 wydatki majątkowe wystrzeliły do dwudziestu siedmiu procent budżetu. Ale już rok temu spadły do najniższego poziomu od trzynastu lat.

W 2019 roku miasto przekroczyło pół miliona metrów kwadratowych powierzchni biurowej. Wielki skok to ostatnie dwa lata. Łódź dogoniła Poznań i Katowice. Ale zarobki wciąż ma najniższe z dużych miast.

Profesor Sokołowicz:

– Moja rada jest taka: zamiast budować molochy, inwestujmy w jakość życia.

Godzina 13.00

Pod urzędem strażacy w galowych mundurach. Prezydent podaje kluczyki do nowiutkich czerwonych wozów. Ochotnicza Straż Pożarna wygrała głosowanie w budżecie obywatelskim. Druhowie ściskają panią prezydent, robią fotki. Szefowa wsiada do szoferki, odpalać nie będzie, boby jeszcze staranowała urząd. Druhowie za to odpalają koguty. Prezydent ma piękne zdjęcia w kabinie strażackiego wozu. Na Facebooka w sam raz.

Urząd miasta robi konferencje pięć razy dziennie. Nowe drzewa w centrum miasta. Drogi rowerowe na Manii. Atrakcje na fali. Rewitalizacja. Każda okazja jest dobra.

– Odkryli słabość mediów. Dziennikarzy jest coraz mniej, materiałów do zrobienia coraz więcej. A tu pojedziesz na konfę, nagrasz setkę i masz gotowca – opowiada stary redaktor. – W urzędzie pracuje około dwudziestu byłych dziennikarzy.

Tomek Piotrowski:

– Przecież nie wzięliśmy ich na pokład jednego dnia. I nie zapraszaliśmy po to, żeby im zamknąć buzie. Jedynym kryterium było to, czy pasują do zespołu.

Jak ustalił radny Włodzimierz Tomaszewski, informowania mieszkańców pilnuje czterdzieści pięć osób zatrudnionych w trzech biurach. Przez trzy lata zatrudnienie w służbach informacyjnych wzrosło o dwadzieścia etatów. Na ich obsługę miasto wydaje czternaście milionów rocznie.

Jest osobna jednostka od mediów społecznościowych. Profil Łodzi na Facebooku to nie byle co!

Piotrowski:

– Startowaliśmy z sześciu tysięcy lajków na profilu, który prowadził wąsiasty dyrektor. My postawiliśmy na młodych. Wiele razy dostaliśmy po głowie, że to infantylne, kontrowersyjne. Ale mamy trzysta dziesięć tysięcy polubień. Wyprzedzamy Warszawę, Kraków i Pragę, zaraz przebijemy profil Polski. Prezydent dała nam wolną rękę. Choć czasami jedziemy po bandzie.

Kiedy? Na przykład z filmikiem, na którym Cezary Pazura wysiada na Łodzi Fabrycznej, rozgląda się i powtarza filmową kwestię „Łódź, o kurwa!". Tylko że tym razem kiwa głową z uznaniem.

Albo „Wielkim Roastem Łodzi", gdzie standaperzy godzinami obrażali miasto. W szranki z komikami osobiście stanęła Hanna Zdanowska.

Albo obrazkiem na Facebooku: twarz kobiety po pięćdziesiątce z podpisem „Patrz, Bożenko, kolejna rewitalizacja będzie". Internauci wychwycili, że kobieta na zdjęciu to Krystyna z Łomży, która trzy lata wcześniej zginęła w wypadku.

Nie zapominajmy o osiedlowych spacerach pani prezydent. Ula Niziołek-Janiak wspomina spotkanie z mieszkańcami na Teofilowie.

– Chodnik, trzy płyty zapadnięte, wygrodzone płotkiem. Prezydent robi pokazówkę. „Jak to możliwe, żeby w tym mieście takie rzeczy? Pani dyrektor, proszę tutaj natychmiast!" Pomyślałam sobie: „Ty manipulantko. To ja się osiem lat tłukłam o to, żeby zrobić ewidencję chodników, i nic! Byłaś kiedyś na Starym Polesiu? Bałutach? Chojnach? Widziałaś tam chodniki? A teraz cię trzy płyty oburzają".

Hanna Zdanowska odpowie na to:

– Nie każdy jeździ do centrum, nie każdy wie, co udało się osiągać. Dużo mówimy o budowaniu dumy z miasta, ale tej dumy nie dałoby się zbudować bez tych działań. To nie jest PR, to informacja!

Godzina 13.30

W pół godziny szefowa chwyci jadłospis, poprosi Maćka, żeby zamówił obiad z urzędowej kantyny, w gabinecie zje tylko rosół, gołąbki, ziemniaki. To jej jedyny normalny posiłek.

Prezydent ze zdrowiem jest na bakier. Nie biega, nie uprawia sportów. Jak tylko może, to chodzi pieszo, na nic więcej nie ma czasu. Takie są koszty prezydentury. Na szczęście ma już dorosłego syna oraz partnera, który wszystko rozumie. Największą cenę zapłaciła za swój proces. Dużo kosztowało ją, jak dziennikarze i śledczy grzebali jej w życiu prywatnym. Wszystko w imię politycznej zemsty. Nie ma wątpliwości: sprawę ukartował minister Ziobro. Przecież ona niczego nie zrobiła!

Hanna Zdanowska sama ściągnęła sobie agentów na głowę. W 2014 roku w magistracie za niejawne rządowe dokumenty odpowiadał jeden pracownik ochrony. Tylko on posiadał uprawnienia do dokumentów z klauzulą tajne i ściśle tajne. Trochę głupio, więc Zdanowska też poprosiła o dostęp. Agencja Bezpieczeństwa Wewnętrznego prześwietliła ją na wylot. Inspektor D. do prezydent wybrał się osobiście. Interesowały go dwie transakcje finansowe.

Pierwsza z grudnia 2008 roku. Zdanowska sprzedała partnerowi sześćdziesięciometrowe mieszkanie na Kozinach. Włodzimierz zaciągnął kredyt na dwieście tysięcy złotych, które przelał na konto Hanny. Pięćdziesiąt tysięcy wypłacił ukochanej w gotówce. Tak oboje oświadczyli w akcie notarialnym.

Druga transakcja miała miejsce rok później. Tym razem to Zdanowska kupuje działkę od Włodka. Na nieruchomość dostaje pół miliona kredytu. Sto pięćdziesiąt tysięcy wkładu własnego oddaje partnerowi w gotówce.

Agenci nie mogą przestać się dziwić. Po co Zdanowska sprzedaje lokal partnerowi, skoro cały czas razem mieszkają? Po co jej działka w centrum Łodzi, na której partner wciąż prowadzi firmę? Przecież mogli je sobie przekazać jako darowizny. No i gdzie są te wkłady własne przekazane sobie nawzajem w gotówce? Żadnej z tych kwot nie widać na ich kontach.

Zdanowska tłumaczy, że widocznie były to pieniądze zgromadzone w ich domu. Lubią mieć większą ilość gotówki. Kilka, nawet kilkanaście tysięcy złotych w razie nagłej potrzeby.

Inspektor D. nie daje za wygraną. Z panią prezydent spotyka się jeszcze trzy razy. W lutym 2015 Zdanowska przyznaje, że

Włodzimierz nigdy nie przekazał jej gotówki. Tak samo jak ona jemu. Te pieniądze nigdy nie istniały, a mieszkania i działki sprzedawali sobie tylko po to, by dostać pieniądze z kredytów. Kasa miała ratować upadającą firmę Włodzimierza, który zajmuje się haftem komputerowym. Parę lat temu u jego dwudziestoletniej córki z poprzedniego związku wykryto nieuleczalną chorobę. Włodek po prostu się załamał. Poświęcił się cały córce. Zaniedbał swoją firmę.

Agent D. ze spotkania wychodzi z odręczną notatką podpisaną przez Zdanowską. Zanim zdąży zareagować, Zdanowska składa wniosek o umorzenie postępowania. Jednak nie chce dostępu do informacji niejawnych. Agenci z miejsca zamykają sprawę.

Przypomną sobie o niej osiem miesięcy później. W międzyczasie w Polsce zmienia się władza. W lutym 2016 roku kierują do prokuratury zawiadomienie o podejrzeniu popełnienia przestępstwa. Dochodzą do wniosku, że Zdanowska i Włodzimierz kłamali w aktach notarialnych i w bankach.

W listopadzie partner Zdanowskiej usłyszy zarzut wyłudzenia kredytu, a ona – zarzut pomocnictwa. Informacja trafia do Rady Miejskiej w Łodzi, do mediów. Prezydent na szybko zwołuje konferencję.

– Ponieważ nie można mi nic zarzucić w sprawach miasta, rozpoczęło się grzebanie w moim życiu prywatnym – rzuca prezydent, jakby zapomniała, że sama zaprosiła agentów ABW. – W tym okresie borykaliśmy się z dużymi problemami ze względu na bardzo ciężką chorobę dziecka mojego partnera – mówi, a głos jej się załamuje. – Zdecydowałam się sprzedać Włodkowi moje mieszkanie, aby mógł w przyszłości zabezpieczyć godne warunki do życia swojemu dziecku.

Obraz płaczącej Zdanowskiej obiega Polskę.

Na Facebooku powstaje profil „Murem Za Hanką". Lubi go trzydzieści tysięcy osób. Piotrkowską przechodzi marsz poparcia. Są politycy, jest kilka tysięcy mieszkańców. Niosą hasła „Chcemy być z Tobą, chcemy być z Tobą jeszcze…", „Ziobro i Jaki natychmiast do paki".

Po mieście krążą plotki, że prezydent załamana, myśli o europarlamencie, senacie. Otoczenie w panice, przekonuje: „Hania, musisz!".

– Była zmęczona. Osobną kwestię stanowiły pieniądze. Przecież rządzi dyrektorami spółek, którzy zarabiają trzy razy więcej od niej – opowiada pracownik magistratu.

Koniec końców Zdanowska nie rezygnuje, a śledczym opowiada taką historię:

Odkąd została posłem, siedziała głównie w Warszawie. Z partnerem rozważali rozstanie. Włodek chciał odkupić od niej mieszkanie, żeby dać je córce. Umówili się, że te pięćdziesiąt tysięcy to będą jego nakłady na remont. Ponieważ jednak dziesięć lat trudno wykreślić z życiorysu, dali sobie drugą szansę. Zdanowska wracała z Sejmu do Łodzi. Obiecała partnerowi, że albo zostanie prezydentem miasta, albo zrezygnuje z polityki. A co do działki, którą kupiła od Włodka, to znalazł się na nią kupiec, więc swój kredyt zdążyła już spłacić.

Co do spotkań z agentem ABW, to miały trwać pół godziny, a okazały się długą listą szczegółowych pytań. Inspektor żądał, by okazała mu przelew na pięćdziesiąt tysięcy złotych. A przecież te pieniądze Włodek już dawno utopił w remoncie. Nie zachowały się żadne paragony. W notatce napisała to, czego funkcjonariusz sobie życzył.

Inspektor D. był zdziwiony. W trakcie żadnej rozmowy prezydent nie twierdziła, że te pięćdziesiąt tysięcy to kasa na remont. Okazało się, że prezesem ESBANKU, w którym kredyt brała Zdanowska, jest Jacek Zacharewicz, znajomy z sejmowych ław Platformy. Skoro kredyt spłaciła, to bank w osobie prezesa nie ma żadnych roszczeń. Ten wątek prokuratura umarza. Zostaje kredyt, który Włodek wziął w Banku Pocztowym. I znów przypadek, bo wiceprezesem jest tam Szymon Midera. Ten sam, który pomagał Zdanowskiej w pierwszej kampanii, a po wyborach został szefem jej doradców. W ciągu trzech lat inkasuje za to sto osiemdziesiąt tysięcy. Jego żona została prezesem łódzkiego lotniska. W sądzie Midera zezna, że Włodzimierza G. w ogóle nie zna, a Zdanowska nie wpływała na decyzję kredytową.

Włodzimierza zna za to Liliana, zastępca dyrektora placówki, w której brał pożyczkę. Po rozstaniu z bankiem dostała pracę w magistracie. „Z poboczy tej sprawy unosi się nieznośna woń nepotyzmu" – pisze Marcin Darda w „Dzienniku Łódzkim". Rozprawa rusza w listopadzie 2017 roku. Prezydent zarzut uznaje za absurdalny. Przecież nikogo nie chcieli oszukać.

12 marca 2018 słyszą wyrok. Są winni. Kara to grzywna na dwadzieścia pięć i dwadzieścia tysięcy złotych. Zdanowska, choć prawomocnie skazana, może jednak startować w wyborach. Z sądu wychodzi w skowronkach.

Jej obrońca się odwołuje. Pyta, czy dziś polskie prawo zapewnia sprawiedliwy wyrok? Ale kolejna rozprawa podtrzymuje wyrok w mocy. Zdanowska nigdy nie przeprosiła. W końcu nie ma za co.

Epilog napisał sekretarz stanu z PiS-u Jacek Sasin. Przed wyborami obwieszcza:

– Analizy prawne wskazują, że nie ma żadnej możliwości, nawet w przypadku wygranej, aby Hanna Zdanowska miała możliwość objąć skutecznie urząd prezydenta Łodzi.

Zdanowska wybory wygrywa, PiS chowa „analizy prawne" do szafy. A politolodzy dywagują, czy Sasin pomógł jej zyskać dziesięć, czy więcej procent?

Piotrowski:

– Pomógł na jakieś trzy–cztery procent. Sasin wypadł na smutnego gościa, który przyjechał z Warszawy i próbuje coś łodzianom narzucać. Wiedzieliśmy, że emocje są po naszej stronie.

Godzina 14.00

Prezydent osobiście opiniuje każde wycięte w mieście drzewo. Pani z wydziału inwestycji na rzutniku pokazuje drzewo uschnięte przy remoncie.

– Teraz już nie uratujemy, wycinamy – wyrokuje prezydent. Najwięcej drzew do wycięcia przynosi wydział zieleni miejskiej. Drzewa uschnięte, pokryte jemiołą – w porządku. Ale pani prezydent zapyta jeszcze, jak idzie podlewanie. Na pasie rozdziału na Pabianickiej – wszystko uschło. Prezydent mogłaby długo wymieniać. Dyrektor i jego zastępca kiwają głowami, wiją się jak piskorze, mówią, że mają w planach, będą podlewać, zaraz się do tego wezmą. Szefowa stwierdza: lepiej, żeby zaczęli jak najszybciej.

Choć ruchy miejskie gardłują, że magistrat wycina na potęgę, to prawda jest inna. Tu się każde drzewo ogląda.

– A skąd pani bierze te pomysły? – pyta rozanielona dziennikarka.

Pani prezydent dopowiada:

– Z podróży!

Ula Niziołek-Janiak popłakała się, jak to przeczytała. Pamięta, jak sama powtarzała w urzędzie: „Taki oto pomysł przywiozłam z wakacji!".

– Czyli to nie są nasze pomysły? Woonerfy to pomysł społeczników. Mia100 kamienic też. A pomysły władz to wielkie, betonowe inwestycje! – denerwuje się.

Społecznicy toczą z prezydent zimną wojnę. Bo ich pomysły weźmie, ale z wykonaniem gorzej.

Hubert Barański z fundacji Fenomen opowiada, jak na samym początku prezydent podpisała Kartę Brukselską. Czyli deklarację, że do 2020 roku piętnaście procent mieszkańców przesiądzie się na rowery. Faktycznie, miasto poszło w drogi rowerowe. Zmiana była na tyle widoczna, że wielbiciele rowerów zawiesili Masę Krytyczną – comiesięczny masowy protest rowerzystów na ulicach miasta.

Jest rok 2019 i Hubert ma jedno pytanie: ile procent mieszkańców jeździ na rowerze? Nie wiemy. Magistrat nigdy nie zaczął tego liczyć. Inwestycje rowerowe po paru latach wyhamowały. Czy prezydent spełniła obietnicę? Nie jesteśmy jej w stanie rozliczyć. Sprytne!

Podobnie budżet obywatelski. Kolejny pomysł NGO-sów. Urząd miejski hojną ręką sypnął kasą. Dwadzieścia milionów poszło na projekty mieszkańców! Półtora roku radni osiedlowi, społecznicy, urzędnicy, decydenci rozmawiali, co robić. Kampanię informacyjną współprowadziła fundacja Huberta. Myśleli, że jak spłynie sto wniosków, będzie sukces. Spłynęło ponad osiemset. Dalej: jak zagłosuje kilkadziesiąt tysięcy, to nie będzie źle. Zagłosowało sto trzydzieści tysięcy. Na następny rok urząd jeszcze bardziej podbił stawkę, mieszkańcy dostali czterdzieści milionów.

Osiem lat później Hubert ma na komputerze listę trzydziestu trzech projektów rowerowych, które wygrały w głosowaniu. Połowa do dziś nie weszła w życie.

Ula Niziołek-Janiak opowiada o społecznym programie 100 kamienic dla Łodzi, przemianowanym później na Mia100 kamienic. Pomysł prosty, przywieziony z Wrocławia. Magistrat co roku odnawia setkę kamienic, na każdą wydaje 2 miliony złotych. Zdanowska w skowronkach: robimy. Nawet wciągnęła pomysłodawców, w tym Ulę, na listy PO do Rady Miejskiej. Miasto do dzisiaj pokazuje zdjęcia, chwali się liczbami. Tyle już kamienic zrobiliśmy!

A Ula pamięta, że miasto na remonty dawało niewielkie kwoty, a potem w ciągu roku dokładało z oszczędności. Przetargi robiono na szybko, a roboty ruszały jesienią, gdy było już zimno i mokro. Efekt? Na Legionów budynek źle osuszony. Na Tuwima mieszkańcom wychodzi wilgoć i grzyb ze ścian. Przykładów jest więcej. Odnowione mieszkania zasiedlone są w niewielkim stopniu. Chętnych na nie brak.

Ula pamięta, jak łódzki alarm smogowy krytykował magistrat, a Ula, wtedy radna, dostała za to od Piotrowskiego burę: „NGO-sy są po to, żeby je wykorzystywać do robienia PR-u! Nie są od krytykowania!". W Uli się zagotowało. Wtedy też odeszła z Platformy.

„W sztabie prezydent żartują, że są mistrzami w »dymaniu społeczników« – opisuje Marcin Darda z „Dziennika Łódzkiego".

Piotrowski krytykę ze strony NGO-sów odrzuca:

– Sukces ma zawsze wielu ojców. Niektórym społecznikom bardziej zależy na lansie niż na realizacji pomysłów.

Pani prezydent też krzywi się na te sugestie. Mia100 kamienic, budżet obywatelski, woonerfy – wszystko to pomysły społeczników, ona to zawsze przyznaje. Ale społecznicy skupiają się na wąskim fragmencie, a prezydent musi patrzeć na całość. Weźmy rowery. Społecznicy chcieliby w ogóle wyrzucić samochody z centrum. Prezydent się zgadza, że ruch trzeba ograniczać, ale powoli! A co z przedsiębiorcami? Jak mają dojechać do klienta? Osiem bel materiału przewiozą na rowerze z przyczepką? Jeśli zamkniemy ruch, to zabijemy te firmy. Dlatego, choć prezydent społeczników lubi, to nie może się z nimi zgodzić.

Godzina 15.00

Studenci rozkładają kamery, nagłośnienie, światła. Wywiad na siedemdziesięciopięciolecie Politechniki Łódzkiej. Proszą, żeby opowiedziała o studenckich czasach. O, mogłaby długo opowiadać!

O tym, jak dziekan pytał, skąd się biorą idioci, którzy chcą tu studiować. Bo studia wymagające, ochrona środowiska. Czyli wszystko w jednym. I pompy, i oczyszczalnie, i ścieki, i rury, i ogrzewanie. Albo o tym, jak w 1981 tłukła schabowe w kuchni. Potem wiozła kotlety tramwajem dla strajkujących kolegów.

Albo o stażu po studiach. Budowała Retkinię i Radogoszcz, obsługiwała koparkę, spychacz, gwintowała rury. Wydawała załodze koperty z wypłatą. Każe podpisać listę, a panowie stawiają krzyżyki. Część nie umie pisać.

Mogłaby opowiedzieć też o byłym mężu – milicjancie. O synu Robercie, który skończył Akademię Sztuk Pięknych i dziś zajmuje się sztuką.

Mogłaby pobiec dalej, do 1987 roku, gdy zatrudniła trzy robotnice i otworzyła szwalnię. Wszystko, co uszyły, rozchodziło się na pniu. Albo mówić, jak zaczęła pracę dla biznesmena z Libanu i została kierownikiem sklepów ze strojami dla bizneswomen.

Ale na wszystkie historie nie ma czasu, więc pani prezydent życzy studentom, żeby zmieniali świat. Studenci rozpromienieni.

Godzina 16.00

Grube teczki do podpisania. Prezydent co dzień kombinuje: kosić trawę czy dać parkom zarastać? Wstrzymać remont czy dorzucić kasę, bo w przetargu zabrakło? Chciała rządzić urzędem jak korporacją. Ale to niemożliwe. Tu w grę wchodzą sprzeczne interesy, różne potrzeby, wszyscy mieszkańcy. Miastem da się rządzić tylko w dialogu. Tego ją nauczyło prezydentowanie.

Na korytarzu macha strażnikowi. Tylko on został, prezydent wychodzi ostatnia. Wieczorem czekają ją telefony, dokumenty. Najpierw spotkanie z mieszkańcami. Jedno z wielu.

Drzwi do mazdy otwiera drugi już dziś asystent. Tylko kierowca cały czas ten sam.

Kilka miesięcy wcześniej. Osiedlowe spotkanie. Mieszkańcy zbierają się na klepisku przy Krakowskiej. Marudzą, że będzie remont, czyli utrudnienia.

– Proszę państwa, to robimy czy nie? – pyta prezydent. – Bo możemy nie robić. Ale wtedy nic się nie zmieni. Utrudnienia będą na pewno, na cudy nie liczcie.

Co chwilę ktoś podchodzi, dopytuje, Zdanowska rzuca do urzędników:

– Czy ja mogę poprosić, zapiszcie te... – Zdanowska zwraca się do podwładnych – to jest dramat po prostu, te śmieci.

Pani Elżbiecie nie podoba się, że obok chodnika pojawi się ścieżka rowerowa. Będzie niebezpiecznie. Prezydent skupiona.

– Absolutnie słyszymy te słowa. Rozumiem pani zmartwienia.

Elżbieta, emerytowana sklepikarka, nie czuje się przekonana. Ale o pani prezydent ma zdanie jak najlepsze. Nie pamięta, żeby jakiś prezydent pojawił się wcześniej na osiedlu. No i jak się Łódź zmienia! Jak dokładnie? Elżbieta nie wie, rzadko jeździ do centrum. Słyszała, że Piotrkowska ładna. A co z rowerami na Krakowskiej? Przecież to nie prezydent wina! Tylko urzędników.

Zdanowska ponad rok temu odwiedziła też osiedle Zdrowie--Mania. Ania, lat czterdzieści, zapamiętała litanię gorzkich żali mieszkańców. Pani prezydent słuchała, kiwała głową, wyglądało, że się zgadza. Co prawda nic się nie zmieniło, ale mieszkańcy poczuli się wysłuchani.

Docenia to, że Łódź się zmienia. Co na przykład? Zieleni więcej na skwerach. I co jeszcze? No już powiedziała, nie będzie powtarzać, z synem przyszła na plac zabaw na chwilę, nie ma czasu wymyślać.

Pracuje w biurowcu w centrum. Dojeżdża codziennie, korki ją zabijają. Jeździła chwilę autobusem, ale tak często nie przyjeżdżał albo się spóźniał, że wróciła do samochodu.

No i zarobki... Z jej biura większość osób uciekła do Poznania czy Wrocławia. Więc tak osobiście to Ania zmian nie czuje. Ale wszyscy wiedzą, że Łódź się zmienia.

Prezydent z dobrą nowiną zajeżdża też na Grembach. Podczas spotkania zgłasza się jeden pan z napisem „NIE dla ZIELONEGO EXPO!".

– Słucham uprzejmie, teraz oddajemy panu głos – uśmiecha się pani prezydent.

Pan przyjmuję postawę bojową. Czy to prawda, że parki w Łodzi zostaną ogrodzone? Czy to prawda, że wstęp będzie płatny, pięćdziesiąt złotych?

Prezydent tłumaczy:

– Będzie ogrodzenie i bilety, ale tylko na czas Expo. Po ile, jeszcze nie wiadomo.

Facet atakuje dalej:

– Czy pani zna w ogóle regulamin z chińskiej edycji tej imprezy? Co prawda jest po angielsku...

Zdanowska:
— Możemy rozmawiać po angielsku, jak pan woli. *What do you want to discuss?*
Tłum nie wytrzymuje.
— To jest spotkanie z mieszkańcami naszego osiedla! Pan tu nie mieszka!
Pieniacz macha ręką, odchodzi.
Krzysztof, który pracuje w MPK, słucha chwilę, zawija do sklepu na piwo. Wrażenia? Chujowe. Jak te ulice na Grembachu wyglądają! Jak popada, to tu wszystko stoi w wodzie. Przystanki — istny burdel. Chodniki psu na budę, a ona pierdoli jak potłuczona. A czemu się na spotkaniu nie odezwał? A po co? On i tak nie pójdzie głosować. Cokolwiek zrobi, Zdanowska wygra.

Teresa ze śródmieścia nie spotkała prezydent na osiedlowych spacerach. Nie musiała. Do jej gabinetu wchodziła z buta z pytaniem: „Jest pani Zdanowska? Bo ja muszę wiedzieć, co z mieszkaniem, kiedy dostanę?".

Teresa szła kiedyś Piotrkowską z sąsiadką, mijają Zdanowską. Pani prezydent do niej:
— O, moja mała pani z Włókienniczej!
Podaje sąsiadce rękę, a Halina w szoku.
— Ty, to jest normalna kobieta!
Jak już Teresa dostała mieszkanie, to nagotowała Zdanowskiej pierogów z kapustą. Podobno syn prezydentowej zjadł i bardzo mu smakowało.

Julia i Natalia spotkały Zdanowską na odsłonięciu stajni jednorożców. W koszulkach z symbolem jednorożca podrygiwały w takt muzyki, a mieszkańcy ustawiali się w długaśnej kolejce do zdjęcia. Dziewczyny z liceum na Widzewie czekały na fotę dwadzieścia minut.
— Pozytywna, fajna — komentuje Julia.
Natalia dodaje:
— Łódź jest dzięki niej nowocześniejsza. A zostaną w Łodzi na studia? Raczej nie. W końcu co Warszawa, to Warszawa.

Godzina 17.00
Tym razem spotkanie w Parku na Młynku. Czekają mieszkańcy, fani nordic walkingu. Urzędnicy ustawili tablicę ze zdjęciami inwestycji. Biega fotograf zatrudniony przez magistrat. Prezydent tłumaczy, po co orientarium, kiedy zbudują tunel między dworcami.
— Ja przede wszystkim przyjechałam państwa posłuchać.
No więc starsza pani rzuca uwagę:
— Trzydzieści lat nic tu nie robicie. Zapomniani jesteśmy.
Niepokorną sąsiadkę szybko zakrzykują sąsiedzi:
— Znowu marudzenie! A my dziękujemy pani prezydent, że się Łódź tak zmienia, bardzo doceniamy.
I już wyciągają na spacer, już jej kijki w ręce wciskają, na kółeczko wokół jeziora zapraszają. Prezydent dziarsko kijki wbija w ziemię, maszeruje na przedzie, tłum za nią, błyska migawka aparatu. Jeszcze zdjęcia na tle jeziorka.
— A ja się zawsze chwalę Łodzią przed znajomymi — rzuca rozpromieniona mieszkanka. Prezydent się żegna, mieszkańcy klaszczą, krzyczą: „Dziękujemy!".
O dziewiętnastej szczęśliwa Zdanowska wraca do domu. Kolejny dzień z łodzianami.
Po takim dniu nie można się dziwić, że Tomasz Piotrowski, prawa ręka Zdanowskiej, prorokuje: w następnych wyborach zrobimy osiemdziesiąt procent.

Sierpień 2019

Podziękowania

Dziękuję Rodzicom i łódzkim Przyjaciołom – dzięki nim stale do Łodzi wracam.

Dziękuję Wydawnictwu Czarne, a szczególnie Monice Sznajderman – pomysł, aby sięgnąć do moich dawnych tekstów, zrodził się podczas jednej z naszych rozmów.

Dziękuję Łodzi – za to, że jest.

W.G.

Dziękuję wszystkim wymienionym w książce rozmówcom za ich czas i szczerość. Dziękuję też osobom, których na kartach tej książki nie ma, ale które pomogły uczynić ją lepszą:
— Maćkowi Trojanowskiemu za cierpliwość i pomoc wszelką, bez której trudno byłoby mi napisać większość moich tekstów;
— Marcinowi Dardzie za to, że podzielił się ze mną swoją ogromną wiedzą o łódzkiej polityce;
— Andrzejowi Stankiewiczowi za cenne porady, pomocne przy pisaniu tekstu o Hannie Zdanowskiej;
— Oldze Gitkiewicz za jej pomysły, zwłaszcza reportaż pisany z perspektywy rikszy;
— Ludmile Annanikovej za pomysł, jak najlepiej napisać o pani prezydent;
— Kamilowi Bednarkowi za Karła z Bałut;

– Włodzimierzowi Tomaszewskiemu za udostępnienie ważnych dokumentów i informacji;

– Gosi Frydrych, Martynie Józefiak i Jankowi Królowi za wnikliwą lekturę i cenne uwagi;

– osobom, które muszą pozostać bezimienne, a które pomogły mi dotrzeć do bohaterów i zrozumieć działanie Urzędu Miasta.

Ponieważ to mój debiut, chciałbym podziękować Polskiej Szkole Reportażu *in gremio*. Gdyby nie szkolne znajomości, to o żadnym pisaniu reportaży nawet bym nie marzył. Specjalne podziękowania kieruję do Mariusza Burcharta, który nauczył mnie prawie wszystkiego, co reporter wiedzieć powinien.

Gosi, Martynie, Leszkowi, Monice – za wsparcie nieustające.

B.J.

Źródła tekstów

Większość tekstów Wojciecha Góreckiego (WG) pochodzi z jego książki *Łódź przeżyła katharsis* (Łódź: Biblioteka „Tygla Kultury" 1998 – dalej: ŁPK). Cyfry po skrócie oznaczają numery stron w tej książce. Dalej – również w przypadku tekstów Bartosza Józefiaka (BJ) – podano miejsce pierwodruku. W niektórych tekstach dokonano skrótów (głównie po to, by uniknąć powtórzeń) oraz drobnych poprawek redaktorskich.

Miasto jak kolejowa poczekalnia – WG, ŁPK 17–28, pierwodruk: „Res Publica Nowa" 1993, nr 12 (grudzień 1993); wykorzystano fragmenty.
Niemcy w Łodzi – WG, ŁPK 56–59, pierwodruk: „Gazeta Wyborcza" 1991, nr 188 (13 sierpnia).
Łódzki moloch – WG, pierwodruk: „Życie Warszawy" 1992, nr 11 (14 stycznia); wykorzystano fragmenty.
„Skóra jest zimna..." – WG, pierwodruk: „Życie Warszawy" 1992, nr 27 (1–2 lutego); wykorzystano fragmenty; tekst ukazał się opatrzony pseudonimem Krzysztof Fibakiewicz.
Koniec świata prządek – WG, ŁPK 65–69, pierwodruk: „Życie Warszawy" 1994, nr 25 (31 stycznia); dopisek z sierpnia 2019 – BJ.
Drugie życie fabryk – BJ, tekst napisany specjalnie do niniejszej książki.
Wojewoda po łódzku – WG, ŁPK 100–104, pierwodruk: „Życie Warszawy" 1994, nr 15 (19 stycznia); tekst napisany wspólnie z Błażejem Torańskim.
Rzucony na trudny odcinek – WG, ŁPK 104–109, pierwodruk: „Życie Warszawy" 1994, nr 92 (20 kwietnia).
Najlepszy z naszej wsi – WG, ŁPK 109–117, pierwodruk: „Życie Warszawy" 1993, nr 55 (6–7 marca – tekst ukazał się pod tytułem *Misja i biznes*) oraz w rozszerzonej wersji „Res Publica Nowa" 1995, nr 2 (luty – tekst

ukazał się pod tytułem *Najlepszy z naszego podwórka*); reportaż, który znalazł się w ŁPK, a następnie we fragmentach w niniejszej książce, jest kompilacją dwóch wymienionych tekstów.

Ciemna liczba – WG, ŁPK 55–56, pierwodruk: „Gazeta Wyborcza" 1990, nr 100 (30 kwietnia – 1 maja).

Sobotni obiad – WG, ŁPK 54–55, pierwodruk: „Gazeta Wyborcza" 1990, nr 92 (20 kwietnia); dopisek z sierpnia 2019 – BJ.

Obieg urzędowy – WG, ŁPK 51–54, pierwodruk: „Solidarność Ziemi Łódzkiej" 1990, nr 6 (17 maja).

Niech się stanie praca – WG, ŁPK 59–64, pierwodruk: „Życie Warszawy" 1992, nr 301 (19–20 grudnia – tekst ukazał się pod tytułem *Bezrobotni ludzie pracy*).

Inwalida na kredyt – WG, pierwodruk: „Życie Warszawy" 1993, nr 8 (11 stycznia – tekst ukazał się pod tytułem *Łódzka strefa dramatu*).

Cztery grosze od zamka – BJ, pierwodruk fragmentów: „Non/Fiction" nr 3 (kwiecień 2018 – tekst ukazał się pod tytułem *Na szczęście są jeszcze ryby*); na potrzeby niniejszej książki tekst został uzupełniony i przeredagowany.

Likwidatorzy – BJ; tekst napisany specjalnie do niniejszej książki.

Wzlot i upadek senatora – WG, ŁPK 84–87, pierwodruk: „Życie Warszawy" 1993, nr 129 (4 czerwca).

Westa daje i zabiera – WG, ŁPK 80–84, pierwodruk: „Życie Warszawy" 1993, nr 2 (4 stycznia – tekst ukazał się pod tytułem „*Westa" w natarciu, czyli kto daje i zabiera…*).

„Mnie interesuje, co jest dziś…" – WG, ŁPK 90–91, pierwodruk: „Gazeta Wyborcza" 1991, nr 14 (17 stycznia).

Ślepa nienawiść – WG, ŁPK 123–124, pierwodruk: „Gazeta Wyborcza" 1991, nr 79 (4 kwietnia).

Odkryć w rodzinie volksdeutscha to wielkie szczęście – WG, ŁPK 120–123, pierwodruk: „Gazeta Wyborcza" 1990, nr 264 (13 listopada).

Końcówka miasta – WG, ŁPK 44–46, pierwodruk: „Gazeta Wyborcza" 1990, nr 86 (11 kwietnia – tekst ukazał się pod tytułem „*Czcij ojca swego i matkę swoją…*"); dopisek z sierpnia 2019 – BJ.

Strzały na Starym Złotnie – WG, ŁPK 47–48 (tekst ukazał się pod tytułem *Przestrzelona wieś*), pierwodruk: „Gazeta Wyborcza" 1990, nr 151 (2 lipca) oraz nr 158 (10 lipca – reakcja Rady Miejskiej w Łodzi); dopisek z sierpnia 2019 – BJ.

Ballada o bałuckim karle – BJ, tekst napisany specjalnie do niniejszej książki.

Piotrkowska street – mit i wstyd – kompilacja tekstu WG pod tym samym tytułem, ŁPK 39–42, pierwodruk: „Życie Warszawy" 1993, nr 25

(30–31 stycznia) i tekstu BJ *Rajd po Piotrkowskiej* napisanego specjalnie do niniejszej książki.
Gaz story – WG, pierwodruk: „Razem" 1989, nr 14 (2 kwietnia).
Bat na czyścicieli – BJ, pierwodruk: „Tygodnik Powszechny" 2017, nr 22 (21 maja – tekst ukazał się pod tytułem *Koniec czyścicieli?*).
Kamienica – BJ, tekst napisany specjalnie do niniejszej książki.
W kolejce po lepsze życie – BJ, pierwodruk: „Duży Format" 2017, nr 24, dodatek do „Gazety Wyborczej" (26 czerwca).
Elita „ziemi obiecanej" – WG, ŁPK 138–143, pierwodruk: „Życie Warszawy" 1994, nr 5 (7 stycznia).
Scheibler wrócił do Łodzi – WG, ŁPK 135–138, pierwodruk: „Gazeta Wyborcza" 1991, nr 60 (12 marca – tekst o przyjeździe Petera von Scheiblera), nr 66 (19 marca – list Jerzego Grohmana i polemika z nim) oraz nr 135 (12 czerwca – oświadczenie rodziny Grohmanów o autentyczności osoby Petera von Scheiblera).
Przywróćmy pamięć o zamordowanym narodzie żydowskim – WG, ŁPK 124–132, pierwodruk: „Kronika Miasta Łodzi" 1995, nr 2 (kwiecień–czerwiec 1995).
Widziane z pustelni – WG, ŁPK 31–36, pierwodruk: „Życie Warszawy" 1993, nr 135 (12–13 czerwca).
Reportaż o miłości – WG, pierwodruk: „Życie Warszawy" 1993, nr 149 (29 czerwca).
Wyższa świadomość Józefa Onoszki – WG, ŁPK 99, pierwodruk: „Gazeta Wyborcza" 1990, nr 255 (2 listopada).
Niewypał – kompilacja tekstu WG pod tytułem *Na fałszywej nucie*, ŁPK 73–76, pierwodruk: „Gazeta Wyborcza" 1991, nr 194 (21 sierpnia) i tekstu BJ napisanego specjalnie do niniejszej książki (bez oddzielnego tytułu).
Daleko od szosy – WG, ŁPK 169–177, pierwodruk: „Kronika Miasta Łodzi" 1996, nr 1 (styczeń–marzec 1996 – w obu miejscach tekst ukazał się pod tytułem *Łódź przeżyła katharsis*).
Dlaczego Łódź się wyludnia? – BJ, pierwodruk: portal „Weekend.Gazeta.pl", kwiecień 2017 (tekst ukazał się pod tytułem *Znikające miasta Polski. Dlaczego Łódź się wyludnia?*), uzupełniony na potrzeby niniejszej książki.
Ziemia nieobiecana – BJ, pierwodruk: „Tygodnik Powszechny" 2017, nr 33 (7 sierpnia).
Stajnia jednorożców – BJ, tekst napisany specjalnie do niniejszej książki.

Spis treści

- 5   Od autorów
- 7   Miasto jak kolejowa poczekalnia

Koniec świata prządek
- 27   Niemcy w Łodzi
- 33   Łódzki moloch
- 36   „Skóra jest zimna..."
- 39   Koniec świata prządek
- 47   Drugie życie fabryk

A jak autostrada, B jak Bohdanowicz
- 55   Wojewoda po łódzku
- 63   Rzucony na trudny odcinek
- 72   Najlepszy z naszej wsi

Bezrobotni ludzie pracy
- 85   Ciemna liczba
- 87   Sobotni obiad
- 90   Obieg urzędowy
- 95   Niech się stanie praca
- 104   Inwalida na kredyt
- 112   Cztery grosze od zamka

Wzlot i upadek
- 125   Likwidatorzy
- 134   Wzlot i upadek senatora
- 139   Westa daje i zabiera

Bez grubej kreski
147 „Mnie interesuje, co jest dziś..."
151 Ślepa nienawiść
153 Odkryć w rodzinie volksdeutscha to wielkie szczęście

Końcówka miasta
161 Końcówka miasta
166 Strzały na Starym Złotnie
170 Ballada o bałuckim karle

Piotrkowska i okolice
175 Piotrkowska street – mit i wstyd
197 Gaz story
203 Bat na czyścicieli
211 Kamienica
233 W kolejce po lepsze życie

Elita „ziemi obiecanej"
247 Elita „ziemi obiecanej"
255 Scheibler wrócił do Łodzi
260 Przywróćmy pamięć o zamordowanym narodzie żydowskim
  Rozmowa z Arnoldem Mostowiczem,
  łodzianinem, lekarzem, tłumaczem, pisarzem,
  popularyzatorem nauki i działaczem społecznym
272 Widziane z pustelni
281 Reportaż o miłości
286 Wyższa świadomość Józefa Onoszki
288 Niewypał

W pogoni za *katharsis*
299 Daleko od szosy
  Rozmowa z Anną Fornalczyk, łodzianką,
  byłą prezes Urzędu Antymonopolowego
311 Dlaczego Łódź się wyludnia?
319 Ziemia nieobiecana
  Rozmowa z Agatą Zysiak i Martą Madejską
  ze Stowarzyszenia Topografie
326 Stajnia jednorożców

353 Podziękowania
355 Źródła tekstów